MODA AL DESCUBIERTO

Jennifer Lynne Matthews

Publicado por el Servicio de Moda de Los Angeles

Cómo Comenzar y Administrar tu Propio Negocio de Diseño de Moda

Diseño de la portada por Helen Munch-Ellingson

Diseño del Libro por Designarchy

Servicios para nuestros lectores:

Institutos, escuelas de modas, compras al por mayor:
El Servicio de Moda de Los Angeles ofrece precios
especiales para las universidades, las escuelas de modas y
las compras al por mayor.

Actualizaciones:
La información contenida en este libro fue actualizada
en el momento de la publicación. Para las actualizaciones,
visite nuestro sitio web.

Contáctenos:
el Servicio de Moda de Los Angeles
info@lafashionresource.com

Contenido

Contenido

Prefacio

Hubo un tiempo en que este libro constaba de 25 capítulos, pero decidí desglosar los mismos y convertirlos en secciones más específicas para facilitar su lectura y utilización. En este libro reduje el espacio dedicado al texto y agregué un área para tus notas, ideas e investigación pensando en las mentes creativas (o sea, aquellas personas con tendencia a un poca capacidad de concentración).

Yo comprendo que todos los negocios no son iguales, por lo tanto he profundizado más en algunas áreas y ofrezco enlaces para la realización de una investigación más a fondo en determinados elementos. Respecto al inicio de cualquier negocio, recomiendo grandemente leer todo a lo que tengas acceso cuando estés en la etapa de investigación de tu negocio. Hay otros textos adicionales que se mencionan en este libro como lectura recomendada. También he recomendado la lectura de libros que hablen sobre el manejo de pequeños negocios y estrategias de mercadeo.

Varias de las secciones de este libro están acompañadas de formularios que te ayudarán en el inicio de tu negocio. Estos formularios también están disponibles individualmente en un libro en formato PDF, el cual se puede descargar del sitio web de Moda al Descubierto (www.fashionunraveled.com). Como ayuda para el desarrollo de tu negocio, completa cada formulario tanto como sea posible antes de continuar al capítulo siguiente. Si crees que debes detenerte y realizar una investigación más profunda, por favor hazlo. Tu investigación te ayudará a lo largo del proceso de creación del concepto de tu negocio.

A lo largo del libro ofrezco consejos basados en mi experiencia personal. Bajo ninguna circunstancia los mismos deben ser considerados como un consejo legal. Es mejor consultar con un abogado para cualquier asunto legal referente a tu negocio.

Mi Historia

Mi historia comienza en 1976. En el momento en que nací, el doctor exclamó: "un día esta niña será una diseñadora de modas." Bueno, en realidad él no dijo eso, pero desde muy pequeña sí supe que me ganaría la vida creando ropas. Nana, mi abuela, nos cuidaba a mí y a mi hermana después de clases en los primeros años de estudios. Ella era una artista de corazón y nos ayudó a descubrir la creatividad que se encontraba en nuestro interior. Cada día de la semana estaba dedicado a diferentes obras: cerámica y escultura, costura y bordado, pintura y cocina. Yo crecí amando la costura y mi hermana la pintura. Es evidente que ambas incursionamos en las artes.

Al principio solo hacía ropas para mis amigas y para mí, comenzando a la edad de 12 años con sencillos tops, sombreros y bandas para el pelo. Cuando decidí irme para la universidad, elegí la Universidad Estatal de Florida, en vez de una en mi estado, y me gradué de diseño de modas. Superé rápidamente el programa. Me mudé hacia Nueva York con un ávido deseo de aprender más. Me trasladé al Instituto Tecnológico de Moda de Nueva York, el cual se especializa en ropa íntima, y finalmente me gradué en 1999. Después de una breve estadía trabajando para el diseñador más espantoso de Nueva York, (habiendo pasado un largo proceso para conseguir ese trabajo) decidí que mi destino no era trabajar para alguien más, sino para mí.

Regresé nuevamente a Florida en el año 2000 y comencé a estudiar diseño gráfico, diseño web e inclusive un poquito de programación. Mi nueva carrera solo duró un año antes de que sintiera el deseo de diseñar ropas nuevamente. En el 2002 me mudé a San Francisco con la ambición de comenzar mi propio negocio de diseño de modas. Leí cada libro que encontré sobre el tema, me reuní con asesores y consultores, contraté a un fabricante de patrones para que revisara los míos, y contestaba todos los anuncios relacionados con el diseño, publicados en Craiglists dando a conocer mi nombre (ahora convertido en Porcelynne).

¿A dónde llegué con esto? Año 2004 y más de $20,000 invertidos. A todo esto le sucedió una serie de errores financieros debido a la falta de planificación y a que los consejeros me decían que me encontraba lista para lanzar mi negocio. Había invertido en un charmeuse de seda y un lazo francés que deseaba tener, solo para darme cuenta que mi cliente no se ajustaba a ese estilo, así que no pude vender nada. Ningún libro me contó, ni ningún consultor de moda me alertó de lo complejo del campo en el que me estaba lanzando.

Un año después, tuve que detener mi negocio y analizar nuevamente lo que estaba haciendo. Desafortunadamente ya había acumulado una deuda tal que podía haber realizado el pago inicial de una casa. Me reorganicé, comencé a trabajar en un restaurante y ahorré cada centavo extra para construir nuevamente mi negocio, pero con una perspectiva distinta.

Había relanzado mi negocio desde cero. El dinero que había ahorrado para comenzar mi negocio en el año 2002 ya había desaparecido. Reinicié mi negocio sin capital alguno e insistí en hacerlo con producciones propias para reducir costos. Sin embargo, esto trajo como resultado dolor de espalda y estrés adicional.

Las cosas comenzaron a cambiar. Pasaron algunos años y mis diseños estaban en varias tiendas. Mi producción había pasado a una fábrica y una nueva oportunidad se cruzó en mi camino. Sin ninguna planificación, acompañada de una botella de vino en una fiesta de Navidad, decidí abrir mi propia boutique. ¿Qué mejor lugar para exhibir mis diseños que mi propia vidriera? Era genial tener mis diseños en la vidriera principal, pero yo no estaba lista para las semanas de 80-90 horas de trabajo. La mayor parte de mi esfuerzo estaba centrado en mantener la tienda abierta y no en mi línea de ropa.

Dos años después cerré las puertas de mi tienda para siempre. La tienda se había convertido en una boutique cooperativa de diseñadores independientes, en la cual una docena de diseñadores tomaban turnos para trabajar y compartir las responsabilidades de la tienda. A pesar de esto, yo no estaba haciendo nada en relación a mi línea de ropa, mi salud mental y mi cuenta de banco. Había utilizado al máximo mis tarjetas de crédito solo para mantener abiertas las puertas de la boutique. Ya cerrada la tienda, me di cuenta que abrirla no había sido lo correcto para lograr lo que yo deseaba verdaderamente.

Ahora viene lo gracioso. Una vez que cerré la tienda y llevé mi negocio al Internet comencé a vender más que lo que nunca había logrado. Ahora dedico de 5-10 horas a la semana y estoy

obteniendo ganancias, las cuales son tres veces más lo que estaba ganando cuando trabajaba 90 horas a la semana. Diez años después es que estoy donde quiero estar.

Ahora soy una educadora, una mentora, una diseñadora y una exitosa mujer de negocios. Mi esperanza es que este libro te ayude a preparar tu negocio por ti misma, evitando los errores que yo cometí.

- Jennifer Lynne Matthews

Porcelynne Lingerie

www.porcelynne.com

INTRODUCCIÓN A LA INDUSTRIA Y ESPÍRITU EMPRESARIAL

Capítulo 1
Introducción a la Industria de la Moda

A mediados de los años 1800, un británico llamado Charles Frederick Worth se convirtió en el primer diseñador de modas que se ha conocido. Worth comenzó su carrera trabajando en casas textiles y posteriormente se trasladó a París, donde trabajó en una boutique de accesorios de moda.

Mientras trabajaba allí conoció a su novia quien era una modelo de los accesorios de la tienda. Él diseñó vestidos para que ella los exhibiera mientras mostraba la mercancía de la tienda y estos llamaron la atención inmediatamente. Worth propuso una asociación de negocios a los diseñadores de los accesorios, pero ellos no deseaban incluir ropa en su línea. La fabricación de vestidos no era una profesión tan glamorosa en aquel tiempo y ellos no deseaban afectar la reputación de su negocio aventurándose a tal empresa.

Gracias a la atención que había logrado por el vestuario de su esposa, Worth sabía que él tenía algo. Buscó un inversionista y abrió una tienda de vestidos. Esto era algo único en aquel tiempo. La mayoría de las mujeres iban a un modisto y hacían que les crearan el vestido de su preferencia en una tela que ellas mismas escogían. Nunca se había escuchado eso de comprar algo que estuviera "listo para vestir".

Él creó cuatro colecciones cada año y las exhibió en un show de modas de temporada. Su tienda de vestidos posteriormente recibió el nombre de atelier. Las mujeres iban a su tienda y disfrutaban de un modelaje de su colección. Ellas seleccionaban un diseño que se adaptara a su estilo y el mismo era creado según las medidas de cada cual. Worth era meticuloso con las medidas y tenía una gran pasión por las telas finas gracias a la posición que había desempeñado anteriormente.

Worth comercializó sus diseños con la realeza y se convirtió en un diseñador muy solicitado poco después de que sus creaciones adornaran a los más pudientes. Worth recibe el mérito de ser el primero en agregar una etiqueta de diseñador a una prenda.

En París él era considerado como un diseñador de modas. Sin embargo, en la actualidad nosotros lo reconocemos como el padre de lo que hoy en día conocemos como Alta Costura. Desde los tiempos de Worth esta profesión se ha expandido para llegar más allá de los sastres locales, y abarcar toda la gama de pequeños diseñadores locales hasta los mayores productores de moda.

Educación en la Moda

En los Estados Unidos, la educación en el campo del diseño de moda comenzó en el año 1904 en la Escuela de Diseño Parsons, de Nueva York. Este centro fue creado como una extensión creativa y artística de la revolución industrial, incluyendo a los diseñadores gráficos e ilustradores. Se conoce que la primera escuela que enseñó diseño de moda internacionalmente fue en realidad ESMOD International en 1841. Se estima que alrededor del mundo existen unos 200 programas de enseñanza de diseño de modas, encontrándose en los Estados Unidos poco más de 100 escuelas dedicadas a este campo. (117 según mi última revisión)

El diseño de modas se ha convertido en una profesión muy solicitada gracias a la popularidad alcanzada por programas de televisión como Project Runway, Launch My Line, The Fashion Show y Guide to Style. El padre de todos estos programas, Project Runway, se emitió por primera vez en 2004 y ha provocado la aparición de una oleada de aspirantes a diseñadores en las escuelas y en la fuerza de trabajo de la industria.

La urgencia que tenían los grandes diseñadores por conseguir recién graduados que trabajaran para ellos ha disminuido en los últimos años. La tambaleante economía ha ofrecido a estos estudiantes un mercado diferente. Hace diez años, a los estudiantes se les decía que había solo una posición de trabajo por cada diez graduados. Hoy en día, esos números están cercanos a una posición por cada veinte. Estas cifras son muy desalentadoras para nuestros graduandos, pero las mismas no son específicas de la industria. Una economía en declive obliga cada vez a más personas a estudiar; y mientras más graduados tenemos, mayor la demanda de estos puestos de trabajo.

Las escuelas se están adaptando lentamente a la realidad de un mercado laboral restringido y han comenzado a adoptar programas de emprendimiento empresarial para ayudar a garantizar el éxito de sus estudiantes. Moda al Descubierto ha sido creada para colaborar con estos programas de emprendimiento empresarial y ya está siendo utilizada en una docena de programas alrededor del mundo.

Empresarios en la Moda

El error más común en relación a la industria de la moda es pensar que es glamorosa y que te hará famosa. Te puedes hacer famosa si tienes suerte, pero en realidad, la mayoría de las diseñadoras y los negocios de diseño permanecen muy por debajo de la fama y existen por la industria local. En cuanto a lo de ser glamorosa, si disfrutas trabajar largas horas bajo un alto nivel de estrés, ¡estás de suerte! Esto es lo que pudieras esperar a menos que tengas un fondo común y puedas contratar una gran cantidad de subalternos que conteste cada uno de tus llamados.

Muchas de las diseñadoras que pretenden comenzar su propio negocio no han considerado todo el trabajo que esto lleva y no tienen un conocimiento previo en el mundo de los negocios. Muchas no conocen cómo planificar para el futuro, y muy pocas conocen algo sobre cómo llevar un negocio. Esta falta de planificación y de educación es la razón para que fracasen muchos negocios de diseño. Según la Oficina de Apoyo para Negocios Pequeños de los EE.UU., tres de cada diez negocios pequeños fracasan en los primeros dos años y solo cinco de esos diez logran sobrevivir más allá de los cinco años. Estas estadísticas han cambiado considerablemente. Hace menos de cinco años, las estadísticas decían que el 95% de los negocios pequeños fracasaban en los primeros cinco años. Estos números evidencian que estamos aprendiendo cómo manejar un negocio mejor que nuestros antecesores.

La realidad es esta: estás a punto de convertirte en la dueña de un negocio; estarás dedicando más del 90% de tu tiempo a manejar el negocio y menos del 10% a diseñar (en varios casos ese porciento estará cercano al 1% o al 2%). Espero que, después de leer este libro, el 90% luzca menos atemorizante.

El Proceso de Diseño

En esta era tecnológica es muy frecuente olvidar que el proceso de creación de un producto - en la industria de la moda o en cualquier otra - toma mucho más que un simple clic. A un diseñador empresarial le lleva un promedio de uno a dos años llegar del concepto inicial del diseño hasta el producto final que está listo para ser producido y vendido. (Aunque esto es cierto, también existen opciones como Etsy.com y Artfire.com que ofrecen la posibilidad de colocar un producto mucho más rápido en el mercado. A pesar de que existe este tipo de programas, varios artesanos, aficionados y diseñadores, colocan sus productos en el mercado antes de valorar correctamente el precio de su mercancía para obtener ganancias.)

El primer paso en cualquier negocio creativo es investigar el mercado y crear un producto que satisfaga ese mercado. Muchos diseñadores eligen crear sus colecciones según las tendencias de cada temporada. Una de las razones para esto es que los gigantes de ventas al detalle promocionan las tendencias que ellos venden, lo cual provoca que los compradores se sientan atraídos por esas tendencias. Crear diseños basados en esas tendencias hace que los clientes estén más cerca de la compra.

¿Cómo puede uno conocer con uno o dos años de antelación cuáles serán las tendencias? Los diseñadores pueden hacer predicciones sobre las tendencias del futuro basados en las presentes, o utilizar servicios de reportes de tendencias como Doneger, Perlers o Promostyl. Por lo general, estos servicios son muy costosos para el diseñador que comienza en el negocio, pero las suscripciones online a sitios como Worth Global Style Network (WGSN) son muy utilizados en este aspecto. En determinadas ocasiones es posible asistir a presentaciones o seminarios online ofrecidos por alguno de los conocedores de las tendencias (aunque por lo general lo hacen para promocionar negocios).

El segundo paso es encontrar los recursos o fuentes proveedoras de las telas y los adornos que estarás utilizando en la elaboración. Aquí es donde comienza el desarrollo de tu colección. Si estás desarrollando patrones y muestras por ti misma, o estás trabajando con un diseñador técnico, tienes que crear prototipos para toda la colección y probar las medidas y el diseño. Por lo general las muestras sufren varios cambios antes de que se seleccione el producto final. Varios diseños son cambiados, e inclusive cancelados, antes de que lleguen al cuarto de producción. (Este tema está más detallado en la sección dedicada a la producción, comenzando en el Capítulo 8.)

Luego, las muestras que han sido creadas son comercializadas hacia los vendedores al detalle. Estas pueden ser exhibidas en ferias de comercio, en salones de muestras y a través de representantes independientes, o comercializadas directamente hacia una tienda. En las ventas tradicionales, los vendedores detallistas hacen sus pedidos hasta seis meses antes de la temporada en la cual planean vender la colección. Estos pedidos especifican la cantidad del producto que tú producirás y cuándo el vendedor espera recibir la entrega. (Este tema está más detallado en la sección dedicada a las ventas, comenzando en el Capítulo 20.)

Capítulo 2
Espíritu Empresarial

¿Qué es lo que esperas al convertirte en dueña de un pequeño negocio? ¿Por qué es que quieres comenzar tu propio negocio? ¿Es por el dinero? ¿Las horas de trabajo? ¿Es por el desempleo? ¿Es acaso un sueño de toda tu vida? ¿O es porque el idiota que trabaja al otro lado del pasillo te roba tu almuerzo y se pasa todo el día tarareando melodías de las películas de Disney?

Son varias las razones para decidir ser tu propia jefa, pero es importante que seas realista con tus expectativas. Tómate un minuto para contestar estas preguntas:

- ¿Cuánto dinero esperas ganar?

- ¿Cuándo esperas tener ganancias?

- ¿Estarás buscando inversionistas o un préstamo?

- ¿Qué cantidad de la inversión piensas aportar tú para poner en marcha tu negocio?

Notas:

Notas:

- ¿Piensas continuar con tu trabajo actual mientras pones en marcha tu negocio?

- ¿Qué tipo de dueña de negocio eres?

¿Cuánto dinero esperas ganar?

Pudieras tener grandes esperanzas de ganar una cifra de seis dígitos en el primer año de tu negocio, pero ¿de dónde saldrá ese dinero? En realidad, la mayoría de los negocios recién abiertos no ven ganancias hasta el segundo año, y con bastante frecuencia hasta el tercero. Si estás buscando utilizar un préstamo o un inversionista, debes mostrar un plan de actividades empresariales con cifras realistas, incluyendo tu salario. Si obtienes un préstamo de $100,000 analiza qué parte de esta cantidad será tu salario. Esto será analizado en detalle en el Capítulo 36.

¿Cuándo esperas tener ganancias?

Si estás comenzando tu negocio desde cero, tener ganancias en tu primer año no es algo muy realista. Es muy raro el caso en el que puedas obtener ganancias en tu primer año. Para que esto ocurra tienes que tener ya desarrollado tu producto y organizada la producción, pero tendrás que trabajar muy duro para lograr que esto suceda.

¿Estarás buscando inversionistas o un préstamo?

Debes tener un plan de actividades empresariales y financiero muy sólido para poder atraer inversionistas y convencerlos de que representas una buena inversión. Ellos no invertirán a menos que obtengan una ganancia. Los bancos funcionan igual. Este aspecto también es analizado más adelante en el libro. En www.fashionunraveled.com hemos desarrollado una herramienta online para ayudarte en el desarrollo de tu plan de actividades empresariales y financiero.

¿Qué cantidad de la inversión piensas aportar tú para poner en marcha tu negocio?

Si planeas conseguir un préstamo de un banco o de un inversionista, debes hacer una contribución financiera significativa. Por lo general, siempre se pide tener el 10% del préstamo solicitado, aunque hay algunos bancos que exigen el 20%. Comenzar tu negocio con nada en el banco supone un gran desafío, pero con la elaboración cuidadosa de un presupuesto es posible. Necesitarás realizar un mercadeo cuidadoso y exitoso y controlar cada dólar que gastes. Intenta poner en tu negocio una parte de cada salario que cobres hasta que tengas la cantidad suficiente para los gastos que habías estimado en tu plan de actividades empresariales.

¿Piensas continuar con tu trabajo actual mientras pones en marcha tu negocio?

Si no tienes un inversionista para tu negocio, la posibilidad de dejar tu trabajo debe ser analizada cuidadosamente. Dejar tu trabajo puede ser riesgoso, inclusive aunque hayas apartado algún dinero para tu negocio. ¿Qué pasaría si tu negocio no produce ganancias hasta el tercer año? Es importante que antes de entregar tu carta de renuncia crees un presupuesto para las necesidades, incluyendo la renta o la hipoteca, la comida y los gastos diarios (combustible, servicios, café).

¿Qué tipo de dueña de negocio eres?

Antes de comenzar a pensar cómo vas a hacer para lanzar tus productos al mundo, primeramente necesitas descubrir cuáles son tus puntos fuertes. ¿Eres una fabulosa diseñadora técnica pero no tienes ni la más mínima idea sobre ventas y

Notas:

contabilidad?

Tómate unos minutos para enumerar las cosas sobre las que sabes mucho, sobre lo que sabes poco y sobre lo que no conoces nada. Puede que no seas fuerte en todas las áreas, aún así, eso no quiere decir que no tienes lo que se necesita para comenzar tu negocio. Aprender a delegar y subcontratar es algo muy importante. No importa que tan inteligente y decidida seas, no puedes hacer todo tú sola. Saber de antemano en lo que necesitas ayuda es esencial para poder construir un negocio exitoso.

¿Cómo sabes cuándo delegar y compartir responsabilidades? La decisión dependerá de tus circunstancias específicas. Todos tienen una experiencia distinta respecto a delegar trabajo. Yo no aprendí cómo hacerlo hasta el tercer año de mi negocio, pero te puedo asegurar que deseo haberlo hecho antes.

Espíritu Empresarial

¿Por qué desea comenzar su propio negocio?

¿Cuánto dinero espera ganar?

¿Cuándo espera tener ganancias?

¿Buscará inversionistas o un préstamo? ¿Ha investigado a quién pudiera acercarse?

¿A cuánto piensa que pueda ascender la inversión necesaria para poner en marcha su negocio?

¿Tiene planeado mantener su empleo mientras pone en marcha tu negocio?

Diga si estas características personales son una fortaleza o una debilidad y explique sus respuestas.

Expresión artística mediante el arte y la ilustración	❏ Fortaleza	❏ Debilidad
Dibujo o drapeado de patrones	❏ Fortaleza	❏ Debilidad
Ventas	❏ Fortaleza	❏ Debilidad
Realizar Investigaciones	❏ Fortaleza	❏ Debilidad
Planificación Financiera / Administración	❏ Fortaleza	❏ Debilidad
Mercadeo	❏ Fortaleza	❏ Debilidad
Diseño Web/ Tecnologías	❏ Fortaleza	❏ Debilidad

Estudio de Caso: Espíritu Empresarial

¿Por qué desea comenzar su propio negocio?

Quería comenzar un negocio con el que pudiera mantener a mi familia y que al mismo tiempo tuviera posibilidades de desarrollo. Además, deseaba expresar mi creatividad diariamente y de manera significativa

¿Cuánto dinero espera ganar?

En realidad no "ESPERO" ganar nada. Me gustaría vender lo necesario para ganar cerca de $50 000 al año..

¿Cuándo espera tener ganancias?

Diría que espero obtener ganancias que cubran mis gastos, Y que me alcancen para tener un salario, durante la tercera temporada. De esta forma tendría suficiente tiempo para conocer a mis clientes y satisfacer sus necesidades.

¿Buscará inversionistas o un préstamo? ¿Ha investigado a quién pudiera acercarse?

Definitivamente no creo que sea apropiado pedir un préstamo para un negocio que tiene una industria tan falible y turbulenta. No estaría mal considerar a los inversionistas siempre que ellos pudieran mantenerse durante unos 5 años.

¿A cuánto piensa que pueda ascender la inversión necesaria para poner en marcha su negocio?

Ya invertí $30 000 en el negocio. Hasta el momento he recibido una educación excelente gracias a ese dinero. Mi plan es autofinanciar los próximos $10 000 que contribuirán al lanzamiento de mi línea de otoño para el año 2011.

¿Tiene planeado mantener su empleo mientras pone en marcha tu negocio?

Soy trabajadora por cuenta propia y coso por contrato para otros diseñadores al tiempo que tengo mi línea de bolsos de mano. No podré concentrarme exclusivamente en mi línea de ropa hasta que las ganancias alcancen para pagar las facturas.

Diga si estas características personales son una fortaleza o una debilidad y explique sus respuestas.

Expresión artística mediante el arte y la ilustración	✔ Fortaleza	☐ Debilidad
Dibujo o drapeado de patrones No es una gran fortaleza, no puedo dibujar desde cero	☐ Fortaleza	✔ Debilidad
Ventas Soy buena vendedora pero no quisiera encargarme de eso por mucho tiempo Es una tarea que se puede delegar.	✔ Fortaleza	☐ Debilidad
Realizar Investigaciones No me gusta hacerlas	☐ Fortaleza	✔ Debilidad
Planificación Financiera / Administración	✔ Fortaleza	☐ Debilidad
Mercadeo	✔ Fortaleza	☐ Debilidad
Diseño Web/ Tecnologías Soy regular en esto. Soy buena haciendo diseño gráfico no diseño Web..	☐ Fortaleza	✔ Debilidad

Administración del Tiempo

Al ser una educadora, generalmente escucho a mis estudiantes decir que dormirán cuando se gradúen. Este tipo de actitud puede conducir a malos hábitos en el lugar de trabajo.

Todos mis estudiantes tienen la misma carga de trabajo, aun así hay algunos que se las ven difícil para terminar los proyectos a última hora y por lo general entregan unos trabajos mediocres. Si como empresaria no tienes establecido un buen sistema para administrar tu tiempo, caerás con frecuencia en esta rutina.

¿Por qué una estudiante que duerme de 6 a 8 horas diarias y trabaja a tiempo completo me entrega un trabajo más completo que aquella que duerme de 1 a 2 horas cada noche y posiblemente trabaja medio tiempo? La primera no es mejor estudiante que la segunda, pero sí sabe cómo administrar su tiempo. El sueño es importante para tu salud mental y física, y el mismo puede afectar tu trabajo si no duermes lo suficiente.

La carga de trabajo que les doy a mis estudiantes es diez veces menor que la carga de trabajo que yo me asigno en mi negocio. Yo me las arreglo bien, pero me tomó años de lucha poder manejar mi tiempo para finalmente encontrar mi ritmo.

Algo que me ha ayudado es que me he convertido en una creadora de listas. Una lista para cada día. Adoro la satisfacción que siento cuando tacho las cosas de la lista porque verdaderamente siento que he logrado algo. Los calendarios y las listas digitales no son efectivos para mí en lo personal; en realidad prefiero utilizar una agenda y no sé hacerlo de otra manera. Por favor, ten presente que tu estilo de administrar el

Notas:

Notas:

tiempo puede ser muy distinto del mío. Necesitarás crear una estrategia que te funcione.

Todos desearíamos tener asistentes personales que nos sigan a donde quiera que vayamos y tomen notas por nosotros; pero es muy probable que al estar comenzando un negocio seas tú sola la encargada de todo. Todo el mundo tiene su propia forma de administrar el tiempo, no existe la forma perfecta de hacerlo. Hagamos un experimento. Imagina que has sido contratada como asistente de una increíble diseñadora para ayudarla a organizarse. ¿Cómo lo harías? ¿Por dónde comenzarías?

Evitando el Agotamiento

¿Qué quiero decir con evitar el agotamiento? Es fácil olvidarse de una misma cuando se está manejando un negocio (o criando hijos). El comienzo de un negocio puede llegar a ser tan emocionante que quizás desees trabajar solamente en el mismo y te olvides de todo lo demás. Pero, si estás trabajando 40 horas a la semana en un trabajo, ADEMÁS trabajas otras 40 horas a la semana en tu negocio, ¿cuánto tiempo crees que te tomará perder la razón, tu pareja o tus amigos?

Es importante mantener un balance entre tu vida y tu negocio. Una de las cosas más difíciles de hacer es encontrar tiempo para una misma. Este es un detalle a tener presente cuando estés preparando tu plan para administrar tu tiempo.

Como en todas las actividades, solo podrás trabajar por un tiempo antes de que tus ojos se empiecen a cansar y necesites un descanso. Los fumadores tienen todo pensado, ¿no es así? Cuando ellos necesitan un descanso dejan lo que sea que están haciendo y toman un receso de 15 minutos para fumarse un cigarro. Tú no tienes que ser una fumadora para tomar descansos. Según la ley, tú debes recibir 15 minutos de descanso por cada 2 horas de trabajo.

También necesitas tomar descansos en tu negocio. Si tomas un receso para caminar un poco o salir a tomar aire, podrás despejar tu mente y en algunas ocasiones solucionar un problema al que le has estado dedicando mucho tiempo.

Personalmente, realizo caminatas al menos cuatro días a la semana para despejar mi mente y pensar en los asuntos de mi negocio. Caminar con un compañero es aun mejor, considéralo una terapia gratuita. Si realizas tus caminatas con otra dueña de negocios, entonces mucho mejor, de esta forma puedes ganar experiencia y aprender de los demás.

Voy a que me den masajes en semanas alternas, me hago pedicure una vez al mes, descanso un día a la semana y tomo unas cortas vacaciones cada tres meses. Mi estrés ha disminuido desde que comencé esta rutina, mis úlceras han desaparecido y se han duplicado mis ganancias. Mientras menos pendiente estés de tu email y de tu cuenta de banco, más rápido se llenarán.

Es posible que hayas notado que cuando algo va mal, todo parece ir mal. Tu mentalidad mejorará si piensas positivamente en tu negocio; no importa si crees que el universo gira a tu alrededor, o crees en la energía positiva, lo que sí debes hacer es descansar mental y físicamente. ¡Ah! Esto quiere decir que debes programar un horario para alimentarte y beberte una copa de vino de vez en cuando.

Notas:

Administración del Tiempo

¿Cómo administra su tiempo?

¿Qué hace para relajarse?

¿Con qué frecuencia se toma descanso para cuidar de usted?

¿Realiza algún tipo de ejercicio físico?

En caso de que sí realice ejercicios diga con qué frecuencia y en qué medida esto cambiará cuando ponga en marcha su negocio

---

Estudio de Caso: Administración del Tiempo

¿Cómo administra su tiempo?

Es gracioso, en realidad actualmente manejo muy bien mi tiempo luego de haber tenido alguna práctica (y 2 hijos, un esposo, un empleo a tiempo parcial en la escuela de mi hijo y una plétora de otras actividades). No veo la televisión durante el día y no hago muchas cosas al mismo tiempo. Hago un plan para cada día y lo sigo bastante al pie de la letra. Me permito adaptarme a las situaciones diarias.

¿Qué hace para relajarse?

Realmente hago cosas muy comunes, me quedo en la casa y veo películas con mi familia o me reúno con mis amigos (lo cual no es muy común). Mayormente me mantengo en contacto con ellos por teléfono o por Facebook. Esto parece un poco triste pero cuando bebes en la casa significa que no necesitas buscar a alguien que te lleve más tarde (mucha risa).

¿Con qué frecuencia se toma descanso para cuidar de usted?

En realidad no lo hago. Me gustaría cambiar eso. Maternidad + Adicción al trabajo = no ducharme a veces durante 3 días, ¡por no mencionar un corte de cabello ni un masaje! Por suerte no tengo compañeros de trabajo.

¿Realiza algún tipo de ejercicio físico?

Sí, últimamente hago un poco. Descubrí que caminar más o menos una milla diariamente con los niños es algo genial. Debía haber empezado antes.

En caso de que sí realice ejercicios diga con qué frecuencia y en qué medida esto cambiará cuando ponga en marcha su negocio

Tengo la esperanza de poder mantener lo que comencé.

EL DESARROLLO DE SU LÍNEA

Capítulo 3
Define Tu Mercado

¿Cuál es tu mercado y cómo lo defines? En otras palabras, necesitas determinar el precio al cual se venderá tu producto.

Las selecciones de las telas, los detalles de elaboración de cada prenda y la calidad de la costura son importantes factores que determinan en qué mercado de diseño se clasifica tu trabajo. Es muy probable que tengas una idea de dónde quieres vender tu producto, ahora necesitas decidir si ese sitio satisface a tu mercado.

Las dos clasificaciones principales de diseño son Couture y Ready-to-Wear (Listo para Vestir). La clasificación Listo para Vestir es muy amplia y la misma puede ser desglosada en varios mercados.

Couture

La categoría Couture se define como las prendas elaboradas finamente, a medida, y por pedidos. Varios de los detalles de los diseños son hechos a mano. Las telas son de una naturaleza exquisita y algunas de ellas contienen adornos hechos a mano. Estas prendas no se encuentran en las tiendas por departamentos, sino en los ateliers. Los negocios de diseño

Notas:

tales como Juicy Couture NO son un negocio couture, más bien utilizan el término a la ligera y de forma inapropiada.

Recibir el calificativo de haute couture (alta costura) es un honor y un privilegio, pues está protegido por la legislación francesa. Uno debe ser seleccionado por la Cámara de Comercio e Industria de París para recibir este honor. El criterio de esta institución es muy estricto e incluye el hecho de tener un atelier en París que tenga, al menos, quince empleados a tiempo completo, que elabore artículos de uno o más accesorios diseñados por pedido para clientes privados, y dos veces al año debe presentar ante la prensa de París una colección que contenga al menos treinta y cinco diseños para día y noche. La Cámara estableció estas reglas en 1945 y por definición tiene menos de una docena de miembros actualmente.

Listo para Vestir

La categoría Listo para Vestir comprende cualquier prenda que sea elaborada en cantidades. Esta categoría también se conoce como "de la percha".

Diseñador abarca las marcas más reconocidas como, Gucci, Chanel y Louis Vuitton. El punto de precio de estas marcas es elevado y puede llegar hasta los miles de dólares por una prenda. Por lo general los clientes de estas marcas son adinerados y poseen una entrada de dinero considerable. Las telas son de una gran calidad y costosas. Estas marcas de diseñadores pueden encontrarse en boutiques de alta calidad o tiendas por departamento de calidad como Barneys, Saks y Nordstrom.

Bridge o Contemporáneo describe a un mercado que cubre una mayor cantidad de clientes que la categoría Diseñador. Los precios son más bajos que los de Diseñador y se encuentran entre los cientos de dólares por prenda. Por lo general, las telas son de alta calidad. Varias de las marcas lanzadas por celebridades, tales como Ed Hardy, son consideradas como contemporánea. Estas marcas pueden encontrarse en tiendas por departamento como Neiman Marcus, Bergdorf Goodman y boutiques especializadas.

Moderado describe a un grupo de clientes mucho más amplio y comprende la mayoría del mercado de ropa. Varios de los diseñadores independientes se encuentran en el mercado de diseño moderado, incluyendo Tommy Hilfiger y Jones of New York. Los precios son moderados y las telas son de calidad media. Los diseños de este tipo pueden encontrarse en centros comerciales y pequeñas boutiques independientes.

Económico describe a un mercado no costoso que puede encontrarse en grandes cadenas de tiendas tales como Forever 21 y los rápidos gigantes de la moda como H&M y Zara. Los diseños económicos también son vendidos en cadenas comerciales como Abercrombie y Fitch. Por lo general los precios se encuentran por debajo de los $100 por prenda. Las telas no son costosas y por lo general las prendas no tienen una buena terminación. En algunas ocasiones, estas prendas reciben el nombre de ropa desechable.

Mercado de Masas reúne a la ropa de bajo costo, de segunda mano y en liquidación. Estos diseños pueden encontrarse en tiendas como Marshall's, TJ Maxx y Ross. Generalmente estas prendas están defectuosas o son de la temporada anterior y

Notas:

tienen precios económicos. Por lo general el rango de precios está alrededor o por debajo de los $20 por prenda.

Cada uno de estos mercados puede ser desglosado en clasificaciones más específicas. A continuación se ofrece como ejemplo una lista abreviada.

Por favor, ten presente que esto puede variar dependiendo del mercado.

Mujeres: Jóvenes, Señoritas, Pequeñas, Talla Grande, Maternidad, Ropa Íntima, Ropa Deportiva, Ropa de Calle, Ropa de Noche

Hombres: Grande y Gordo, Ropa de Calle, Casual, Pullovers, Trajes

Niños: Bebé, Niños Pequeños, Niñas, Niños, Juguetes

Accesorios: Bolsos, Zapatos, Sombreros, Bufandas, Guantes

Etiqueta Privada

Las marcas de Etiqueta Privada son diseños creados por encargo de las tiendas que quieren vender bajo su propio nombre de marca. Los precios y los mercados reales pueden variar considerablemente. Esta se ha convertido en una opción muy popular para los pequeños negocios de diseño puesto que tienen colecciones más pequeñas y pueden ofrecer diseños exclusivos a una tienda o boutique. Varias de las tiendas por departamento tienen diseños de etiqueta privada, al igual que las tiendas como Urban Outfitters and Anthropology.

Clasificación de Mercado

¿Piensa que sus productos podrían venderse en un área geográfica en particular?
(a nivel local, nacional, internacional o en una ciudad en específico)

¿En qué puntos de venta considera que se venderían bien sus productos?
(p.ej. tiendas por departamentos, boutiques, en Internet, etc.)

¿En qué tiendas en específico cree que podrían venderse sus productos?

¿Qué precios espera que tengan sus prendas en la venta al por menor?

¿Qué mercado de diseño se ajusta a usted y por qué?

❑ Costura ❑ Diseñador (a) ❑ Contemporáneo ❑ Moderado ❑ Presupuesto

----

¿Cuál es su meta dentro de este mercado de diseño? Especifique (p.ej. para jóvenes, tallas grandes, etc.)

❑ Mujeres ❑ Hombres ❑ Niños ❑ Accesorios

¿Qué tipos de prendas pretende crear (pantalones, vestidos, etc.)?

¿Qué tipos de tejidos pretende utilizar?

Estudio de Caso: Clasificación de Mercado

¿Piensa que sus productos podrían venderse en un área geográfica en particular? (a nivel local, nacional, internacional o en una ciudad en específico)

Sé que hay diferencias estéticas entre la costa oriental y la costa occidental. Aunque no pretendo satisfacer todos los gustos, pienso que mi línea podrá venderse prácticamente en todas partes del mundo.

¿En qué puntos de venta considera que se venderían bien sus productos? (p.ej. tiendas por departamentos, boutiques, en Internet, etc.)

Boutiques independientes, en Internet y en mi propio establecimiento minorista.

¿En qué tiendas en específico cree que podrían venderse sus productos?

Origin Design Lab y Beautiful People Boutique. Aún no he completado la investigación acerca de las cuentas adicionales. Una vez que defina mi competencia será más fácil delimitar las tiendas.

¿Qué precios espera que tengan sus prendas en la venta al por menor?

Espero que estén en el rango de precio de boutique comprendido entre $35 y $200. Aún no he calculado todos los costos ni he solidificado las fuentes de donde provendrá el tejido que utilizaré así que quizás esto no sea muy exacto pero es lo que quiero para mis prendas.

¿Qué mercado de diseño se ajusta a usted y por qué?

☐ Costura ☐ Diseñador (a) ✔ Contemporáneo ☐ Moderado ☐ Presupuesto

¿Cuál es su meta dentro de este mercado de diseño? Especifique (p.ej. para jóvenes, tallas grandes, etc.)

✔ Mujeres ☐ Hombres ☐ Niños ☐ Accesorios
Muchachas

¿Qué tipos de prendas pretende crear (pantalones, vestidos, etc.)?

Tengo en planes diseñar una serie de prendas básicas (sayas, vestidos, pantalones y blusas) para mi colección, las cuales formarán parte de la misma por tiempo indefinido y tendrán algunas modificaciones en cada temporada. También voy a añadir piezas creativas para mezclarlas y hacer combinaciones con cada una de estas prendas básicas.

¿Qué tipos de tejidos pretende utilizar?

Charmeuse de seda de cáñamo, lino, un poco de algodón, tejidos ecológicos, y me gustaría experimentar utilizando bambú debido a la oportunidad que ofrece.

Investigación de Mercado

Una vez que has determinado en qué mercado encajan tus productos, necesitas realizar una investigación sobre ese mercado. Investigar tu mercado te llevará a descubrir quién es tu competencia y tu cliente. Este es un punto importante en tu plan de actividades empresariales y te dará una idea sobre si tu mercado es rentable. ¿Qué parte de la industria representa tu mercado? Si conoces esto, los inversionistas confiarán más en ti y en tu plan de actividades empresariales.

En la primera edición de este libro mencioné la investigación de mercado para la industria de la lencería. Esta información era bastante breve, pero la misma menciona el crecimiento esperado en la industria con base en las tendencias de los años anteriores.

Según el "Informe sobre Investigación de Mercado de Ropa Interior en los Estados Unidos" publicado por Informat, Inc. en enero del año 2008, "en estos momentos la ropa interior representa una industria de $9.6 billones de dólares, creciendo casi un 4% en relación con años anteriores. La venta total de prendas ha llegado hasta los $181 billones, ayudados en gran parte por la ropa interior y de dormir." Como se menciona en este informe, se espera que este crecimiento continúe y que aumente hasta un 10% en el año 2012. Los números de ventas no son específicos de un solo mercado y cubren todas las áreas, desde económico hasta diseñador.

Yo basé mi investigación en un informe de la industria. Tú también puedes investigar los últimos años de la industria y realizar suposiciones sobre las tendencias del futuro. Analiza el

Notas:

total de ganancias, unidades vendidas, estadísticas de empleo y tasas de crecimiento. Por lo general esta información puedes obtenerla con la ayuda de tu bibliotecaria local.

Algo que yo no incluí en mi investigación fue cuánto percibían como salario los profesionales de esta industria. Incluir esta información te ayudará a establecer tu propio salario y ayudará a los inversionistas a analizar los salarios que estás planeando pagar a tus empleados y a ti misma. El análisis de los salarios se encuentra más adelante en otro capítulo, pero es muy bueno tener una idea de lo que reciben como pago los profesionales que desempeñan el puesto que tú deseas tener.

Durante los últimos años hemos sido testigos de cómo reacciona el mundo ante las situaciones provocadas por una economía inestable. Valora la posibilidad de la ocurrencia de tales situaciones y cómo estas pueden afectar tu negocio. ¿Qué sucedió cuando subieron los precios del petróleo? La fabricación disminuyó internacionalmente y regresó a los Estados Unidos. ¿Qué vimos como resultado de las pérdidas de empleo? Comenzaron a surgir nuevos negocios. Ten en cuenta qué es lo que puede salir mal en nuestra economía y especula sobre cómo tu negocio se las ingeniará.

También debes tener en cuenta en tu investigación las temporadas de la moda. ¿Sabías que la mayoría de las personas gasta el 75% o más de su presupuesto de compras de todo el año solamente en la temporada de fiestas? ¿Cuándo es que bajará la temporada y por qué? La temporada de ventas es generalmente en marzo y luego en julio. Los pedidos de mercancía al detalle pueden ser bajos en estas fechas, pero los pedidos al por mayor pueden ser altos debido a la planificación del comprador y las ferias comerciales.

Conocer cuándo serán tus meses buenos pudiera ayudarte a programarte económicamente para los meses malos. Recuerda que estarás realizando los gastos de tu colección de otoño a finales de la primavera, cuando la entrada de dinero puede que no sea muy alta.

Notas:

Investigación de Mercado

¿Qué cantidad de dinero gasta un cliente del mercado al que va dirigido su negocio en su mercado cada año?

¿Cuál es salario promedio para los que trabajan en un negocio como el suyo para el año más reciente?

¿Cómo clasificaría su negocio en su investigación de mercado?

¿A cuánto ascienden los ingresos de su industria?

¿Qué por ciento de la industria se confecciona en su mercado?

Mencione las estadísticas de crecimiento para su mercado

Factor	5 años atrás	2 años atrás	El año pasado	Este año	Próximos 2 Años
Crecimiento de la Industria					

¿Cómo describiría las temporadas para su mercado en específico dentro de la industria?

Mencione cualquier otra investigación de mercado que quisiera incluir

---

Estudio de Caso: Investigación de Mercado

¿Qué cantidad de dinero gasta un cliente del mercado al que va dirigido su negocio en su mercado cada año?

Aproximadamente de $3000 a $5000 anualmente.

¿Cuál es salario promedio para los que trabajan en un negocio como el suyo para el año más reciente?

El salario promedio de un diseñador de moda es de $44 833 – información tomada de salary.com

El salario promedio de los empresarios es de $111 000 – información tomada de entrepreneur.com

¿Cómo clasificaría su negocio en su investigación de mercado?

Confección de Ropa de Mujer

¿A cuánto ascienden los ingresos de su industria?

$9,199,000,000 – info from IBISWorld

¿Qué por ciento de la industria se confecciona en su mercado?

60% de la industria – información tomada de marketresearch.com

Mencione las estadísticas de crecimiento para su mercado

Factor	5 años atrás	2 años atrás	El año pasado	Este año	Próximos 2 Años
Crecimiento de la Industria	3,22%	2,87%	3,24%	11,7%	11.7%

¿Cómo describiría las temporadas para su mercado en específico dentro de la industria?

La temporada alta para el mercado que trabajo sería el otoño seguido por las vacaciones, la primavera y el verano.

Mencione cualquier otra investigación de mercado que quisiera incluir

Capítulo 4
Define Tu Cliente

Una de las primeras preguntas que te tienes que hacer es: ¿Quién es tu cliente? Si tu respuesta es "todo el mundo", entonces no has investigado lo suficiente. Espero que al terminar este capítulo comiences a desarrollar una idea más clara sobre quién es esa persona.

Comprender a tu cliente es tan importante como desarrollar tu producto. Si no puedes determinar quién es tu cliente, no puedes enfocar tu mercadeo, crear tus patrones y medidas, desarrollar tu gama de colores o saber dónde vender tu mercancía. Todo gira alrededor de tu cliente.

Puede ser que tu cliente cambie según se desarrolla tu línea, pero esto no es algo de lo que tengas que preocuparte. Aprender a adaptarse es una de las claves para ser una exitosa dueña de negocio. Habrá momentos en los que estarás enamorada de uno de tus diseños, pero aprenderás a adaptarte si el precio es muy elevado para tu cliente. Una vez que tu negocio haya crecido lo suficiente, podrás desarrollar montones de diseños para abastecer otros mercados. Un ejemplo de una diseñadora que hace esto es Donna Karan. La marca Donna Karan es una línea Contemporánea, pero DKNY

Notas:

es una Moderada.

En el momento actual de tu negocio es muy probable que no sepas cuál será el costo de producción de tu colección. Esta incertidumbre puede hacerte vacilar entre los diferentes mercados y los precios correspondientes. Esta es la razón principal por la cual tu cliente pudiera cambiar. Mientras desarrollas tu negocio, debes mantener la mente abierta y saber que no hay nada escrito en piedra y que cada aspecto de tu negocio evolucionará.

Uno de los ejercicios que enseño en la escuela es crear un perfil del cliente. Esto puede llegar a ser muy útil cuando estés desarrollando a quien consideras tu cliente. Prueba recopilar imágenes sobre quien tú consideras que es tu cliente, lo que ellos compran, lo que ellos visten, el auto que manejan, sitios vacacionales que visitan y cualquier cosa que describa a tu comprador ideal. Este tipo de collage es un método visual para mostrarte a ti misma y a los profesionales con los que trabajas quien es tu cliente. Esto será útil cuando comiences el proceso de marca y mercadeo.

Si tienes dificultades para descubrir tu tipo de cliente, entonces observa otros negocios similares que puedan hacerte competencia e investiga quiénes son sus clientes. Una vez que ya tengas idea sobre tu tipo de cliente puedes utilizar el formulario que ofrezco para ayudarte a definir ese cliente. Este formulario te ayudará a ser más específica con ese cliente perfecto. Algo que pudieras estar pensando es: "¡Yo quiero que varios tipos diferentes de personas vistan mi ropa, no solo un grupo!" Tu cliente actual puede que no encaje exactamente en la descripción de tu cliente objetivo, pero crear un cliente objetivo perfecto te hará encaminar tu negocio correctamente.

En mi negocio yo defino a mi cliente objetivo como una mujer trabajadora, entre 25 y 40 años de edad que gana $45,000 por año. Sin embargo, mis clientes reales se encuentran entre los 16 y 60 años de edad y van desde estudiantes hasta mujeres que ganan más de $200,000 al año.

No conocer quién es tu cliente puede ser el primer paso para cometer un error financiero. Asegúrate de revisar el perfil de tu cliente mientras vas desarrollando tu negocio y actualízalo siempre que sea necesario.

Notas:

Perfil de Clientes

Cree su cliente ideal. Esto no limitará quienes serán sus clientes pero le ayudará a limitar su centro de atención.

Edad: _____

Sexo: ☐ Femenino ☐ Masculino

Estado Civil: ☐ Soltera ☐ Casada ☐ Separada ☐ Divorciada ☐ Viuda

Ocupación: ---

Ingreso Anual: ---

Ubicación geográfica: --

Hábitos de Compra:

Estilo de Vida:

Actividades que realiza en el Tiempo Libre:

Destinos Vacacionales:

Diseñadores Favoritos:

Tiendas Favoritas:

Estudio de Caso: Perfil de Clientes

Cree su cliente ideal. Esto no limitará quienes serán sus clientes pero le ayudará a limitar su centro de atención.

Edad: mayores de 20 y menores de 50 años

Sexo: ✔ Femenino   ☐ Masculino

Estado Civil: ☐ Soltera ✔ Casada ☐ Separada ☐ Divorciada ☐ Viuda

Ocupación: _____

Ingreso Anual: $50 000 - $60 000 al año

Ubicación geográfica: Costa Occidental

Hábitos de Compra:
Gasta dinero para mantener un buen estado físico y de salud; afiliación a un gimnasio, ropa para hacer ejercicios, alimentación sana. Suele gastar mucho dinero en su hogar y en sus hijos.

Estilo de Vida:
Tenía unos cuantos ingresos disponibles. Los gastos para la vida diaria en la casa estarían alrededor de los $45 000 y tendría un ingreso total aproximadamente de $100 000

Actividades que realiza en el Tiempo Libre:
Normalmente practica ejercicio físico, participa como voluntaria en actividades comunitarias y en actividades con su familia.

Destinos Vacacionales:
Costa Rica; vacaciones baratas pero con un alto valor cultural

Diseñadores Favoritos:
Eileen Fischer, ella está a favor de los trabajos independientes hechos a mano.

Tiendas Favoritas:
Compra en boutiques de su localidad y no en tiendas por departamento. Apoya las artes y a los fabricantes locales.

Competencia

Has investigado sobre tu mercado y sobre tu cliente, ahora debes tener en cuenta tu competencia. Para decirlo de una forma más directa, ¿quién te gustaría que te robe tus clientes? Utiliza la hoja de trabajo incluida al final de esta sección para analizar tu competencia más cercana. Esta competencia debe estar representada por las compañías que venden en tu mercado y a un precio similar. Estas compañías pueden vender sus productos en una boutique al lado de la tuya.

Preguntas que debes tener en cuenta: ¿Hay lugar en el mercado para tu producto? ¿Tu producto es diferente de lo que ya existe? ¿Tienes un nicho?

Escribe una lista de las cosas que te hacen sobresalir. ¿Son estas las prácticas de tu negocio? ¿Las selecciones de las telas? ¿Los accesorios de tus prendas? ¿Cuál es tu ventaja competitiva?

Si ves que no estás satisfaciendo a tus clientes, ¿qué tipo de estrategia podrías utilizar que te diera ventaja? ¿Puedes encontrar una manera mejor de administrar tu negocio? ¿Existe forma alguna de que tus precios sean más bajos que los de tu competencia?

Si estás pensando: "No sé quién es mi competencia", entonces date una vuelta por tu zona de tiendas. Si no ves que tu mercancía encaja en ninguna de esas tiendas, arriésgate un poco más y viaja hacia el área metropolitana más cercana. Visita los diferentes vecindarios y lo que se vende en esos lugares. Una vez que encuentres un vecindario en el que tú pudieras encajar, toma nota de qué diseñadores se venden en esas tiendas. Esta es tu competencia.

Pero y si... Puedes inventar varias excusas para evitar descubrir quién es tu competencia: vives en un pueblo pequeño, eres una madre que se queda en casa, o simplemente no encuentras el tiempo para ello. Sin embargo, conocer quién es tu competencia es algo importante para poder crear un producto que se pueda mercadear. Busca tres negocios que sean semejantes a tu línea. Esto también puede afectar el cliente y el mercado ideal que has definido. Analiza cómo lucen sus sitios web, si tienen o no tiendas online y cuáles son sus precios y materiales. Ve un poco más allá y "síguelos" en Twitter, en listas de correo y otras redes sociales. Toma nota de quiénes son sus vendedores al detalle, ¡es posible que ellos también puedan ser los tuyos! Una vez que ya sabes quiénes son tu competencia, puedes utilizar Compete.com, una excelente herramienta online para investigar sobre ellos.

Resumiendo, ¡realiza tu $@!!$ investigación! Te garantizo que después te estarás agradeciendo por haberla hecho.

Notas:

Competencia

¿Qué hace que sus diseños sobresalgan por encima del resto?

Describa en el siguiente formulario las cualidades de su negocio y 3 de sus competidores. Compruebe si el tema en cuestión es una fortaleza o una debilidad de su negocio

	Su Negocio	Fortaleza o Debilidad	Competidores	Competidores	Competidores
Breve Descripción del Diseño					
Observación General					
Productos					
Telas					
Precio					
Calidad					
Selección y Tallas					
Fiabilidad del atuendo					
Lugar					
Métodos de Venta					
Publicidad					
Prensa					

Estudio de Caso: Competencia

¿Qué hace que sus diseños sobresalgan por encima del resto?

Quiero que mis piezas sean prendas obligatorias en un armario. Son modelos clásicos que nunca pasan de moda y son eternos. Están hechos para que duren una temporada tras otra

Describa en el siguiente formulario las cualidades de su negocio y 3 de sus competidores. Compruebe si el tema en cuestión es una fortaleza o una debilidad de su negocio

	Andrea's Business	Fortaleza o Debilidad	Stewart & Brown	MarrikaNakk	Isda& Co.
Breve Descripción del Diseño	Contemporáneo entallado y romántico	F	Contemporáneo de alta calidad casual	Contemporáneo romántico estilo de vaquero	Ropa contemporánea de oficina
Observación General			Crea varias líneas diferentes	Mucho tiempo en el negocio, aproximadamente desde la década del 80	Competidor más cercano, un poquito anticuado
Productos	Vestidos, pantalones, blusas y sayas	F	Suéteres, pantalones, vestidos, ropa de punto	Sayas, vestidos, chaquetas, blusas	Blusas, algunas sayas y vestidos
Telas	Seda de cáñamo, organza de seda, bambú	F	Tejidos ecológicos: cáñamo, algodón orgánico	Seda, rayón, terciopelo, encaje elástico	Sedas, cachemires, lino, tejidos de alta calidad
Precio	Sayas 60-150, Pantalones 80-125,	S	Tops, skirts & pants 100-150, dresses 150-300, tshirts 60-80	Skirts 150, jackets 700	Pants, dresses & jackets 100-150, tops 50-150, Blusas y vestidos 85-350
Calidad	Alta calidad	F	Alta calidad	Alta calidad	Alta calidad
Selección y Tallas	Pequeño 7-10 piezas, 2 colores	D	Grande 100 piezas, ropa de punto xs-l, ropa tejida 2-10	Mediano 20 piezas, S-XL	De mediano a grande, 50 piezas, XS-XL
Fiabilidad del atuendo	talla promedio 6-8,	F	Ropa ajustada, no apropiada para mujeres con curvas	Más apropiada para las mujeres con curvas pero no para las bajitas o menudas	La mejor ropa para mujeres con curvas
Lugar	California del Norte	F	California del Norte	California del Norte	California del Norte
Métodos de Venta	Al por mayor, en etsy por Internet	F	Al por mayor, en Internet	Al por mayor, hecho por encargo	Al por mayor, en Internet
Publicidad	Ferias comerciales, listas de correo electrónico	F	Ferias comerciales, Blog, listas de correo electrónico	Ferias comerciales, anuncios impresos	Ferias comerciales, listas de correo electrónico, blog
Prensa		D	Buen lugar entre las celebridades, mucha prensa	Prensa editorial en revistas occidentales	Limitado a las noticias locales

Capítulo 5
Marca e Identidad

¿Qué es una marca y cómo la creas? En pocas palabras, una marca es cualquier cosa y todo lo que separa tu negocio del resto. Tu marca crea una identidad y explica quién eres, qué haces y por qué lo haces. Puede que creas que una marca es nada más que un logotipo, pero en realidad es mucho más que eso.

Crear una identidad es tan importante como crear tu producto, desarrollar un cliente y un mercado y determinar tu competencia. La marca reúne cada una de estas áreas. Marca significa mantener constantes los valores en cada aspecto de tu negocio, representando siempre tu negocio de la misma forma que crea reconocimiento y lealtad al cliente. Analizar tu negocio con una estrategia de marca antes de comenzar con el desarrollo del producto puede ser una decisión inteligente.

El proceso de marca comienza con tu declaración de objetivos fundamentales (misión), lo cual se convertirá en la columna vertebral de tu negocio. Tu misión es la declaración que te define a ti y a tu negocio, y la misma se utiliza en el plan de actividades empresariales. ¿Cuáles son los valores de tu compañía? ¿Serás una defensora contra la explotación?

Notas:

¿Trabajarás solamente con algodón cultivado en los Estados Unidos? ¿Alguna parte de tus ganancias serán dedicadas a caridad? ¿Crearás productos innovadores para un mercado específico? ¿Cuál es tu mensaje?

Tu misión también debe incluir qué es tu producto y qué necesidad cubrirá el mismo. Escribe algunas ideas y regresa a esta sección después que hayas terminado de leer el libro. Tu misión debe contar solamente con algunas oraciones y será un resumen de tus respuestas a las preguntas siguientes:

- ¿Tu cliente necesita este producto?
- ¿Por qué tu producto es mejor que la competencia?

Además de tu declaración de objetivos fundamentales, debes considerar cuál es la visión de tu negocio y hacia dónde ves que se dirige. ¿Puedes ver a tu negocio despegar en grande y tus diseños siendo los más solicitados en la alfombra roja? ¿O acaso ves tu negocio como un legado y como el sustento de tu familia que pasará de generación en generación? Explica brevemente cómo es que ves crecer tu negocio.

Una vez que hayas elaborado las declaraciones de misión y visión, ve y busca $200 y comienza a trabajar en tu nombre y en tu logotipo. Tu propio nombre debe ser el primero en la lista, pero también puedes escoger una palabra o frase que te identifique a ti y/o al producto. Selecciona una cantidad de nombres que te gusten y compártelos con tu familia y amigos. Antes de decidirte por un nombre, búscalo en Google y asegúrate de que no está siendo utilizado por la competencia.

Una vez que ya has eliminado la posibilidad de utilizar un

nombre que esté en manos de la competencia, necesitas verificar que ese nombre tampoco sea el de una lavandería local. Puedes revisar la base de datos de nombres ficticios de tu distrito (ciudad, condado o estado). La mayoría de las ciudades y estados solicitan esto cuando se está registrando un negocio, por lo tanto revisa tus estatutos locales para asegurarte de que el nombre te pertenece. En el Capítulo 24 explico cómo registrar un negocio con un nombre ficticio. Si estás registrando tu negocio como una corporación o como un LLC, puede que esto no aplique en tu caso.

Ya decidida por un nombre, compra el dominio tan pronto como sea posible. No querrás perderlo porque otra persona con la misma idea se te adelantó. Concéntrate en obtener un dominio .com, y como último recurso utiliza un .net u otro distinto. También puedes cambiar o modificar tu nombre en dependencia de la disponibilidad de dominios. Puedes utilizar GoDaddy.com para verificar la disponibilidad.

Tu próximo paso es diseñar un logotipo que represente tu nombre. Un logotipo es una letra y/o imagen original y única en la cual siempre se debe hacer referencia al nombre. Si tienes conocimientos de diseño gráfico puedes intentar hacerlo tú misma, de lo contrario déjalo en manos de un experto. Lo que tú crees que se ve estupendo, puede no verse igual ante los ojos de un comprador o de la prensa. Deberás mezclar cierto sentido de nivel y profesionalismo en tu logotipo. Para poder hacer esto de la manera correcta, es posible que necesites invertir algunos cientos de dólares con un diseñador gráfico experimentado. Este será un dinero bien gastado. Tu logotipo será tu cara al mundo, así que hazlo profesionalmente. Es posible que también desees elaborar una breve frase de

Notas:

Notas:

impacto para utilizarla junto con tu logotipo.

Si vas a contratar un diseñador gráfico pide que diseñen una imagen de logotipo que acompañe al logotipo general. Por lo general esa imagen es parte del logotipo, pero puede utilizarse independientemente en las etiquetas de la ropa, las tarjetas de negocios o tu sitio web. Esta imagen representará tu nombre en caso de que el logotipo completo no sea el más indicado a utilizar en determinada ocasión. Esto no siempre es necesario, pero es recomendable, en especial si el nombre no es corto. Algunas imágenes de marca que te pueden resultar conocidas son el logotipo de Nike, la lengüeta roja en el bolsillo utilizada por Levi y la carita sonriente de Joe Boxer.

Y por último, pero no menos importante, la selección del color. Utiliza colores que transmitan la naturaleza de tu negocio. Si no estás segura de cuál puede ser el tuyo, es mejor que investigues sobre los significados de algunos colores y el tipo de emociones que los mismos generan. La psicología es una gran parte de nuestra industria y la percepción vinculada al color también debe ser tomada en cuenta. (Si fuera a escribir sobre la psicología relacionada con la industria de la moda, este libro fuera el doble de extenso.)

Aquí tienes una pequeña lista con algunos colores y sus respectivos significados.

- Rojo - Este color es atrevido y llama la atención. Demuestra tu confianza y pasión.

- Naranja - El naranja es un color de unidad y armonía.

- Amarillo - El amarillo fuerte simboliza

alegría. El suave transmite estabilidad.

- Verde – Representa crecimiento, desarrollo y motivación.

- Azul – El azul se relaciona con la introspección y la tranquilidad.

- Morado – Este color está relacionado con la creatividad y la espiritualidad.

- Rosado – El rosado es calmante y transmite un sentido de abrigo.

- Gris – El gris invoca el balance y la seguridad.

- Marrón – Este color representa la base y la seguridad.

- Negro – El negro significa misterio, autoridad, profundidad y fuerza.

- Blanco – El blanco es el color de la confianza.

Notes:

Marca e Identidad

¿Qué nombres ha considerado para la compañía y por qué?

¿Cuál es la historia de su compañía? ¿Cómo evolucionó?

¿Qué imagina para su compañía?

Marca e Identidad - continuación

¿Cuáles son los valores de su compañía y qué promete con sus productos?

_____
_____
_____
_____
_____

¿Qué tipo de cliente se identificaría con su marca?

_____
_____
_____

¿Qué hace que su compañía y sus productos sobresalgan?

_____
_____
_____

¿Cuál es el propósito de su producto?

_____
_____
_____

¿Cuál es su filosofía de diseño?

_____
_____
_____
_____

¿Cuál su declaración acerca de la misión de su compañía?

_____
_____
_____
_____
_____
_____

Estudio de Caso: Marca e Identidad

¿Qué nombres ha considerado para la compañía y por qué?

Coco Martini – Mi alter ego. A.C. Baker Apparel – nombre actual del negocio, Andrea Baker – Mi nombre y apellido

¿Cuál es la historia de su compañía? ¿Cómo evolucionó?

Evolucionó literalmente en medio de lágrimas. Hace años trabajaba en una boutique donde me divertía como nunca antes en el trabajo. Era buena vendedora pero me quedé desempleada luego de salir embarazada de mi primer hijo. Engordé 75 libras durante el embarazo y no pude bajar de peso luego del parto de mi primer hijo. Estaba frustrada, no tenía dinero y nada me quedaba bien. Había asistido a la escuela de arte así que empecé a esbozar ideas de ropa que pudiera usar y una página se convirtió en páginas. Le llevé los bocetos a la propietaria de una casa de modas local para ver si allí podían confeccionar mis diseños porque yo ni siquiera sabía coser. La propietaria me dijo que si ella hacía la ropa el costo de producción sería de miles de dólares. Me recomendó que empezara mi propia línea y me remitió a contratistas y fabricantes locales. En aquel momento no sabía nada acerca de la industria pero comencé a preguntarle a todo el mundo. Quería conocer la industria. Mi esposo recibió una herencia de $150 000 y empleé $20 000 para comenzar mi negocio. En realidad necesité $20 000 solo para el desarrollo y otros $30 000 para la producción. Llevé la colección al mercado y fue un fracaso pues me pusieron en la sección equivocada y contraté a un "amigo" como representante de ventas, lo cual fue una mala idea. Todo el dinero había sido utilizado así que tuve que retroceder y reevaluarlo todo. Aprendí a coser, empecé a hacer bolsos de mano, aprendí a hacer patrones y 5 años después estoy lista para lanzarme de nuevo.

¿Qué imagina para su compañía?

Quiero tener un negocio modesto, con los pies en la tierra. Quiero una compañía sostenible que tenga éxito, que sea reconocida por crear prendas de ropa con gran calidad y buenos tejidos. No necesito ser una superpotencia. Mi meta es lanzar 2 colecciones o más al año. Quiero crear un trabajo grandioso que sea interesante y tenga un producto que signifique algo para mí. No quiero vender mi compañía cuando crezca, quiero longevidad y que mis hijos lleguen a dirigir el negocio algún día. Espero tener empleados trabajando junto a mí. Quiero ser sustentable. No quiero trabajar NUNCA más para otra persona. Quiero ser mi propio capitán. Quiero que mis hijos aprendan una buena ética laboral. Cuando haces algo que usan las personas, esto añade una dimensión a las relaciones en tu vida, confeccionar algo es una tarea maravillosa.

Estudio de Caso: Marca e Identidad - continuación

¿Cuáles son los valores de su compañía y qué promete con sus productos?

Quiero que todo sea hecho en los Estados Unidos. Creo en la idea de brindar apoyo al negocio de mi vecino produciendo a una fracción del costo. El comercio justo es un coñazo. Considero que algo se comercializa de manera justa si todos los componentes del comercio tienen lugar en tu país. No creo que se deba disminuir la cantidad de trabajadores estadounidenses aún cuando tengas descuentos de costos. La sostenibilidad significa empleo local y es muy importante para mí. Voy a producir en California, el estado donde nací y resido. Esta es la piedra angular de mi negocio.

¿Qué tipo de cliente se identificaría con su marca?

Las madres, yoga mamas (mujeres embarazadas que practican yoga), personas con la mentalidad típica de la costa occidental, consumidores con una estética al estilo de etsy y quienes presten atención al fabricante.

¿Qué hace que su compañía y sus productos sobresalgan?

El compromiso con la calidad y la sostenibilidad, el estilo y los atuendos hablan directamente acerca de las necesidades y el estilo de vida de mis clientes.

¿Cuál es el propósito de su producto?

Mis diseños van a estar en sus armarios durante años. Ayudan a mi cliente a definir su propio estilo de vida de manera exclusiva.

¿Cuál es su filosofía de diseño?

Crear sutileza, elegancia y simplicidad sin ser aburrida. Estas son piezas que los clientes querrán llevar todo el tiempo.

¿Cuál su declaración acerca de la misión de su compañía?

A.C. Baker Apparel crea diseños grandiosos y prendas que duran varios años. Estos diseños son ejemplos de quienes los usan, no de la tendencia. Son relacionales por naturaleza, ropa hecha en los Estados Unidos utilizando mano de obra nacional y creando estabilidad y comunidad. Me rijo por la Slow Fashion (moda lenta).

Capítulo 6
Crea una Colección

Te has definido a ti misma, has definido tu marca, tu mercado y tu cliente. Ahora viene el momento de divertirte creando tu colección.

Lo primero debe ser comenzar con una filosofía de diseño. La filosofía de diseño es una extensión de tu marca/misión. La misma pertenece al aspecto global de tu trabajo. Esta filosofía puede tratarse de tener etiquetas cosidas a mano en todas tus prendas o crear moda como una forma de arte. Una filosofía de diseño ayuda a guiarte en tu apariencia general. Tener una apariencia específica te hará llegar lejos en el reconocimiento de la marca en una comunidad pequeña.

Mantenerte fiel a tu visión es la primera clave para el éxito. La segunda es no lanzar una línea de productos con demasiados artículos. Si estás comenzando este negocio tú sola, para tu primera colección sería bueno comenzar con 3 a 5 siluetas en 2 a 4 telas. Recuerda que inclusive en estas 8 a 12 piezas necesitarás producir todo el rango de tallas. Esto puede sumar fácilmente un gran total de más de 30 piezas.

Notas:

Notas:

¿Has pensado en qué es lo que despierta tu creatividad y te inspira como diseñadora? ¿Te inspiran los colores o las telas? ¿Es el sentido de la vista o el del tacto el que te guía? No importa de dónde provenga tu inspiración, se presentan momentos en que toda diseñadora se encuentra ante un muro creativo. Esta es la razón por la cual es tan importante mantenerte concentrada en tus valores.

Crea un tablón de ánimo para cada colección. Este tablón de ánimo puede ser elaborado de la misma forma que el perfil de tu cliente, pero fungirá como el encendedor de tu inspiración. No limites tus diseños cuando desarrollas tu colección. Prepárate para diseñar cinco veces la cantidad que llevarás realmente a producción. Poco a poco estarás eliminando diseños de tu colección. Reducir tu colección es parte del proceso de diseño y puede hacerse de muchas maneras distintas y creativas.

Prueba conducir pequeños grupos de discusión con amigos o (aun mejor) con tus clientes objetivo. Contratar una firma para que dirija un grupo de discusión es una opción, pero muy costosa. Una variante para encontrar a tu cliente objetivo es utilizar publicaciones online como Craiglist.org. Publica un anuncio señalando a un cliente específico y ofrece incentivos por participar en tu grupo de discusión. Regalar mercancía o tarjetas de regalo es una excelente manera de atraer participantes. Si has desarrollado una lista de correo para el mercadeo y tienes una tienda online, podrás ofrecerles descuentos a los clientes que completen una encuesta online. SurveyMonkey.com es una herramienta de realización de encuestas gratuitas (hasta 20 preguntas).

Varios de los negocios más grandes utilizan servicios de información de tendencias para obtener ayuda con el desarrollo de su colección. Estos servicios de tendencias predicen qué colores serán los utilizados en las temporadas siguientes. También determinan las siluetas populares para la temporada, así como los tejidos que pueden ser utilizados. ¿Alguna vez has notado que los artículos de la temporada pasada que compraste en oferta nunca encajan con nada? Los colores a utilizar son desarrollados por los servicios de tendencias y todos los colores de una temporada están destinados a ser intercambiados entre ellos sin importar el diseñador. Las prendas de una temporada no están hechas para que encajen con las de la siguiente. ¿Recuerdas aquella conversación de la película "El Diablo Viste Prada" en relación a un sweater azul? No estaban exagerando.

Existen libros que hablan sobre las predicciones de tendencias, los cuales cuestan alrededor de mil dólares, o también hay revistas a las cuales te puedes suscribir por aproximadamente $400. Otra opción a utilizar son las consultas con servicios como Peclers, Promostyl, Trend Union o WGSN, los cuales no son mucho más económicos que los libros.

Varias diseñadoras independientes deciden no seguir las indicaciones de estos servicios de tendencias, sin embargo esto se debe a muchas otras razones a parte de los precios. La primera es que nos consideramos únicos, no deseamos seguir ninguna tendencia y queremos que nuestros productos sobresalgan. Segundo, nosotros compramos nuestros tejidos de lo que hay disponible en las compañías textiles que han seguido los servicios de tendencia respecto a los colores. Tercero, nosotros estamos más cerca del proceso

Notas:

de fabricación que las grandes compañías, así que podemos reaccionar a las tendencias que ya se encuentran en el mercado y satisfacerlas, en lugar de planificar nuestras colecciones con años de antelación (funcionamiento de la moda rápida - este es un tema que trataré más adelante en este libro).

Calendario de Creación

En el mundo de la moda existen cuatro temporadas principales: otoño, fiestas, primavera y verano. Algunas veces puedes ver "temporadas" adicionales tales como resort, pre primavera, o pre otoño. Por lo general estas últimas son establecidas para entregas intermedias y son utilizadas generalmente en la moda rápida. No intentes diseñar para las cuatro temporadas cuando estés comenzando - te volverás loca y es posible que te arruines también.

Durante el primer año de tu negocio deberás enfocarte en solo una colección. Es muy probable que esta colección sea una prueba para ver si has atacado bien tu mercado y tu cliente. No tiene sentido que gastes el dinero que tanto sacrificio te ha costado ganar, en más de una colección sin saber a ciencia cierta si estás en el mercado correcto.

La planificación de tu colección debe hacerse con antelación, en algunas ocasiones hasta un año. Existen mercados o ferias comerciales que coinciden con cada una de las temporadas más importantes. Estos mercados son captados aproximadamente 4-6 meses antes de la temporada. Aquí tienes un par de tablas que te dan una idea de las diferencias entre las temporadas tradicionales, las temporadas de moda rápida y el calendario recomendado de diseño independiente.

Una planificación ideal sería que estuvieras diseñando una colección desde hoy por todo un año. Si ahora fuera septiembre, estarías diseñando tu colección de otoño del año siguiente y la estarías llevando al mercado en febrero o marzo. Esta situación ideal sucede con poca frecuencia y los diseñadores terminan creando una colección 1-2 meses antes de llevarla al mercado (por ejemplo, si estás planificando una colección de otoño es posible que no comiences a diseñar hasta enero o febrero).

Notas:

Mes:	Enero	Febrero	Marzo	Abril	Mayo	Junio	Julio	Agosto	Septiembre	Octubre	Noviembre	Diciembre
Diseño	1	1		2	2		3	3		4	4	
Patrones y Muestras	1	1		2	2		3	3		4	4	
Venta		1	1		2	2		3	3		4	4
Producción	4	4	4	1	1	1	2	2	2	3	3	3
Envío	3	3		4	4		1	1		2	2	

Perfil del Diseñador: Timothy James Andrews

Timothy James Andrews vive en el este de Londres. Sus diseños textiles han sido descritos como 'un arcoíris de patrones y texturas'. Sus diseños son 'alegres y divertidos, con una gama de colores atrevidos, estilo caricaturas', 'una exploración de color y forma y está dispuesto a romper las convencionalidades'.

¿Cuál es tu filosofía de diseño?

Color y patrón, color y patrón y más color y patrón. Yo quiero crear piezas originales que de verdad gusten. No espero que los atuendos de las personas estén compuestos solamente por diseños míos, es por eso que quiero que cada una de mis creaciones sea verdaderamente especial.

¿Qué procesos generales sigues cuando estás desarrollando una colección?

Para comenzar, me gusta trabajar con una idea sencilla. Puede ser una película, una pintura, un artista, cualquier cosa. Partiendo de esto creo una lista de técnicas e ideas que quiero probar y explorar en relación con este punto. Estas ideas crecen naturalmente, evolucionan y se convierten en un concepto único y original. Dentro de la colección intento desarrollar una técnica individualista como mi propio experimento personal.

¿Tienes en mente un cliente cuando estás diseñando tus colecciones?

Siempre he tenido la firme creencia de que si diseñas algo que amas, alguien más lo amará también. El mundo es un gran sitio lleno con personas de pensamiento vanguardista que siguen los acontecimientos de la moda. Yo comencé a crear ropas porque quería crear una variedad de piezas divertidas. Nunca imaginé que serían vendidas en tiendas, pero personas de todas partes del mundo se volvieron locas con ellas.

¿Cuántas piezas creas para una colección?

Yo creo una pequeña colección de estilos, pero por lo general dentro de cada estilo habrá algunas piezas diferentes. En mi primera colección, 'algunos visten sobre el arcoíris', habían solamente 8 estilos, pero en general tenía cerca de 40 piezas independientes, sin incluir los accesorios. Me encanta utilizar capas y que no haya juego, juntando patrones, colores y texturas que no concuerdan. En general, el estilo es bastante excesivo pero en cada una de las piezas hay mucho tiempo y esfuerzo invertido.

¿Consideras que tu trabajo es arte para vestir o vestidos?

Me gusta pensar que mi arte es una gran mezcla de arte, vestido y moda. Algunos de los grabados de mis colecciones los tengo enmarcados y están colgando en la pared de la sala de mi casa. Creo que especialmente los grabados son dignos de ser una obra de arte.

Algunas de las piezas de la colección las hice especialmente para que estuvieran en la cima. Fueron una idea llevada hasta el límite. Posiblemente estas piezas puedan ser descritas como vestidos, pero han sido populares entre los estilistas, cantantes y artistas, así que creo que tienen un lugar en la moda.

Usualmente, mis piezas tejidas son las más extremas. Al ser un diseñador poco establecido, para mí es difícil que me produzcan pequeñas cantidades en las fábricas de ropa tejida. Incluso aunque haga piezas tejidas sencillas no las puedo producir y nadie las puede comprar, por lo tanto yo uso mis piezas tejidas como una pequeña exhibición de mis ideas más extremas.

¿Cuáles son algunas de tus metas para el crecimiento de tu línea?

Actualmente estoy disfrutando realmente el proceso de diseño y creación con pequeñas producciones. Creo que existe algo especial en crear un estilo original, y esto parece haberse perdido en los días de la moda actual. El estilo y el glamour se han apoderado del mundo de la moda, pero yo quiero izar la bandera de las declaraciones atrevidas, juguetonas y audaces de la moda.

Espero evolucionar, cambiar y mantenerme relevante al mismo tiempo que me mantengo fiel a mi estética. No tengo en planes dominar el mundo de la moda, pero sí quiero trabajar con nuevos distribuidores, fábricas, estilistas y artistas.

PRODUCCIÓN

Capítulo 7
Obteniendo las Telas

Para comenzar la producción, primeramente debes encontrar los proveedores de telas y mercería, desarrollar los patrones de tu colección y crear muestras.

Encontrar los proveedores puede ser una tarea difícil, especialmente si no tienes acceso a un distrito de prendas y estás limitada a abastecerte en costosas tiendas de telas. Seamos honestas, si vives en Los Ángeles o en Nueva York no deberás tener problemas con esto, pero si vives en cualquier otro sitio, ¿de dónde te abastecerás? No te asustes, todavía existen varias opciones para ti.

Cuando estés buscando tus telas, busca más de un abastecedor para tus suministros. Cada día cierran varios negocios y tú no querrás quedarte sin proveedor si el tuyo deja de existir. Prográmate para tener al menos dos proveedores de reserva, aunque estos sean más costosos. Esto evitará que te quedes atascada en caso de que se presente una situación desfavorable.

Ferias Comerciales
Las ferias comerciales textiles son la forma ideal de buscar los

Notas:

Notas:

proveedores de tus telas. En una de estas ferias, como la Feria Textil Internacional de Los Ángeles, tienes la oportunidad de ver todo en un solo lugar. Esto puede ser un poco abrumador, así que lo primero es tener una idea de qué es lo estás buscando. Aquí ofrezco algunas preguntas a tener presentes:

- ¿Cuáles son los colores a los que te sientes más atraída?
- ¿Estás buscando telas de punto o entrelazadas?
- ¿Qué calidad de telas estás buscando? ¿Sedas, tejidos orgánicos o telas comunes y corrientes?

Realizar una visita a tus tiendas locales debe ayudarte a reducir tus opciones. No visites una solamente; visítalas todas. En varios lugares podrás pedir una muestra de la tela. Toma nota del ancho del tejido, el contenido de la fibra, donde lo compró, el precio, y cualquier otra información que esté disponible. Es posible que en algún momento necesites comprar determinada cantidad para un pedido de último minuto y es una buena idea conocer donde se encuentra ese tipo de tela y si se puede obtener rápidamente.

Al final de este capítulo he añadido un formulario de fuentes textiles y acabados para ayudarte a organizar esta información.

Después que has hecho un recorrido por tu localidad y has reducido tus opciones, debes preparar un viaje a la feria textil más cercana. Estas ferias tienen todo, desde mercería y polyester barato, hasta adornos de gran calidad, telas "ecológicas" y todo lo demás. Pudieras sentirte perdida si no estás preparada.

Intermediarios

¿Qué es un "intermediario"? Un intermediario es un distribuidor mayorista que compra lotes de telas de lo que ha sobrado en producciones o de la temporada pasada. Esto puede ser una gran opción para ti si estás trabajando con pequeñas cantidades. Pudieras preguntarte: "¿Puedo pedir nuevamente esta tela?" La respuesta más probable es "no". Estas telas son de segunda mano, lo que ves es lo que tendrás. Si te gusta algo, compra todo lo más que puedas.

Un intermediario puede buscar un tipo de tela específica para ti, pero por lo general estará a precios de minorista. Así que si ves algo que te gusta, cómpralo y cómpralo todo. Si logras crear una buena relación con un intermediario, es posible que ellos ofrezcan comprarte la tela o intercambiarla, pero solamente a centavos del precio que tú pagaste.

Algunas tiendas de telas también pueden funcionar como intermediarios. Las pequeñas tiendas locales pudieran ofrecer mercancía a precios mayoristas o con un descuento para negocios pequeños.

Representantes Textiles

Un representante textil representará generalmente varias compañías textiles y viajará por todo el país buscando nuevos clientes. Si asistes a una feria textil, la guía del evento deberá mencionar los representantes que están exhibiendo en la misma. Por más extraño que parezca, los representantes textiles están registrados generalmente en las páginas amarillas, por lo que puedes ubicar uno cerca de ti. También puedes buscar online las compañías que tienen las telas que tú quieres. Contáctalas para ver si tienen un representante textil

Notas:

que atienda tu área. Si es así, estás de suerte. Si no, solicita una muestra del tipo de tela específica que estás buscando

Sé detallista cuando pidas muestras, pedir un pedazo de seda es como pedirle a un panadero un pedazo de pan. Existen varios tipos de telas que pueden ser seda (por ejemplo, dupioni, charmeuse, chiffon, organza, etc.). Instrúyete sobre los tipos de telas antes de dejar una mala impresión con tu posible distribuidor.

Online

Si estás desesperada y no puedes asistir a una feria textil, si no puedes encontrar un intermediario o un representante textil que te ayude, entonces prueba en internet. En algunas ocasiones Ebay.com y Etsy.com pueden tener justamente la tela que necesitas, pero hay disponibles muchos otros recursos, así que busca un poco en Google con un criterio de búsqueda específico y no te conformes con los resultados mostrados en la primera página.

Las Preguntas más Importantes

Una vez que hayas encontrado los proveedores para tus telas, necesitas saber qué preguntas hacer. Esto también aplica a los representantes en las ferias textiles y a los intermediarios.

¿Cuáles son sus cantidades mínimas? Varias de las compañías que encontrarás en las ferias textiles solicitan una cantidad mínima bastante grande, en algunos casos de 1000 yardas o más. A veces puedes evitar esto pidiendo yardas de muestra. La cantidad ofrecida como yardas de muestra puede estar entre una y cien yardas. Las muestras de cortes son por lo general más costosas, o hasta pueden cobrarte una comisión para cortar una yarda de muestra más corta.

Otra opción para evitar hacer pedidos mínimos de tela en cada color es solicitar la tela PPT (preparada para teñir, o PFD por sus siglas en inglés). PPT hace referencia a la capacidad de teñido de la tela. Si estás planificando ofrecer varios diseños con la misma tela pero en diferentes colores, puedes teñir tus piezas después de que estas han sido cosidas. Comprar PPT por lo general te ayudará a cumplir con los requerimientos mínimos del proveedor. Esto también puede reducir los costos de costura porque la costurera no tendrá que cambiar el hilo. Pero hay una trampa: tu hilo también tiene que teñirse; en caso de que no sea posible, tendrás que escoger un color de hilo que sirva sin importar el color que tus prendas tengan una vez que estas hayan sido teñidas

Si tienes que pedir una gran cantidad y sabes que te va a sobrar tela después de terminar con la fase de producción, habla con las tiendas textiles locales, ellos pudieran estar interesados en comprarte la tela que te sobró. También puedes probar revenderlas en internet.

¿Está esta tela disponible rápidamente y qué tan rápido puedo hacer un nuevo pedido? Si hay un largo período de espera, o si el lote de tela está al terminarse, es posible que debas analizar nuevamente tu elección o encontrar otra compañía para utilizarla como proveedora de respaldo.

¿Cuál es la cantidad mínima de tela que debes comprar? Compra lo suficiente como para al menos tres prototipos, más una yarda para pruebas. Los prototipos pueden utilizarse para el mercadeo – uno para fotografías, uno para tu representante

Notas:

de ventas y otro extra para cualquier situación de último minuto (o en caso de emergencia).

¿Tienen ellos las instrucciones de cuidado recomendadas para esta tela? En caso de que sí, esto es mejor para ti pues te ahorra un poco de trabajo cuando tengas que escribir las instrucciones de cuidado y te pone sobre aviso antes de probar tu tela.

Pruebas

Necesitarás probar la tela para verificar el encogimiento, así como la capacidad de teñido, de secado y de limpieza. Si estás planeando teñir tus prendas, envía muestras de la tela a la fábrica de teñir para una verificación de colores. Para determinar la capacidad de arrugarse, corta una yarda, mídela con exactitud, luego lávala, mídela, sécala y vuélvela a medir. En caso que exista alguna diferencia, esta te permitirá saber exactamente el factor de encogimiento a tener en cuenta en tu patrón. También necesitarás poner las indicaciones de cuidado en tu prenda terminada, por lo tanto este es un buen punto de comienzo para conocer el cuidado apropiado.

Hoja de Pormenores del Tejido/Corte

Nombre del artículo: Número del artículo:

Costo por unidad: Compra mínima: Proveedor:

Tamaño: Ancho: Peso:

Colores disponibles:

Contenidos:

Instrucciones de uso: Muestrario/Muestra

Resultados de Prueba:

Hoja de Pormenores del Tejido/Corte

Nombre del artículo: Número del artículo:

Costo por unidad: Compra mínima: Proveedor:

Tamaño: Ancho: Peso:

Colores disponibles:

Contenidos:

Instrucciones de uso: Muestrario/Muestra

Resultados de Prueba:

Estudio de Caso: Hoja de Pormenores del Tejido/Corte

Nombre del artículo: *Bambú Lino*   Número del artículo: _____

Costo por unidad: *$5,35*   Compra mínima: *90 metros* Proveedor: *Bamboo Suppliers*

Tamaño: _____   Ancho: *54"*   Peso: *7 oz*

Colores disponibles: *PFD o cualquier color por un sistema de colores de $75*

Contenidos: *95% Bambú, 5% Algodón Orgánico*

Instrucciones de uso: *lavar con agua fría*   Muestrario/Muestra
Secar con poco calor

Resultados de Prueba: _____
Encoge 1%

Estudio de Caso: Hoja de Pormenores del Tejido/Corte

Nombre del artículo: *Cremallera Invisible*   Número del artículo: _____

Costo por unidad: *$1,25*   Compra mínima: *20*   Proveedor: *ZZ Zippers*

Tamaño: *7" – 36"*   Ancho: _____   Peso: _____

Colores disponibles: *muchos, ver tabla de colores que fue proporcionada*

Contenidos: *100% Nylon*

Instrucciones de uso: _____   Muestrario/Muestra

Resultados de Prueba: _____

Capítulo 8
Patrones y Muestras

El siguiente paso es crear muestras y coser los patrones para tu colección. Seamos realistas, algunas de nosotras no somos tan buenas como quisiéramos en eso de dibujar patrones. Si no tienes suficientes conocimientos de moda, ni siquiera podrás desarrollar tus propios patrones (no se te ocurra utilizar un patrón de cosido hogareño como Butterick o Easy Sew – la utilización de estos elementos en tu negocio es una violación de los derechos de autor). Aunque estés estudiando diseño o negocios, llegará el momento en el que necesitarás contratar un diseñador técnico para que cree tus patrones.

He dedicado esta parte a la creación de patrones; más adelante en este capítulo hablaré sobre la creación de muestras. ¿Cómo encontrar o seleccionar un fabricante de patrones? Algunas opciones pueden ser buscar publicaciones en 24seventalent.com, haute.net, guru.com, launchmyline.com, oficinas locales de empleo para escuelas de diseño o hasta craigslist.org.

Cuando estés seleccionando tu contratista/fabricante de patrones, analiza sus calificaciones y experiencia. Al existir un mercado tan difícil, algunos fabricantes de patrones pueden

Notas:

tomar proyectos que están más allá de su experiencia. El resultado puede ser que tú termines pagando por su aprendizaje. Por otro lado, tampoco tengas miedo de trabajar con un novato. Puedes llegar a descubrir un excelente fabricante de patrones que todavía no cobra como los profesionales. Aquí tienes algunas preguntas que debes hacer.

¿Hace cuánto tiempo que están creando patrones? La experiencia es buena, pero contratar un novato no tiene que ser necesariamente malo. Todos los fabricantes de patrones tienen que comenzar en algún sitio. Analiza si lo que necesitas en este proyecto en particular es alguien con experiencia. Si la persona es nueva en la industria, sus precios lo deben demostrar.

¿Cuál es su especialidad en los patrones? ¿Trabajan con punto, tejido, o ambos? ¿Tallas para niños, hombres jóvenes o mujeres? La creación de patrones es muy distinta para cada tela y para cada mercado, así que necesitas saber cuál es su experiencia con cada uno de ellos. Pide ver ejemplos de sus trabajos anteriores.

¿Han trabajado con alguien de la competencia? Puede ser beneficioso si han trabajado con una línea de diseño parecida a la tuya.

¿Pueden darte referencias de sus clientes? Esta es una gran forma de saber cómo trabajan antes de tener tu primera consulta. Puede que esta información no siempre esté disponible debido a acuerdos de confidencialidad, pero ellos pudieran ofrecerte algún tipo de referencia.

¿Cobran por hora o por proyecto? Si es por proyecto asegúrate de saber bien cuántas muestras están incluidas en el precio y cuánto costarán las muestras adicionales. Igualmente, si cobran por hora pide un estimado de cuánto tiempo tomará crear cada patrón.

¿Cobran por consultas? Varios de los fabricantes de patrones ofrecen 30 minutos de consulta gratis, pero si te pasas del tiempo debes pagar ciertos honorarios.

¿Tienen un costo mínimo? Con frecuencia los fabricantes de patrones pueden ser muy eficientes y completan el proyecto antes de lo programado. Para que un proyecto valga la pena, estas personas pudieran tener un mínimo de 2-3 horas por proyecto o por prenda.

¿Cuál es el tiempo de entrega y acaso cobran extra por proyectos urgentes? Lo más probable es que esto dependa de los otros proyectos que tengan, así que el tiempo puede variar con cada proyecto que les entregues.

Si encuentras un fabricante de patrones que no cose muestras, pídeles referencias sobre alguien que sea un creador de muestras y que conozca su trabajo. Encontrar una persona que sea un fabricante de patrones y creador de muestras a la vez es mucho mejor, ya que así puede adaptar el patrón según los métodos de elaboración más convenientes y puede modificar los patrones según el método de producción que se necesite.

Antes de reunirte con tu fabricante de patrones decide cómo quieres tus tallas y tus medidas. Por ejemplo, ¿existe alguna marca en específico que te impresione por su talla y sus medidas? Este es un buen punto para comenzar. Prepara tus bocetos o fotografías de diseños similares y llévalos contigo a tu primera reunión.

Notas:

Cuestionario para el Fabricante de Patrones

Nombre:

Dirección: Sitio Web:

Teléfono: Correo Electrónico:

Tarifas: Por hora o Por proyecto

Precio Mínimo: Precios para trabajos urgentes:

Tiempo de Devolución:

Especialidad de Diseño:

Experiencia en Clasificación:

Referencias:

Notas Adicionales:

Estudio de Caso: Cuestionario para el Fabricante de Patrones

Nombre: Jennifer Lynne

Dirección: Sitio Web: lafashionresource.com

Teléfono: Correo Electrónico: jennifer@lafashionresource.com

Tarifas: $45/hora (descuento a los amigos)   (Por hora) o Por proyecto

Precio Mínimo: 2 horas   Precios para trabajos urgentes: 1 semana – $150

Tiempo de Devolución: 2–3 semanas

Especialidad de Diseño:
Muchachas jóvenes, maternidad, ropa tejida, ropa de punto, ropa interior
femenina, ropa deportiva

Experiencia en Clasificación:
Moderada – clasificación manual solamente

Referencias:
Instructora del FIDM (Fashion Institute of Design & Merchandising), con su propia línea de
ropa interior femenina y prendas de vestir, desarrollo para otros diseñadores.

Notas Adicionales:
Permite 2 semanas para desarrollar cada muestra de prenda de vestir, hará los
patrones y las muestras.

Creación de Muestras

Es posible que tu fabricante de patrones no realice las muestras, así que si también estás trabajando con un creador de muestras, ten presente que el proceso de creación de estas muestras puede tomar más tiempo. Cuando te reúnas por primera vez con tu fabricante de patrones o de muestras, debes tener disponible una pequeña cantidad de la tela elegida para tu colección para ser utilizada en tus muestras. Es importante crear las muestras en la tela que utilizarás para una mejor precisión de patrones (o remplázala por una tela menos costosa hasta que el diseño final esté listo). Todas las telas se trabajan y se ven distintas, así que es importante utilizar algo muy parecido a la tela real que utilizarás.

Al terminar la consulta con tus fabricantes de patrones y muestras debes haber recibido un estimado general del costo por la creación de dos o tres muestras. Si se presentan demasiados cambios inesperados en el diseño y las tallas entre las fases de muestras, los mismos no serán tomados en cuenta como parte del estimado original y deberás estar preparada para pagar por ellos. La falta de organización por tu parte resultará en frustración para el fabricante de patrones y mayores gastos de dinero para ti. El fabricante de patrones estará reiniciando su trabajo una y otra vez, duplicando su tiempo de trabajo y el costo. Por esta razón, la mayoría de los fabricantes de patrones más experimentados se pasarán del precio estimado. Trata a tu fabricante de patrones como un profesional y respeta su tiempo y su trabajo.

No debes esperar obtener una muestra perfecta en el primer intento. (Si la obtienes, no dejes ir a ese profesional y envíame sus detalles de contacto. Me gustaría contratarlo.) Lo más común es que la primera muestra necesite ciertas correcciones y no debes esperar que esté cosida con una alta calidad. Estás buscando las medidas correctas y estás probando el diseño inicial con la primera muestra. Tu segunda y tercera muestra debe lucir bien, pero es posible que todavía necesite determinadas revisiones. Si para el cuarto intento no obtienes una buena muestra, deberías buscarte otro fabricante de patrones. Es muy normal buscar en varios lugares. Si tienes algunos artículos, pon a prueba a un par de personas con diferentes proyectos. Siempre es mejor tener más de una opción.

Tallas de Muestra

Si nunca antes has trabajado con un creador de muestras y estás comenzando tu negocio, deberías desarrollar una serie de bloques de tu talla de muestra. Una vez elaborados, tu fabricante de patrones debería ser capaz de crear tus diseños relativamente fácil.

Yo sé que tu primera inclinación es utilizarte a ti misma como tu muestra, pero es posible que esto no sea lo más conveniente para tu colección. Tu talla de muestra debe ser una mediana o una talla 8, además de ajustarse a tu cliente ideal. La forma de los jóvenes es distinta a la de las señoritas, las tallas grandes y las pequeñas.

La creación de muestras en la talla media es un complemento para cuando comience la clasificación. Las tallas medias tienen caderas y curvas, por lo tanto crear un patrón más grande agrega esas formas. Las tallas XS y pequeña no suelen tener las mismas curvas, así que llevar tu talla XS hasta una XL no se adaptará muy bien a las tallas más grandes.

Notas:

Notas:

También necesitarás trabajar con una modelo de ajuste. Una modelo de ajuste no es una modelo de pasarela, ni tiene que ser bella. Una modelo de ajuste tiene las mismas proporciones, en ancho y altura, que tu cliente objetivo. Esta modelo de ajuste será utilizada para determinar cómo se ajusta al cuerpo cada una de las muestras. Es importante que la modelo de ajuste utilice los mismos zapatos y bases (tipo de sostén y ropa interior) en cada ajuste que se realice, de esta forma la ropa lucirá de la misma manera en cada una de las pruebas. Por lo general, las modelos de ajuste reciben la misma paga que las modelos de pasarela, pero algunas veces puedes invitar a una amiga que tenga la talla ideal para que ella sea tu modelo a cambio de ropas gratis (o hacerle de niñera si es madre).

Asegúrate de tener a mano algunas copias de tus bloques aunque tu fabricante de patrones tenga una copia. Los bloques son una herramienta valiosa y sería un desastre que desarrollaras un excelente bloque de muestras para ajuste y que tu fabricante de patrones se lo entregue accidentalmente a otro cliente o que su perro lo alcance y haga de las suyas.

Clasificación

Patrones, listos. Muestras, listas. ¿Qué es lo que sigue? Clasificación. Clasificación hace referencia a las tallas graduadas. En otras palabras, necesitas crear un rango de tallas a partir de tu patrón. Puede ser que tu fabricante de patrones tenga experiencia en clasificar patrones, pero esto significará que los costos aumentarán rápidamente.

Una opción más económica es la clasificación online de patrones. Usualmente el precio es por pieza y serán centavos en comparación con lo que te cobrará tu fabricante de patrones.

Sin embargo, la clasificación computarizada no siempre es la más exacta. Si tus prendas son graduadas digitalmente, te recomiendo que crees una muestra de cada talla. No tiene que ser una muestra preciosa. Solo tienes que asegurarte de que la misma se ajusta a tus tallas objetivo. Si estás trabajando con ropa base, como sostenes y ropa íntima, necesitarás encontrar un especialista en estos artículos para que cree reglas de clasificación para todos tus diseños futuros.

Las reglas de clasificación son medidas establecidas entre las tallas. Tus reglas de clasificación variarán dependiendo si usas tejido de punto o bordado y también dependiendo del mercado y el rango de tallas. Por ejemplo, las tallas grandes utilizan reglas de clasificación muy distintas de las tallas de señoritas. Mientras más grandes los tamaños en las tallas grandes, mayor se hace la diferencia. Por otro lado, las tallas de señoritas son consistentes entre los tamaños. Le puedes pedir a tu fabricante de patrones que te ayude con todas estas cosas. También existen libros dedicados completamente a la clasificación, los cuales puedes leer, o buscar a un profesional que haga el trabajo por ti.

Notas:

Desarrollo de Bloques

Seleccione los bloques que necesita para su colección:

❏ Corpiño ❏ Torso ❏ Torso al bies ❏ Chaqueta ❏ Manga Entallada ❏ Manga Recta
❏ Manga de chaqueta ❏ Saya ❏ Pantalón ❏ Jean ❏ Pantalón de Punto
❏ Torso de Punto ❏ Manga de Punto

Clasificación del Mercado - Be specific (e.g. juniors, plus size, etc.)

❏ Mujeres ❏ Hombres ❏ Niños

Descripción de la Medida		Tamaño de la muestra	
Torso Superior		*Frente*	*Espalda*
Ancho de Hombros (desde el extremo de un hombro hasta el extremo del otro)			
Ancho de Pecho (1" más alta que la mitad de la sisa)			-
Ancho de Espalda (1" más alta que la mitad de la sisa)		-	
Contorno de Busto (de costura lateral a costura lateral por encima del busto)			-
Contorno de Espalda (de costura lateral a costura lateral continuando desde la posición del contorno del busto)		-	
Distancia entre los Pechos (desde el extremo que sobresale de un pecho hasta el otro)			-
Contorno de Cintura (punto más estrecho, de costura lateral a costura lateral)			
Contorno de Abdomen (3" debajo de la cintura, de costura lateral a costura lateral)			
Radio del Busto (desde el extremo que sobresale del busto hasta la parte inferior del busto en la caja torácica)			-
Parte Inferior del Busto (de costura lateral a costura lateral directamente debajo del busto)			-
Contorno de Cadera (extremo más ancho de la cadera, de costura lateral a costura lateral)			
Largo de Cadera (desde la cintura hasta el extremo de la cadera)			
Longitud Central (desde el cuello hasta la cintura encima del puente del busto)			
Longitud Total (desde la cintura hasta el lateral del cuello)			
Inclinación de Hombros (desde el centro de la cintura hasta el borde del hombro)			
Largo de Busto (desde el borde del hombro hasta el extremo que sobresale del busto)			-
Largo Lateral (desde la axila hasta la cintura)			
Largo de Hombros (desde el borde del hombro hasta el lateral del cuello)			
Largo Lateral de Caderas (desde la cintura hasta el extremo más acho de la cadera)			
Torso Inferior		Pie (sobre el talón y el empeine)	
Muslo superior		Largo a la Rodilla (desde la cintura hasta el medio de la rodilla)	
Muslo medio		Largo al Tobillo (desde la cintura hasta el tobillo)	
Rodilla		Largo al piso (desde la cintura hasta el piso)	
Pantorrilla (extremo más ancho por debajo de la rodilla)		Largo de Tiro (desde la cintura hasta la parte de atrás de la cintura)	
Tobillo		Altura del Tiro (en posición sentada – desde el asiento hasta la cintura)	

Estudio de Caso: Desarrollo de Bloques

Seleccione los bloques que necesita para su colección:

❑Corpiño ❑Torso ❑Torso al bies ❑Chaqueta ❑Manga Entallada ❑Manga Recta
❑Manga de chaqueta ❑Saya ❑Pantalón ❑Jean ❑Pantalón de Punto
❑Torso de Punto ❑Manga de Punto

Clasificación del Mercado - Especifique (p.ej. para jóvenes, tallas grandes, etc.)

❑Mujeres ❑Hombres ❑Niños
                Muchachas

Descripción de la Medida		Tamaño de la muestra	
Torso Superior		*Frente*	*Espalda*
Ancho de Hombros (desde el extremo de un hombro hasta el extremo del otro)		15	15
Ancho de Pecho (1" más alta que la mitad de la sisa)		12,5	-
Ancho de Espalda (1" más alta que la mitad de la sisa)		-	13,75
Contorno de Busto (de costura lateral a costura lateral por encima del busto)		19	-
Contorno de Espalda (de costura lateral a costura lateral continuando desde la posición del contorno del busto)		-	17,5
Distancia entre los Pechos (desde el extremo que sobresale de un pecho hasta el otro)		3,75	-
Contorno de Cintura (punto más estrecho, de costura lateral a costura lateral)		13	12
Contorno de Abdomen (3" debajo de la cintura, de costura lateral a costura lateral)		17	15,5
Radio del Busto (desde el extremo que sobresale del busto hasta la parte inferior del busto en la caja torácica)		3	-
Parte Inferior del Busto (de costura lateral a costura lateral directamente debajo del busto)		13	-
Contorno de Cadera (extremo más ancho de la cadera, de costura lateral a costura lateral)		18	20
Largo de Cadera (desde la cintura hasta el extremo de la cadera)		8	8,5
Longitud Central (desde el cuello hasta la cintura encima del puente del busto)		14,75	17
Longitud Total (desde la cintura hasta el lateral del cuello)		17,5	17,75
Inclinación de Hombros (desde el centro de la cintura hasta el borde del hombro)		17	16,75
Largo de Busto (desde el borde del hombro hasta el extremo que sobresale del busto)		9,5	-
Largo Lateral (desde la axila hasta la cintura)		8,5	
Largo de Hombros (desde el borde del hombro hasta el lateral del cuello)		5,25	
Largo Lateral de Caderas (desde la cintura hasta el extremo más acho de la cadera)		8,5	
Torso Inferior		Pie (sobre el talón y el empeine)	9.75
Muslo superior	20,5	Largo a la Rodilla (desde la cintura hasta el medio de la rodilla)	22,5
Muslo medio	17,5	Largo al Tobillo (desde la cintura hasta el tobillo)	37,5
Rodilla	13,5	Largo al piso (desde la cintura hasta el piso)	39,5
Pantorrilla (extremo más ancho por debajo de la rodilla)	11,5	Largo de Tiro (desde la cintura hasta la parte de atrás de la cintura)	25,5
Tobillo	9	Altura del Tiro (en posición sentada – desde el asiento hasta la cintura)	9,75

Desarrollo de la Muestra

Nombre del Modelo: _____ # del Modelo: _____

Costo estimado de la mano de obra: _____ Costo real de la mano de obra: _____

Precios por hora: Diseño: _____ Costura: _____ Entalle: _____

Muestra #1

Tiempo de diseño: _____ Tiempo de Costura: _____ Tiempo de Entalle: _____

Materiales	Cantidad Utilizada	Materiales	Cantidad Utilizada

Comentarios:

Muestra #2

Tiempo de diseño: _____ Tiempo de Costura: _____ Tiempo de Entalle: _____

Materiales	Cantidad Utilizada	Materiales	Cantidad Utilizada

Comentarios:

Muestra #3

Tiempo de diseño: _____ Tiempo de Costura: _____ Tiempo de Entalle: _____

Materiales	Cantidad Utilizada	Materiales	Cantidad Utilizada

Comentarios:

Estudio de Caso: Desarrollo de la Muestra

Nombre del Modelo: *Vestido swing*   # del Modelo:

Costo estimado de la mano de obra: *$400*   Costo real de la mano de obra: *$300 75*

Precios por hora: Diseño: *$45*   Costura: *$45*   Entalle:

Muestra #1

Tiempo de diseño: *2,5*   Tiempo de Costura: *,75*   Tiempo de Entalle:

Materiales	Cantidad Utilizada	Materiales	Cantidad Utilizada

Comentarios:

Escote más bajo, alargar 2''

Muestra #2

Tiempo de diseño: *1*   Tiempo de Costura: *,75*   Tiempo de Entalle:

Materiales	Cantidad Utilizada	Materiales	Cantidad Utilizada

Comentarios:

Entalla bien, hacer el próximo en tela de verdad con bordes remallados y dobladillo cosido con puntadas ciegas

Muestra #3

Tiempo de diseño: *,25*   Tiempo de Costura: *1,5*   Tiempo de Entalle:

Materiales	Cantidad Utilizada	Materiales	Cantidad Utilizada

Comentarios:

Quizás tenga algunas puntadas en la parte superior en colores contrastantes.

Notas:

Hojas de Especificaciones

Después de haber desarrollado tus patrones y haberlos clasificado, necesitas crear hojas de especificaciones para las prendas. Una hoja de especificaciones informa todos los detalles sobre tu prenda en cuanto a tallas y medidas finales. Tu fabricante de patrones debe poder ayudarte a crear una. Esta hoja informa detalladamente las medidas finales de cada parte de tu prenda para cada una de las tallas disponibles.

La hoja de especificaciones también contiene un boceto técnico detallado como referencia para realizar el cosido. El boceto técnico es usualmente creado por el diseñador utilizando un programa de computación como Adobe Illustrator. Si prefieres no utilizar la opción de la digitalización, también se pueden elaborar bocetos técnicos a mano. Un diseñador técnico puede ayudarte a desarrollar un boceto técnico.

La hoja de especificaciones ayuda a cada persona involucrada en el proceso de producción a comprender a través de las medidas y las líneas de costura las expectativas de tu prenda terminada.

Hoja de Especificaciones

Esta hoja de especificaciones debe acompañar la Tarjeta de Producción del Patrón y debe ser entregada a los contratistas de la costura.

Fecha: ....

Temporada: ....

Nombre del Modelo: ....

Modelo #: ....

Variedad de Tallas: ....

Medidas en Yardas: ....

Artículos de mercería: ....

Ficha Técnica

Medidas	Tallas						
	XS/2	S/4	M/6	L/8	XL/10	12	14
Cintura delantera							
Cintura trasera							
Ancho de cadera delantero							
Ancho de cadera trasero							
Costura Lateral							
Entrepierna							
Costura Central Delantera							
Costura Central Trasera							
Dobladillo de Pierna delantero							
Dobladillo de Pierna trasero							

Estudio de Caso: Hoja de Especificaciones

Esta hoja de especificaciones debe acompañar la Tarjeta de Producción del Patrón y debe ser entregada a los contratistas de la costura.

Fecha: _30 de octubre de 2010_   Temporada: _Primavera 2011_

Nombre del Modelo: _Pantalones Bombaches Urbanos_   Modelo #:

Variedad de Tallas: _2-12_   Medida en Yardas: _2,73_

Artículos de mercería: _cremallera de 5''_

Ficha Técnica

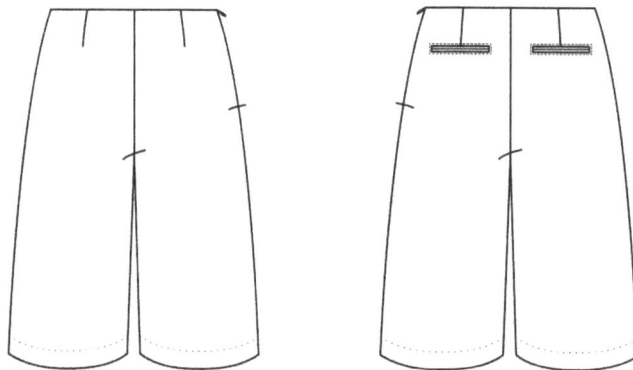

Medidas	XS/2	S/4	M/6	L/8	XL/10	12	14
				Tallas			
Cintura delantera	12	13	14	15	16	17	
Cintura trasera	13	14	15	16	17	18	
Ancho de cadera delantero	15,5	16,5	17,5	18,5	19,5	20,5	
Ancho de cadera trasero	17,5	18,5	19,5	20,5	21,5	22,5	
Costura Lateral	19	19,5	20	20,5	21	21,5	
Entrepierna	13	13,25	13,5	13,75	14	14,25	
Costura Central Delantera	7,25	7,5	7,75	8	8,25	8,5	
Costura Central Trasera	9,5	9,25	9,75	10	10,25	10,5	
Dobladillo de Pierna delantero	9	9,5	10	10,5	11	1,5	
Dobladillo de Pierna trasero	10,5	11	11,5	12	12,5	13	

Capítulo 9
Corte y Producción

Cuando llegues a la fase de corte estás un paso más cerca de la producción. Cortar no es tan simple como tomar unas tijeras de sastre y cortar un poco de tela. Los patrones deben llegar a manos de los cortadores organizados y preparados en un marcador digital.

Marcadores

Un marcador es una representación en papel de todas las piezas del patrón para determinar cuántas prendas se pueden sacar de la tela con un mínimo de pérdida. Si tus patrones fueron clasificados digitalmente tienes más ventaja y será muy fácil crear tu marcador partiendo de esos ficheros.

Si un fabricante de patrones clasificó tus patrones a mano, es muy probable que ahora tengas que digitarlos. ¿Por qué? Varios de los servicios de corte se han desarrollado a la par de la tecnología y ahora crean marcadores digitales para cortar telas con distintos largos y anchos.

Una de las ventajas de los patrones digitalizados es que pueden ser enviados por email, evitándote el trabajo de entregarlo personalmente o las demoras del correo postal.

Notas:

Notas:

Los marcadores digitales representan un gran avance en la industria de la moda y es tu salvador al informarte cuantas prendas puedes crear de la cantidad de tela que tienes. ¿Cuál sería el motivo para que una compañía utilice marcadores digitales antes que los manuales? Para hacerlo manualmente primeramente tendrás que diseñar las piezas del patrón a simple vista y luego trazarlas a mano alzada. Al utilizar marcadores digitales, la computadora crea el diseño automáticamente dependiendo del ancho de la tela - ahorrándote así tiempo y material. Posteriormente, este diseño es impreso y colocado encima de la tela para cortar varias capas al mismo tiempo.

En el Capítulo 35 analizamos los costos. Para esto puedes utilizar un marcador y el ancho de la tela para determinar la cantidad exacta de tela necesaria para una prenda. Puedes pedirle ayuda a tu fabricante de patrones para obtener una cantidad precisa.

Para asegurarte de que tengas suficiente tela en tu presupuesto, pídele a tu fabricante de patrones que tenga en cuenta todas las tallas en las que tienes planeado crear tu prenda y que calcule la cantidad promedio de tela utilizada en cada una de las prendas. Utiliza esta cantidad en el Capítulo 35, Costos Variables.

Cortes

En algunas ocasiones tus cortadores también pueden ser tus contratistas de producción, por lo tanto puede que no te tengas que preocupar tanto de los cortes como un paso independiente. Algunos cortadores también pueden brindar servicios de clasificación, marcado y digitalización. Una compañía que ofrezca en un solo sitio el corte, cosido y todos estos servicios relacionados con los patrones, se considera que está integrada verticalmente, o también recibe el nombre de CHR (cortar, hacer, recortar).

Si estás buscando servicios de corte, obtén dos o más estimados para distintas cantidades. Pregunta cuál es precio mínimo por corte. En el capítulo 35 utiliza el estimado más elevado solo para propósitos de costos. Para que tu estimado sea preciso necesitarás saber qué cantidad de piezas de patrones se encuentran en cada prenda.

Cuando utilices un servicio de corte sé clara y concisa ofreciendo una detallada hoja de corte para cada una de las prendas. La hoja de corte informa detalladamente la tela y las piezas de patrones que necesitan ser cortadas para cada prenda, así como el plano técnico para referencia.

Producción

Hemos llegado al último paso en la creación de tu producto: la verdadera producción de tu prenda. Has investigado a tu fabricante de patrones y de muestras. Ahora necesitas investigar a tus contratistas de costura.

No todos los contratistas de costura trabajarán para ti, y los que lleguen a ti por referencias no siempre serán buenos. Existen varias cosas que necesitas establecer sobre el contratista que estás pensando contratar, como la máquina que tiene, si posee habilidades para cortar y cuáles son sus aptitudes ante la producción.

Basada en tus muestras finales debes saber qué tipo de

Notas:

Hoja de Corte

Fecha: _____   Temporada: _____

Nombre del Modelo: _____   Modelo #: _____

Variedad de tallas: _____   Medidas en Yardas: _____

Entrega: _____   Contratista: _____

Ficha Técnica	Muestras	
	Personalidad	Contraste
	Forro/Revestimiento	Entretela

Piezas de Patrones			
Personalidad	Contraste	Forro/Revestimiento	Entretela

Cantidad

Colores	Tallas						
	XS/2	S/4	M/6	L/8	XL/10	12	14
Total							

Estudio de Caso: Hoja de Corte

Fecha: *5 de noviembre de 2010*   Temporada: *Primavera 2011*

Nombre del Modelo: *Columpio Vestido*   Modelo #:

Variedad de tallas: *2–12*   Medidas en Yardas: *2,95*

Entrega: *7 días*   Contratista: *Domino Cutting*

Ficha Técnica	Muestras	
	Personalidad	Contraste
		No disponible
	Forro/Revestimiento	Entretela
	No disponible	No disponible

Piezas de Patrones			
Personalidad	Contraste	Forro/Revestimiento	Entretela
Frente de la Blusa			
Frente de la Saya			
Espalda de la Blusa			
Dorso de la Saya			
Tirante Central			
Tirante Lateral			

Cantidad

Colores	Tallas						
	XS/2	S/4	M/6	L/8	XL/10	12	14
Hongo	4	6	8	10	8	8	
Blanco	4	4	4	6	4	4	
Orquídea	4	4	6	6	4	4	
Total							

Producción

máquinas necesitas utilizar en la producción de tu prenda. No todos los contratistas de costura tienen todos los tipos de máquinas. Las máquinas que hacen hueco de botón, zig-zag, dobladillo ciego, dobladillo enrollado y bloqueo son equipos especiales que no tienen todos los contratistas. Conoce primero lo que necesitas antes de comenzar a trabajar con un contratista.

Tampoco te limites a un solo contratista. Prueba algunos hasta que encuentres uno que trabaje bien contigo. Sigue tus instintos. Yo probé con tres antes de quedarme con el que utilizo.

Entre mis contratistas actuales y yo existe un respeto mutuo y nuestra relación ha crecido junto con mi negocio. Ellos estaban dispuestos a trabajar conmigo y cumplir los tiempos de entrega. Cuando comencé a trabajar con ellos no obtuve una muestra cosida correctamente, mucho menos una tarjeta de producción que acompañara mis prendas. Ellos me ayudaron mucho y me guiaron durante todo el proceso. Algunas veces todavía olvido dejarles algunas cosas, pero ellos me respetan lo suficiente como para dejarme de lado y continuamos con mis tiempos de entrega. Ahora les entrego todo bien organizado con muestras de tela y especificaciones.

Esta confianza y reconocimiento fueron ganados con el tiempo. La primera producción que hicieron para mí no fue tan genial, pero al seguir con ellos y hacerles saber mis expectativas, mi producción fue más eficiente y de mayor calidad.

Cuando estés buscando contratistas, asegúrate de saber qué tanto trabajo tienen pendiente. Si te da la impresión de que están cargados de trabajo, pregúntales si tú obtendrás la prioridad que necesitas. Obtén estimados. Ten ideas realistas de cuánto quieres gastar en cada pieza. Usualmente el precio por pieza es negociable, pero no los insultes al regatear. Ellos tienen que ganarse la vida y tener esto presente y reconocerlo ayudará al desarrollo del respeto mutuo. Con frecuencia recibirás mejores precios si tu producción es mayor.

En la versión online e impresa de las páginas amarillas de Business-to-Business se mencionan contratistas de costura. Llámalos, pregunta. No todas las fábricas tienen trabajadores que hablan español, por lo tanto asegúrate de que haya alguien con quien puedas comunicarte. Algunas veces las barreras idiomáticas pueden ser un problema. Encontrar la fábrica correcta para tu producción conlleva paciencia.

Comercio Internacional

La fabricación o la obtención de proveedores internacionales tiene muchas restricciones. Estas restricciones se relacionan con los materiales, la mercancía y el país del cual provienen. La fabricación y la obtención de proveedores internacionales puede parecer menos costosa, pero en varias ocasiones, después de calcular todas las tasas asociadas con el transporte, almacenamiento, manejo, aduanas, agentes y fabricación, el precio será igual a lo que estarías pagando por obtener el mismo producto localmente. Considera bien todas tus opciones antes de decidirte a trabajar internacionalmente.

Si al final sí decides trabajar con una compañía internacional, ponte en contacto con un agente de aduanas para que gestione el transporte y la entrega de la mercancía hacia tu negocio.

Notas:

Listados de agentes de aduanas se pueden encontrar en las Aduanas de EE.UU. y el sitio Web de Protección de Fronteras www.cbp.gov

Información sobre la Instalación para la Producción

Contratista: _____ Contacto: _____

Dirección: _____ Teléfono: _____

_____ Fax: _____

_____ Recomendado por: _____

Servicios de Corte: Sí / No   Empresas Recomendadas: _____

Tiempo de Devolución: _____ Mínimo: _____

Precios: _____

Comentarios: _____

Servicios de Digitalización: Sí / No   Empresas Recomendadas: _____

Tiempo de Devolución: _____ Mínimo: _____

Precios: _____

Comentarios: _____

Servicios de Costura: Sí / No   Empresas Recomendadas: _____

Mínimo por Modelo: _____ Mínimo por pedido: _____

Tiempo de Devolución: _____

Maquinaria necesaria: _____

Maquinaria disponible: _____

Comentarios: _____

Estudio de Caso: Información sobre la Instalación para la Producción

Contratista: _ABC Sewing_   Contacto: _Sandy_

Dirección: _____   Teléfono: _____

_____   Fax: _____

_____   Recomendado por: _Porcelynne_

Servicios de Corte: Sí / (No)   Empresas Recomendadas: _Domino Cutting_

Tiempo de Devolución: _____   Mínimo: _____

Precios: _____

Comentarios: _____

Servicios de Digitalización: Sí / (No)   Empresas Recomendadas: _____

Tiempo de Devolución: _____   Mínimo: _____

Precios: _____

Comentarios: _____

Servicios de Costura: (Sí) / No   Empresas Recomendadas: _____

Mínimo por Modelo: _50 piezas_   Mínimo por pedido:: _200 piezas_

Tiempo de Devolución: _21 dias_

Maquinaria necesaria: _máquina para hacer dobladillo ciego, máquina remalladora, y máquina recubridora_

Maquinaria disponible: _todas_

Comentarios: _Lugar limpio, personas simpáticas de habla inglesa_

Tarjeta de Producción del Patrón

Este formulario acompaña a la Hoja de Especificaciones y va dirigido al contratista

Fecha: _____   Temporada: _____

Nombre del Modelo: _____   Modelo #: _____ Variedad de tallas: _____

Entrega: _____   Contratista: _____

Ficha Técnica	Muestras	
	Personalidad	Contraste
	Forro/Revestimiento	Entretela

Piezas de Patrones			
Personalidad	Contraste	Forro/Revestimiento	Entretela

Cantidad de Tallas

Colores	Tallas						
	XS/2	S/4	M/6	L/8	XL/10	12	14
Total							

El método de embalaje: _____   Etiquetas para colgar: _____

Detalles de la construcción: _____

Estudio de Caso: Tarjeta de Producción del Patrón

Este formulario acompaña a la Hoja de Especificaciones y va dirigido al contratista

Fecha: *5 de noviembre de 2011*   Temporada: *Primavera 2011*

Nombre del Modelo: *Vestido de Corte Cruzado*   Modelo #: _____   Variedad de tallas: *2-12*

Entrega: *21 días*   Contratista: *ABC Sewing*

Ficha Técnica	Muestras	
	Personalidad	**Contraste**
		No disponible
	Forro/Revestimiento	**Entretela**
	No disponible	No disponible

Piezas de Patrones

Personalidad	Contraste	Forro/Revestimiento	Entretela
Parte Delantera Izquierda de la Blusa	Amarre a la derecha		
Parte Delantera Derecha de la Blusa	Amarre a la izquierda		
Parte Delantera Izquierda de la Saya			
Parte Delantera Derecha de la Saya			
Espalda de la Blusa			
Dorso de la Saya			

Cantidad de Tallas

Colores	Tallas						
	XS/2	S/4	M/6	L/8	XL/10	12	14
Hongo	4	6	8	10	8	8	
Blanco	4	4	4	6	4	4	
Orquídea	4	4	6	6	4	4	
Total							

El método de embalaje: *percha*   Etiquetas para colgar: _____

Detalles de la construcción: *punto en el 1 / 2 "SA, overlock terminado las costuras*

Perfil del Diseñador: Simplicio Michael Luis

Simplicio Michael Luis, también conocido como "M", ha estado diseñando internacionalmente por más de 15 años. Él es dueño de un estudio llamado Haus of "M" en el cual trabaja con clientes corporativos; y de M The Movement, una línea ecológica de diseño casual.

¿Cuál es tu Filosofía de Diseño?

Crear piezas contemporáneas y reflexivas que no dañen el medio ambiente. Me encanta la mezcla de lo ecológico y lo terrenal con una presentación pulcra y moderna. Me gusta incorporarle a mi ropa etiquetas colgantes de madera que llevan en su interior rollos de piel terminados en papel impresos con mi filosofía.

¿Qué proceso general sigues cuando estás desarrollando una colección?

Depende de cada temporada. Lo primero es la inspiración que llega desde cualquier cosa, desde la música, una ciudad que visité o una nueva película. Entonces, partiendo de esa inspiración, creo algunos bocetos con la computadora y organizo algunas imágenes buscadas en Internet que transmiten la vibra de la inspiración encontrada recientemente. Luego renderizo algunos CADs y juego con los colores. Después que las piezas están listas me detengo y observo todo. Agrego y edito según sea necesario. Los pasos finales son los Paquetes de Tecnología. Luego las envío a que sean creadas. Por lo general los prototipos regresan estando correctos en un 80% y entonces realizo dos pasos más para que sean perfectas. Posteriormente las duplico para muestras de vendedor y dejo que comience los pedidos mientras yo las promociono en shows de moda, anuncios, etc.

Cuando estás diseñando tu colección, ¿te limitas al saber cuánto pudiera costar algo en la línea de producción?

Nos ocupamos de eso en los últimos pasos del diseño, justo antes de los Paquetes Tecnológicos. Es muy necesario crear artículos que sean estructuralmente accesibles, física y económicamente. Pero esto no puede ser parte de la fase inicial de diseño. Al comienzo necesitas estar completamente libre de cualquier restricción porque el primer paso es inspiración solamente. ¡Comenzar el proceso ya es suficientemente difícil!

¿Cómo fue tu primera experiencia de fabricación extranjera?

Fue divertida y emocionante. Experimenté y aprendí muchísimo. Viajé a las fábricas a ver cómo trabajaban y cómo trataban a sus respectivos empleados. Es muy interesante ver lo disciplinado que es el proceso de creación de prendas de vestir.

¿Tuviste que aprender todo tú solo o tuviste ayuda?

Tuve ayuda. Las fábricas siempre estás dispuestas a ayudar. Ellos desean que tu producto y tu compañía tengan éxito. Mientras más exitoso tú seas, más lo serán ellos. Aunque sí recibí ayuda, tuve que aprender muchas cosas por mí mismo. Fue un excelente proceso. Soy un empresario y me encanta el reto de solucionar los problemas creativamente.

¿Cuál es tu presentación más lograda en la prensa y cómo lo conseguiste?

Fui presentado en WGSN, la cual es una de las fuentes más importantes para saber quién es quién. Este medio es una fuente de predicciones online que conecta la moda internacional en la educación y las ventas al detalle. Ellos realizaron un perfil sobre mi carrera que fue visto por los muchos suscriptores que tienen. También he recibido muy buena promoción en las Semanas Mercedes de la Moda.

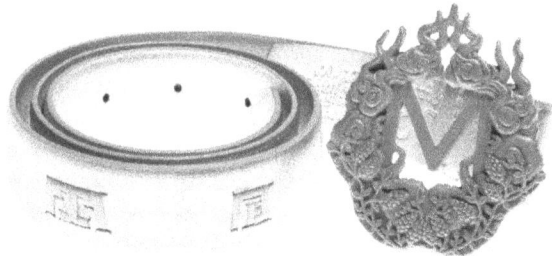

¿Opinas que los medios sociales de comunicación ayudan a promocionar tu negocio?

Sí. En esta época en la que estamos viviendo son mucho más efectivos que los materiales impresos. Este medio tiene una mayor distribución y la cantidad de "ojos" que lo reciben es mucho mayor.

Capítulo 10
Moda Rápida vs. Moda Lenta

¿Qué significa para ti y para tu modelo de negocios moda rápida y moda lenta?

La moda rápida es lo que muchos de nosotros, como compradores, conocemos. Este tipo de moda es cuando las temporadas de compra no siguen el patrón tradicional de cuatro temporadas al año. Por lo general hay mercancía nueva disponible cada pocas semanas. La moda rápida afecta cada tendencia y hace que la ropa esté disponible en cualquier momento. La creación de moda rápida es posible cuando las compañías trabajan en conjunto con sus fábricas y siguen de cerca las tendencias y demandas de los clientes. El plazo de entrega para la moda rápida puede ser tan corto como dos semanas.

¿Dónde puedes ver moda rápida? Algunos ejemplos incluyen a grandes vendedores al detalle como H&M y Zara. Lo que permite a estas compañías ser capaces de cumplir estos tiempos de entrega "rápidos" es que ellos tienen compradores en cada una de las ubicaciones de sus tiendas y entonces

Notas:

hacen pedidos basados en la demanda local. Los compradores pueden hacer compras directamente desde la fábrica de su compañía y tener resultados locales inmediatos, sin importar qué es lo que están haciendo en otras ubicaciones. Este proceso hace posible la existencia de ese tiempo de entrega de dos semanas.

También podemos ver otro ejemplo de moda rápida en las pequeñas compañías de diseño. Muchas de las compañías pequeñas tienen buenas relaciones con sus fabricantes, permitiendo así reaccionar rápidamente a las tendencias de la moda local, usualmente a través de representantes de calle o compradores locales.

La moda rápida es difícil y por lo general no es posible para las compañías que producen de forma internacional debido a los tiempos de entrega, el control de calidad y el tiempo de demora en las importaciones. (H&M y Zara son excepciones porque ellos controlan las fábricas que producen el inventario.)

En el lado opuesto encontramos la moda lenta, aunque este concepto puede no ser tan extremista como se podría pensar. Tu compañía podría ajustarse bien en ambos niveles.

La moda lenta consiste en crear prendas de calidad en vez de cantidad de prendas. Por lo general, la moda lenta utiliza recursos locales por encima de los foráneos, concentrándose en la realización de contribuciones a la economía local. Este es un movimiento más moderno que se ha hecho popular en los últimos años y pudiera ser un resultado de la situación económica actual. Permíteme explicarme.

Se puede encontrar una razón para esta nueva perspectiva en el año 2008 cuando la economía de los EE.UU. comenzó a sufrir; los precios de la gasolina subieron desde $2 el galón hasta $5 y esto hizo que aquellos que en su momento tenían producciones internacionales no pudieran costear los precios de envíos. Al subir los precios del combustible, se produjo una reacción en cadena. Las personas dejaron de comprar artículos, obligando así a las compañías a reaccionar rápida e inteligentemente. Renació entonces el concepto de concentrarse en la necesidad y de promover la industria local.

Este es un efecto parecido a lo sucedido con el movimiento de comida lenta surgido en 1989, en el cual los restaurantes compraban de los campesinos locales y restauraron en sus comunidades las tradiciones locales. El dueño del restaurante sabía que su dinero estaba ayudando a los campesinos locales y por consiguiente regresaba a la economía local. El punto de atención de la comida lenta es la vida sostenible y de calidad.

La moda lenta es parecida. El punto de atención es redirigido hacia el diseño, la calidad de la prenda, la calidad de la tela y los beneficios hacia los productores locales. La moda lenta es elaborada localmente, por lo tanto la calidad es controlada de primera mano.

Cuando trabajé como diseñadora mientras vivía en la zona de la bahía de San Francisco, formé parte del movimiento de moda lenta. Yo producía todos mis productos localmente. Conocía a mis contratistas, bromeaba con ellos, aprendía de sus vidas y supervisaba el trabajo de ellos en todos los aspectos. Sabía que mi dinero estaba yendo hacia mi comunidad. Continuando con esta tendencia, solo hacía negocios con los vendedores al

Notas:

detalle locales y tenía muchos clientes locales – ellos pudieron conocerme y conocer mis prácticas comerciales. Ellos preferían pagar un precio más elevado por mis prendas de vestir que gastar su dinero en Target en artículos de menor calidad y producidos en masa. Ellos sabían que su dinero estaba regresando a su comunidad.

La idea de conocer todos los aspectos del origen de una prenda de vestir, desde el diseño hasta la producción y la venta, es el surgimiento de la moda lenta. Moda lenta pudiera significar que la diseñadora está haciendo todo a mano y dedica tres semanas a una sola pieza, pero también pudiera significar que la relación de la diseñadora con sus fabricantes locales es tan estrecha que ellos podrían producir nuevos diseños en dos semanas.

¿Acaso significa esto que una diseñadora de moda lenta también puede ser una productora de moda rápida? A la mente me viene una compañía de diseño que se encuentra en ambas categorías: American Apparel. Ellos tienen sus propios establecimientos de ventas al detalle. Ellos también son sus propios fabricantes y vendedores al por mayor, lo cual quiere decir que ellos poseen los medios para cumplir con pedidos según la demanda, al igual que lo hace una compañía de moda rápida. Ellos también fomentan el negocio local y producen todo en Los Ángeles. La atención que ofrecen a sus empleados y la información al público sobre las maquilas, los ubica en la categoría de moda lenta. Según los términos más básicos, American Apparel se encuentra en ambas categorías.

.

Capítulo 11
Moda Sostenible

¿Puede la moda ser sostenible? La moda es algo que se rige por tendencias y es desechable. Sostenible describe algo que perdura.

Entonces, ¿qué es la moda sostenible? Es la parte de la industria de la moda que acepta la responsabilidad social y medioambiental. Otro nombre que se le puede dar es eco-moda (moda ecológica), un término que en su momento fue relacionado con la vestimenta hippy pero que ahora abarca un concepto más amplio en la vestimenta cotidiana.

La moda sostenible puede ser descrita como la tela utilizada en la producción, el proceso de creación de una prenda de vestir o la vida útil de una prenda.

Telas Sostenibles
La primera parte para la explicación de moda sostenible es a través del origen de las telas y los conceptos que son utilizados para la confección de una prenda de vestir. Para lograr la producción de tela utilizando los procesos industriales actuales, es necesario afectar una parte del medio ambiente. Los diseñadores que practican la moda sostenible son muy

Notas:

Notas:

consciente de sus emisiones de carbón y por lo tanto eligen productos que causen el menor impacto posible en el medio ambiente. Todo tipo de tela tiene ventajas y desventajas, por lo tanto, si decides seguir este camino es importante conocer bien cada uno de los productos que utilizas.

En la industria de la vestimenta el algodón es el mayor contribuidor al impacto ecológico. Solo esta variedad es responsable de más del 25% del consumo mundial de insecticidas y el 10% de pesticidas, los cuales contribuyen al calentamiento global. El algodón orgánico es más sostenible, es mejor para tu cuerpo y para el medio ambiente porque no se utiliza ningún químico. Sin embargo, el algodón orgánico utiliza más del doble de la cantidad de agua que el algodón normal, lo cual puede ser perjudicial en época de sequía. Por lo general, orgánico significa que no se utilizaron pesticidas, insecticidas o alteraciones genéticas en el recurso.

El bambú es un ejemplo de un recurso fácilmente renovable debido a que crece rápidamente y absorbe gases invernadero en su ciclo de vida. No obstante, se pueden notar efectos negativos cuando los bosques son talados para plantar campos de bambú. Además, el proceso químico para convertir la planta en fibras textiles es mucho más perjudicial para el medio ambiente que talar esos bosques. El proceso es tóxico y sin el equipamiento y la maquinaria adecuados para controlar los químicos, el entorno puede ser dañino para la salud de los humanos, de las plantas y de los animales.

El poliéster tiene una mala reputación al ser relacionado con aquellas prendas de poca ventilación y que daban picazón elaboradas en los años 1970. Este material no se destruirá con el paso del tiempo como lo hacen el algodón y el bambú, pero puede ser creado a partir de plástico reciclado y mezclado con otras telas para tener una calidad duradera y que pueda ser usado, trayendo como resultado un menor impacto medioambiental.

Las telas que contienen Spandex o Lycra son cómodas y ofrecen una textura elástica. Estas fibras permiten que una misma prenda se ajuste a más de una talla, pero las mismas se desgastan más rápido que las fibras no elásticas. Esto se debe al estiramiento y al cuidado de las telas (lavarlas en agua caliente y la utilización de secadoras de alta temperatura hace que las fibras se desintegren rápidamente). Debido a estos factores, las prendas que contienen Spandex o Lycra tienen un ciclo de vida más corto.

Moda Sostenible

La tela no es el único componente de la moda que puede ser sostenible. La longevidad de tu prenda terminada también es importante. Todos hemos escuchado a alguien utilizar las palabras "moda desechable". El gurú de la moda rápida, "H&M", produce moda de poca calidad y es lo que yo llamo "vístelo, lávalo y deséchalo. Por otro lado, las prendas de vestir de calidad pueden ser reparadas y arregladas, y así alargan su estancia en nuestros clósets.

En lugar de terminar en el basurero, los productos de moda sostenible están destinados a ser reutilizados a través de una tienda de rebajas o de segunda mano. El movimiento sostenible en la moda necesita comenzar con la diseñadora, informando al público sobre qué sucede con su ropa cuando esta llega a

Notas:

la basura. La donación de ropa usada para que sea utilizada nuevamente o reciclada, debe convertirse en un hábito. Muchos negocios ofrecen descuentos por la devolución de mercancía usada. ¿Qué podrían hacer ellos con esa mercancía y quién ofrece este servicio?

Apple lo hace. Ellos comprueban si el producto que ha sido devuelto puede ser reparado y vendido nuevamente, o si tiene que ser desmantelado para reciclar los metales, el vidrio o el plástico y convertirlo en nuevos productos.

Bonded Logic:
www.bondedlogic.com

Hickory Springs:
www.innotherm.com

Recovery Insulation:
www.recovery-insulation.
co.uk

Algunas de las prendas de vestir pueden ser recicladas, pero los sitios para este fin no son muy comunes. Ahora tu viejo jean 501 puede ser convertido en material aislante para edificios. Tres de las compañías que hacen esto son Bonded Logic, Hickory Springs y Recover Insulation, Ltd. Otra filosofía que algunos diseñadores utilizan es la creación de diseños a partir de ropa de segunda mano, convirtiéndolas en nuevas creaciones innovadoras. La reutilización de la ropa usada y la conversión de esta en una nueva mercancía innovadora es una filosofía sostenible.

Otros diseñadores han adoptado la idea de no desperdiciar las sobras, lo que significa que después de cortar el diseño ningún recorte es desechado. Julian Roberts, diseñador de moda y educador, utiliza este método y crea diseños originales que pueden ser reutilizados. Para ver su sorprendente trabajo visita julianand.com. Su sitio web está disponible para cuestiones de trabajo solamente los miércoles, de 10 am a 8 pm. El método por el cual él crea sus diseños es llamado Corte de Sustracción. Visita su sitio web para obtener más información.

¿Cuándo fue que se comenzó a aceptar desechar una prenda de vestir en lugar de tan solo coserle un botón? Reparar no es una tendencia nueva, más bien una antigua idea que ha sido olvidada. Personalmente, cada año le pongo una suela nueva a mis sandalias negras. Me encantan estos zapatos. En realidad no recuerdo, pero me parece que no pagué mucho por ellas. Son clásicas y cómodas. Las he reparado más de cinco veces a un precio de casi $10 en cada ocasión, pero tengo que decir que ha valido la pena. Le comenté sobre esto a una de mis estudiantes que pensaba comprar un par de zapatos de tacón nuevos y la idea de reparar algo le pareció genial. ¿Por qué es que esta generación cree que todo es desechable?

Moda Ética

Moda ética se relaciona con el tratamiento de los empleados y las condiciones de trabajo en la elaboración de prendas de vestir. A pesar de los esfuerzos realizados por agencias del gobierno y algunas celebridades, existen más maquilas que locales de Starbucks en New York. (Hay uno de estos últimos cada tres cuadras.)

Estoy segura de que has escuchado hablar sobre las maquilas; pero, ¿qué tanto conoces en realidad? En el pasado yo me opuse a ellas, pero nunca tuve una experiencia de primera mano. Una falsa creencia muy generalizada es pensar que todas las fábricas son maquilas.

En el año 2008 comencé a asistir al Centro para la Moda Sostenible, ubicado en el Centro Universitario de Londres. El programa de esta institución trata de informar al público sobre las condiciones de trabajo en las maquilas. Ellos tienen algunas hojas estadísticas que valen la pena leer. No creo que

Notas:

Notas:

yo supiera en realidad lo terribles que son las maquilas hasta que encontré este recurso. La información a continuación fue obtenida de estas hojas estadísticas. Si tienes interés en aprender más visita el sitio web de esta institución, www.sustainable-fashion.com

Las maquilas se encuentran por todo el mundo, incluyendo China, India e incluso los Estados unidos. A pesar de que los gobiernos han impuesto restricciones sobre el pago, las horas y los derechos de los empleados, todavía hay muchos que eluden a los oficiales y a sus clientes. Las fábricas son famosas por tener dos libros de registros, uno para el uso personal y otro para las autoridades gubernamentales.

Las mujeres que trabajan en estas fábricas son las que peor trato reciben. Ellas trabajan muchas horas (12 a 16 horas diarias, 7 días a la semana), reciben un pago muy bajo (en algunas ocasiones 50 centavos la hora) y por lo general no reciben un buen trato. Se sabe que hay algunas de estas instalaciones que no permiten a las mujeres beber agua, utilizar el baño y hasta les practican pruebas de embarazo para evitar tener que pagar las licencias de maternidad.

En los últimos años hubo un par de casas de moda que fueron atrapadas utilizando maquilas; una de ellas fue The Gap[1]. En el 2007 se hizo una redada de inspección a una maquila formada por 14 niños en Nueva Delhi, India, y se encontró que estaban violando las leyes laborales. Las preguntas son: ¿sabía The Gap sobre esto? ¿Revisaron la fábrica antes de hacer negocios con ellos? ¿Mintió la fábrica para poder cerrar el negocio con The Gap? Según los representantes de Gap ellos sí contrataron una fábrica para que hiciera ese trabajo, pero hubo otra que fue

Artículos: http://www.cnn.com/2007/WORLD/asiapcf/10/29/gap.labor/index.html
http://www.telegraph.co.uk/news/worldnews/1567849/Gap-sweatshop-children-saved-in-India-raid.html

subcontratada para su realización sin que ellos lo supieran.

Estas preguntas traen a colación otro asunto relacionado con la producción internacional: la subcontratación. Esto significa que la fábrica que tú contratas para hacer el trabajo puede contratar a otra más para que lo haga (lo cual es más barato) y el cliente tiene poco conocimiento sobre esta transición.

¿Cómo puedes controlar tus proveedores externos y saber cuáles son las condiciones de trabajo en una fábrica de la cual has contratado sus servicios? La mejor manera es ir y revisar la fábrica tú mismo. Existen organizaciones y uniones que comprueban regularmente las fábricas, las cuales pueden ayudarte a encontrar una compañía honrada.

La próxima vez que encuentres una blusita por $2 o un vestido por $5, pregúntate cómo pueden vender una prenda a ese precio y aun así obtener ganancias. Analiza las condiciones en las cuales esa prenda fue elaborada.

Notes:

Capítulo 12
El Negocio de las Camisetas

He escuchado discusiones entre diseñadores de camisetas y diseñadores de moda, y no es para nada agradable. Sí, una camiseta es una prenda de vestir sobre la cual los diseñadores imprimen algunos gráficos, pero la misma no es considerada como diseño de moda.

Creí que era importante incluir un capítulo sobre el negocio de las camisetas debido a que mucho de lo que nosotras hacemos como diseñadoras de moda, (vender, mercadear y dirigir un negocio) es muy parecido a tener un negocio de camisetas gráficas. Sin embargo existen diferencias, a saber, que la mayoría de estos negocios utilizan los espacios en blanco como una forma de mostrar su arte.

Proveedores

Las camisetas gráficas están hechas de ropa blanca. Estos espacios en blanco son adornados por trabajos artísticos colocados sobre ellos que fueron creados por diseñadores gráficos. Muy parecido a la forma en la que los diseñadores de moda obtienen sus telas, los diseñadores gráficos buscan sus blancos, sean camisetas, onesie o tazas de café. Existen compañías que se especializan en estos artículos tales como

Notas:

Notas:

American Apparel o Alternative Apparel.

Una vez que se han encontrado los proveedores de blanco, el diseñador necesita buscar una impresora. Tradicionalmente las únicas opciones para crear camisetas gráficas era hacer la serigrafía una misma o contratar una compañía que lo hiciera por ti. Si estás contratando una compañía, a menudo te ofrecerán la opción de buscar los blancos por ti. Algo que debes tener presente con el serigrafiado es que cada color presente en un gráfico necesita una pantalla independiente, por lo tanto, más pantallas equivalen a más dinero. Esta cantidad puede variar dependiendo de la complejidad de los gráficos y de la compañía que hayas elegido.

El reciente desarrollo de la tecnología está conduciendo a la aparición de nuevos inventos. Ahora puedes comprar una prensa térmica, una impresora de tinta y papel especial y hacerlo todo en casa. Estas máquinas tienen un precio mínimo de unos $200 pero pueden llegar a costar un par de miles de dólares. Pro World ofrece muchas opciones para el empresario de camisetas. También existen máquinas que imprimen directamente sobre la tela y luego esta puede ser cosida como parte de la prenda. También existe papel de transferencia de impresión, donde lo único que necesitarás será una plancha de $20.

Opciones de Despacho

Aunque algunos diseñadores pueden querer crear sus propios artículos, existen opciones que permiten que otros los creen por ti según tu demanda. Esta es una buena opción cuando quieres vender online. Las opciones de despacho están disponibles a través de compañías como Café Press y Zazzle. Tú puedes crear tu propia tienda online con estas compañías y entonces ellos mercadean tus diseños en su sitio web. Un punto a favor de esta opción es no tener que llevar inventario. Esto también puede ser una opción para la diseñadora de modas que desea imprimir algunas camisetas promocionales para un evento, sin tener que pasar por todo el proceso de buscar las camisetas y las impresoras.

Aparte de esas diferencias, un diseñador gráfico puede desarrollar una colección de la misma forma que lo hace un diseñador de moda; también puede crear un perfil del cliente y una marca, mercadearla y echar a andar un negocio.

Notes:

MERCADEO

Capítulo 13
Introducción al Mercadeo

¿Cómo es que el mundo puede conocer sobre ti? A través del maravilloso poder del mercadeo. El mercadeo puede parecer un universo misterioso del cual todo el mundo conoce excepto tú, pero pudieras sorprenderte al ver cuánto conoces en verdad. Es común que los diseñadores independientes ignoren esta parte del negocio, pero el mercadeo es lo que hace que un pequeño negocio tenga éxito y sobreviva.

Mercadeo es el proceso de hacer que tu nombre, marca y producto se encuentren en el mercado. Es una extensión del proceso de marca y un puente hacia las ventas. ¿Cómo es que alguien puede lograr un mercadeo exitoso? Las formas más comunes para los diseñadores independientes incluyen los comunicados de prensa, los medios sociales, las campañas de mercadeo por email y las redes personales.

Publicidad

No estoy segura si lo notaste, pero no incluí un capítulo sobre la publicidad. Destinar determinados presupuestos para

Notas:

grandes campañas de publicidad puede no ser muy factible en tu fase de inicio, y a largo plazo quizás no sea ni siquiera realista. Si estás pensando lanzar una campaña de publicidad debes estar consciente del tipo de audiencia a la cual está dedicada. La publicidad impresa puede costar hasta más de $20,000 por mes de publicidad. Sorpresivamente, la publicidad por televisión puede ser más económica, pero cuando tomas en cuenta el equipo de filmación, los actores y la edición, todo se convierte en un elemento bastante costoso.

La publicidad compartida puede ser una opción más realista y costeable. La publicidad compartida consiste en compartir los gastos en un anuncio más grande. Varias boutiques tienen campañas de publicidad impresas y en otros medios. Si estás vendiendo en una de estas boutiques puedes trabajar de conjunto con ellos para exhibir tu línea y su tienda.

La publicidad en banners en blogs y sitios web de noticias puede ser otra forma económica de realizar publicidad. Solo asegúrate de que tu cliente objetivo está leyendo esos blogs o sitios web. No tiene sentido que te anuncies donde tu audiencia objetivo no te verá.

También existe la publicidad gratis. La publicidad gratis viene por la cobertura de los medios como revistas, periódicos y blogs. Para poder llegar a estos puntos de venta necesitarás elaborar materiales de mercadeo. En los próximos capítulos comento sobre cómo lograr este tipo de publicidad. Estudia estos capítulos y luego completa el formulario siguiente.

Mercadeo y Promoción

Mencione todas las oportunidades de mercadeo posibles. Mencione la frecuencia, el costo estimado y la ganancia que espera de cada vía.

Mercadeo o Promoción	Descripción	Frecuencia	Costo Proyectado	Ganancia Proyectada

Estudio de Caso: Mercadeo y Promoción

Mencione todas las oportunidades de mercadeo posibles. Mencione la frecuencia, el costo estimado y la ganancia que espera de cada vía.

Mercadeo o Promoción	Descripción	Frecuencia	Costo Proyectado	Ganancia Proyectada
Publicidad en Facebook	Mantener la página de la empresa y hacer publicidad para el público meta	En curso	$50 al mes	$100 al mes
Listados Patrocinados	Marketing que se basa en palabras claves para la búsqueda en adwords, yahoo, bing, ask y youtube	En curso	$100 al mes	$300 al mes
Twitter	Mantener las actualizaciones de la empresa para los clientes meta	En curso	Solo tiempo – 2 horas a la semana	$100 al mes
Bloguear	Enviar información a los blogueros sobre productos actuales y promociones. Mantener un blog personal del diseñador	Enviar información trimestralmente – en curso personal	Solo tiempo – 2 horas a la semana	$500 al mes
Mercadeo por correo electrónico	Enviar anuncios por correo electrónico a clientes que se inscriban en listas de correo relacionadas con sucesos empresariales, nuevas mercancías y ventas	Mensualmente o luego del lanzamiento de una colección	$20 al mes	$1000 por correo que se envíe
Sitio Web	Actualizar el sitio web con nuevas mercancías, eventos, pinión de la prensa y premios	Trimestral	Solo tiempo – 3 horas a la semana	No disponible
Venta de Muestras	Promover el conocimiento de la marca, crear un admirador de clientes, vender muestras y artículos con defectos de fábrica	Trimestral	$200 en un trimestre – solo tiempo	$2000 con cada venta
Promociones con postales enviadas por correo	Enviarlas a compradores minoristas, dar seguimiento mediante llamadas telefónicas	Antes de ferias comerciales	$100 dos veces al año	Conseguir de 1 a 3 tiendas con cada envío postal
Carpetas de Prensa	Muestras, comunicados de prensa y materiales de marketing dirigidos a ciertos medios de comunicación masiva para incentivar el uso editorial y de ofertas	Comienzo del lanzamiento de la colección	$200 dos veces al año	$2000 con cada cobertura periodística
Ferias Comerciales	Exhibir en Ferias Comerciales en Los Ángeles y Las Vegas	2 veces al año	$3500 dos veces al año	$40,000

Capítulo 14
Materiales de Mercadeo

Cuando se está lanzando una línea de productos, una necesita analizar todos los tipos de materiales de mercadeo. Esto incluye las tarjetas de negocios, los comunicados de prensa, muestrarios de la colección, libros de modelos, tarjetas promocionales y carteles. ¿Tu negocio necesita estas cosas? ¿Cuáles y por qué?

Tarjetas de Negocios

Esto no debe tener ninguna complicación. Las tarjetas de negocios deben estar en el primer lugar en tu lista de cosas por hacer después que has creado el nombre de tu negocio. Es importante tener siempre disponible tarjetas de negocio actualizadas para cualquier momento, sea que estás realizando negocio de redes, encontrándote con posibles clientes o siendo presentada con un amigo de un colega. Siempre debes estar promoviendo tu negocio. Incluye tu nombre completo, tu título, nombre de compañía, sitio web, dirección de email y dirección del negocio (si es distinta a la de tu casa). Varias de las tarjetas de negocio ofrecen la información de contacto de Twitter, Skype y Facebook. Tu tarjeta también debe incluir el logotipo de tu compañía.

Una puede ser muy creativa con el diseño de su tarjeta de

Notas:

negocios. Existen tarjetas que contienen semillas para que sean plantadas, y otras que tienen imágenes del catálogo en la parte trasera. Revisa tu misión y elige un estilo de tarjeta de negocios que se ajuste a la personalidad de tu empresa.

Comunicados de Prensa

La opción de los comunicados de prensa es la forma más conocida de hacer que los medios sepan de ti y de lo que acontece con tu negocio. Los comunicados de prensa son escritos como artículos noticiosos y son utilizados para anunciar un evento de negocios digno de ser publicado en las noticias. Asegúrate de que tu noticia sea importante antes de gastar tu dinero y tu tiempo en un comunicado. No todo es noticia. Las noticias dignas de ser publicadas son los lanzamientos de nuevos negocios, nuevos productos y eventos especiales de negocios. Anunciar un evento común, como un 20% de descuento en ventas, no es realmente un evento digno de un comunicado de prensa.

Un buen comunicado contestará las preguntas quién, qué, dónde, cuándo, por qué y cómo. Tu encabezado y el primer párrafo deben resumir tu historia. En algunas ocasiones es más sencillo escribir esta parte de última. El resto del artículo debe informar sobre todos los detalles.

Piensa en quienes tú quieres que se interesen en la historia – esta es tu audiencia – y luego concéntrate en la noticia que es relevante para ellos. Redacta en voz activa y utiliza verbos fuertes. La mayoría de los comunicados de prensa tienen por lo general menos de 500 palabras, por lo tanto debes aprovechar cada palabra. Incluye las opiniones como citas directas, de lo contrario utiliza estadísticas. Tu comunicado debe concluir con un breve párrafo sobre la historia de tu compañía, los productos y los servicios.

Muchos medios distribuyen tus comunicados con el encabezado y el resumen solamente, por lo tanto prepara un buen resumen de un párrafo.

Asegúrate de que tu artículo sea breve y vaya directo al punto. En la actualidad los reporteros son bombardeados con noticias - imientras más rápido puedas ofrecer los detalles, más agradecidos estarán tus lectores!

Distribución de tu Comunicado de Prensa

Existen varias formas en las cuales puedes distribuir tus comunicados de prensa. La vía más costosa es utilizar una compañía de Relaciones Públicas que emita tu comunicado. Una opción más económica sería utilizar solamente los servicios de la compañía de Relaciones Públicas para publicar tu comunicado de prensa.

Dos de los medios más grandes de distribución online son BusinessWire.com y PRNewsWire.com. Su distribución de noticias es 10 veces mayor que la de la compañía más económica o que aquellos que brindan distribución gratis. Esta es un área en la cual irte por la opción más barata puede costarte caro. Si vas a invertir tiempo y esfuerzo en escribir un comunicado de prensa, quizás deberías considerar invertir tu dinero en el servicio de distribución.

Los precios por estos servicios pueden llegar a costar hasta $500 por comunicado, por lo tanto es muy importante elaborar uno que sea completo, específico y oportuno. Existen varias compañías que ofrecen servicios de escritura - si no estás muy convencida de tus habilidades para escribir, este pudiera ser el momento para contratar a alguien que lo haga por ti.

Notas:

Notas:

Otra forma de publicar un comunicado de prensa es enviarlo directamente hacia los puntos de venta de prensa que tú quieres que le den cobertura a tu negocio, quizás tu periódico local o la Revista Lucky. Si los contactas directamente asegúrate de hacer un seguimiento posterior, pero si no has tenido noticias de ellos después de 3 intentos, deja las cosas tal como están. Si utilizas el email para enviar tu comunicado, envíalo en el cuerpo del mensaje, no como adjunto. La mayoría de las publicaciones tienen la información de contacto de sus editores en sus sitios web o publicaciones impresas.

Una nueva compañía que puede ser de tu interés es Vocus. Esta es una base de datos online que contiene todos los contactos de medios de prensa que pudieras querer utilizar. Entre sus servicios ofrecen el envío de tu comunicado directamente a todos los contactos a través de email o correo postal. Este servicio es costoso, pero si tienes el presupuesto para cubrirlo pudiera ser la opción perfecta para ti.

Una cosa que debes tener presente es que es posible que tu comunicado necesite ser alterado dependiendo de cada medio de prensa al cual vaya a ser enviado. Asegúrate de conocer bien los detalles del comunicado y que el mismo sea apropiado para ese tipo de publicación. Presta especial atención cuando estés preparándolo para enviarlo a un blog. Muchos blogueros tienen detalles sobre cómo les gusta ser contactados y cómo llegar a ellos. No te comunicarás con los blogueros de la misma forma que lo harías con una revista. Los blogueros solo se preocupan por sus lectores y por el contenido, por lo tanto, si tu comunicado no es oportuno y no está relacionado con su campo no te ofrecerán la cobertura.

Información para el Comunicado de Prensa

¿A qué público va dirigido este comunicado de prensa?

¿Qué información es importante en este comunicado de prensa?

¿Dónde tendrá lugar este evento de interés periodístico?

¿Cuándo tendrá lugar?

¿Por qué es importante esta noticia?

¿Cómo pretende publicar su mensaje?

¿Que información acerca de la compañía desearía incluir en este comunicado?

¿Que información de contacto debe estar incluida en este comunicado?

Nombre de la persona a contactar: _____ Teléfono: _____

Dirección: _____ Sitio Web: _____

_____ Correo Electrónico: _____

Estudio de Caso: Información para el Comunicado de Prensa

¿A qué público va dirigido este comunicado de prensa?
Periódicos, revistas comerciales y revistas en general

¿Qué información es importante en este comunicado de prensa?
Fiesta para el lanzamiento de la colección de una diseñadora rural del norte de California

¿Dónde tendrá lugar este evento de interés periodístico?
Eureka, California en el Origin Design Lab

¿Cuándo tendrá lugar?
El fin de semana después del Día de los Enamorados de 2011

¿Por qué es importante esta noticia?
Es el negocio que se promueve en el libro Fashion Unraveled, diseñadora de un pueblo pequeño que sale adelante sin ayuda.

¿Cómo pretende publicar su mensaje?
Lanzamiento de Libro, fiesta de lanzamiento y desfile en traje de baño, Origin Design Lab, página de negocios en Facebook

¿Que información acerca de la compañía desearía incluir en este comunicado?
El negocio existe desde el año 2002, diseñadora de bolsos de mano lanza su línea de ropa luego de 8 años

¿Que información de contacto debe estar incluida en este comunicado?

Nombre de la persona a contactar: Andrea Baker   **Teléfono:** 707-834-6911

Dirección: 426 3rd Street   **Sitio Web:** acbapparel.com

Eureka, CA 95501   **Correo Electrónico:** andrea@acbapparel.com

Plantilla de Comunicado de Prensa

El Encabezado Anuncia Su Noticia

El párrafo inicial resume la noticia que se presenta en la totalidad del comunicado. Muchos lectores deciden si van a continuar leyendo el recordatorio del comunicado a partir de lo que lean en el párrafo de resumen. Redáctelo en menos de cuatro oraciones.

Ciudad, Estado, Fecha — La oración introductoria contiene la información más importante del comunicado que publicará. Llame la atención del lector con esta oración al mencionar la noticia que tiene que anunciar. No suponga que el lector leyó el titular o el resumen.

Un comunicado de prensa es parecido a un artículo periodístico. Redacte oraciones y párrafos cortos, entre tres y cuatro líneas por párrafo. Los dos primeros párrafos deben responder quién, qué, cuándo, dónde, por qué y cómo.

Un comunicado de prensa normalmente tiene entre 300 y 600 palabras. Los temas que pueden divulgar incluyen anuncios de nuevos productos, la publicación de un libro o el lanzamiento de un negocio reciente.

Según lama Coolcat, "se acepta la adición de citas para ofrecer contenido editorial. En una cita puedes transmitir información parcializada que no es permitida en el resto del comunicado".

Finaliza tu comunicado de prensa con un poco de información acerca de ti, de tu compañía y tus productos.

Información de Contacto: ˙ Pedro Pérez
1234 5th Street
Ciudad X, EE.UU. 00000

Número Telefónico de Contacto: 123-456-7890

Sitio Web: www.fashionunraveled.com

Estudio de Caso: Comunicado de Prensa

Origin Design Lab Acoge Lanzamiento de Colección de Primavera de A.C. Baker Apparel con una Celebración

A.C. Baker Apparel celebra el lanzamiento de su colección de primavera en el Origin Design Lab este mes de febrero con una fiesta de lanzamiento que incluye entretenimiento, comida y bebida.

Eureka, California, 12 de enero de 2011 – A.C. Baker Apparel, compañía de diseño de moda con sede en California, lanza este mes su colección debut en el Origin Design Lab, salón de exposición y venta minorista de A.C. Baker que celebra con una fiesta de lanzamiento ofrecida el 15 de febrero de 2011. Durante la misma tendrá lugar un desfile en traje de baño, habrá música en vivo, comida y bebida.

A.C. Baker Apparel se ha dado a conocer por su colección de bolsos de mano durante los últimos 5 años. La diseñadora Andrea Baker lanza su colección ecológica de primavera con una variedad de blusas, vestidos y pantalones confeccionados con lino y algodón orgánico.

La colección de primavera de la señora Baker que se presenta fue diseñada para convertirse en un producto indispensable en el armario de toda mujer. Durante el desarrollo del negocio y del diseño, la señora Baker consultó cn Jennifer Matthews del libro best seller, Fashion Unraveled y diseñadora de Porcelynne Lingerie.

Teresa Johns expresó: "la colección de Andrea tiene una naturaleza romántica unida a un estilo de vida confortable. Me siento cómoda cuando visto sus diseños para salir a la calle y también cuando holgazaneo en la casa. Quisiera tener un par para cada día de la semana. Los primeros pantalones diseñados por A.C. Baker que compré me convencieron para siempre".

Información de Contacto: Andrea Baker
426 3rd Street
Eureka, CA 95501

Correo Electrónico: andrea@acbapparel.com
Teléfono: 707-834-6911
Sitio Web: acbapparel.com

Muestrarios de Colección

Los muestrarios de colección son una forma de organizar tu colección para un posible comprador. Estos muestrarios contienen imágenes planas y en algunas ocasiones fotografías de las piezas de tu colección. Los muestrarios de colección ofrecen información sobre la compañía, las opciones de compra, los mínimos, los precios, los detalles de las telas, los colores, las tallas y las instrucciones de cuidado.

Es aconsejable tener una copia de tu muestrario de colección en formato PDF para enviarlo por email a posibles compradores. Si deseas agregar un enlace en tu sitio web que lleve hacia tu muestrario, deberás protegerlo con contraseña para que solamente los compradores al detalle tengan acceso al mismo.

A.C. Baker Apparel Primavera 2011 Hoja de la línea
426 3rd Street * Eureka, California 95501* 707-834-6911

Comienzo de la Entrega: 15 de enero de 2011
Fin de la Entrega: 28 de febrero de 2011

Fecha Límite para el Pedido: 1 de noviembre de 2011
(Para garantizar la entrega durante las fechas pactadas durante la temporada)

Todos los pedidos iniciales requieren un mínimo de $500. El resto de los pedidos requieren un mínimo de $250. Cada modelo tiene una cantidad mínima específica para la compra al por mayor. Todas las cuentas nuevas serán establecidas con términos de pago de entrega contra reembolso. Para tener derecho a acogerse a los términos de pago de Net 30 se debe completar una solicitud de crédito.

Nombre del Modelo: Vestido Baby Doll	Nombre del Modelo: Pantalones Tubo o Pitillo
Número del Modelo: 2101	Número del Modelo: 4101
Tejido: 100% Satín de Algodón Orgánico	Tejido: 100% Lino
Colores: Hongo, Blanco, Orquídea	Colores: Hongo, Blanco, Orquídea
Tallas: 2-12	Tallas: 2-12
Precio al por mayor: $53	Precio al por mayor: $53
Precio al por menor: $106	Precio al por menor: $106
Pedido Mínimo: 5	Pedido Mínimo: 5

Nombre del Modelo: Vestido con Fajín (tipo obi)	Nombre del Modelo: Seda Cover Up
Número del Modelo: 2102	Número del Modelo: 1101
Tejido: 100% Lino	Tejido: 100% Organza de Seda
Colores: Hongo, Blanco, Orquídea	Colores: Hongo, Blanco, Orquídea
Tallas: 2-12	Tallas: S-L
Precio al por mayor: $53	Precio al por mayor: $53
Precio al por menor: $106	Precio al por menor: $106
Pedido Mínimo: 5	Pedido Mínimo: 5

Libros de Modelos

Los libros de modelos son mini catálogos de tu colección. Algunos libros de modelos contienen información detallada que también puede encontrarse en los muestrarios de colección. Estos libros de modelos son representaciones fotográficas de tu trabajo y son producidos con una gran calidad. Los mismos son ideales para utilizarlos en tu sitio web y muestran tu colección de una forma elegante.

Preparar un libro de modelos puede ser costoso. Es poco probable que la composición de este libro sea gratis. La contratación de modelos, utilización de fotografía, peinado y maquillaje, y diseño del libro son gastos para los cuales tienes que prepararte a menos que tengas un sinnúmero de amigos que hagan todas estas cosas y estén dispuestos a hacerlo gratis o a cambio de algo.

La impresión de los libros de modelos puede no ser factible económicamente, pero exhibirlo online sí lo es. Si imprimes algunos libros, estos pueden convertirse en un derroche de dinero si no son distribuidos oportunamente. Por lo general, los libros de modelos son distribuidos en ferias comerciales o por correo postal.

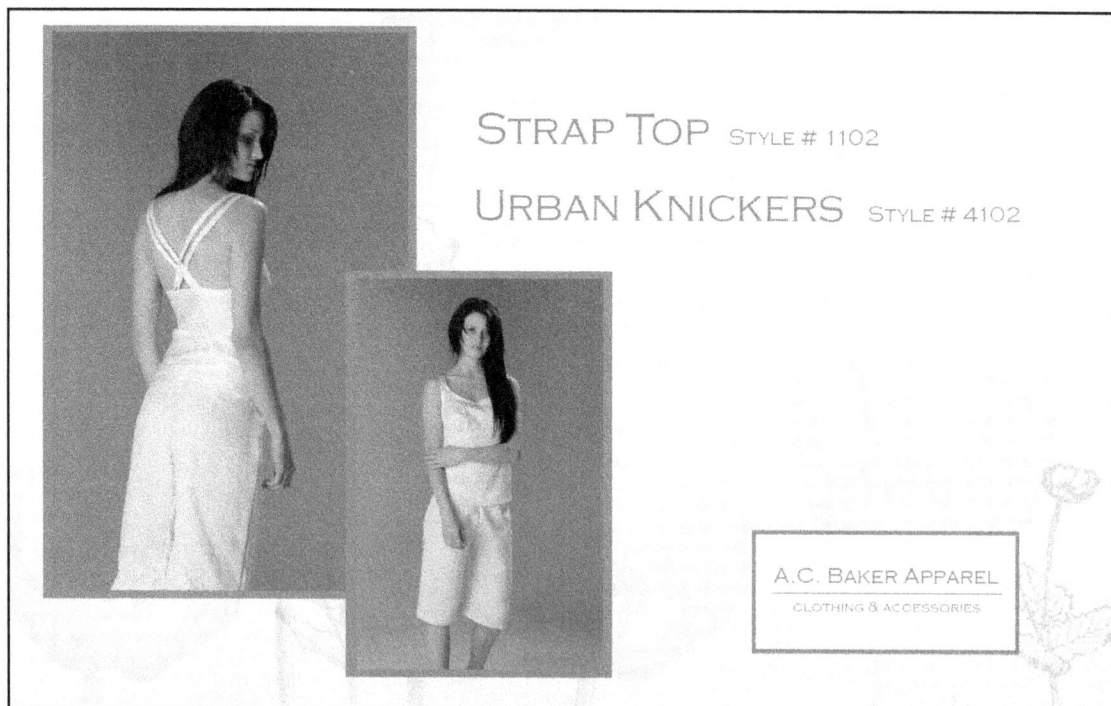

Fotógrafo James Reid/Studio 424, Modelo Jillian Yerby

Tarjetas Promocionales

Una alternativa para no tener que enviar por correo postal todo el libro de modelos, es crear tarjetas con impresiones de algunas imágenes seleccionadas para que estas sean enviadas por correo o distribuidas. Las tarjetas promocionales pueden ser entregadas en eventos de venta, pueden ofrecer descuentos para ventas online, anunciar que estarás presente en una feria comercial o también pueden ser utilizadas como envío de correo masivo a posibles tiendas. Estas tarjetas pueden ser informativas a la vez que muestran tu colección.

Notas:

SPRING 2011

ORGANIC COLLECTION

STYLES SHOWN:
BABYDOLL DRESS
SILK COVER UP

A.C. BAKER APPAREL
CLOTHING & ACCESSORIES

Carteles

Si estás planeando vender en distintos eventos, sean ferias comerciales o de calle, puedes optar por exhibir carteles o señalizaciones que muestren tu nombre, logotipo y frase identificativa. Estos carteles pueden costar entre $50 y $300 dependiendo de lo que decidas poner en ellos.

Notas:

Capítulo 15
Campañas de Mercadeo por Email

El mercadeo por email es una gran herramienta que puede ayudar en el crecimiento de tu negocio. Compañías como Constant Contact y Vertical Response ofrecen servicios que pueden ayudarte a organizar y diseñar tu campaña de mercadeo por email. Estos servicios también ofrecen herramientas para saber la cantidad de personas que abren tu mensaje y qué tan rápido sucedió después de que lo enviaras. Puedes utilizar esta información para ajustar y mejorar tus campañas por email.

Estas compañías no venden listas de direcciones electrónicas. De hecho, comprar o vender listas de correos electrónicos es ilegal y la Ley Can-Spam lo prohíbe. Tú eres responsable de crear y aumentar tu propia lista. Una vía para lograr esto es agregar una opción en tu sitio web para suscripciones por email. Estos servicios te permiten utilizar la lista que has generado para enviar anuncios profesionales de tu empresa.

Asegúrate de mantener protegidas las direcciones electrónicas.

Notas:

Ley Can-Spam del 2003:
Exige una opción de cancelación de suscripción; que el asunto del mensaje se relacione con el texto del mismo y que el destinatario posea una dirección física. Esta ley prohíbe la venta o recolección de listas de correos electrónicos.

Notas:

Cuando dirigía una tienda desarrollé una estrategia para el mercadeo por email que funcionó para las necesidades que tenía. Programé mis mensajes para que fueran enviados entre las 9:30 y las 10:30 cada mañana los días entre semana. Creía que si eran enviados antes de las 9:30 podían perderse entre todos los mensajes que habían llegado durante la noche. Después de las 10:30 me parecía que las personas estarían trabajando y no tendrían la oportunidad de leerlos. Enviar mis mensajes entre esas horas los mantenía frescos en la bandeja de entrada de mis clientes mientras ellos contestaban los mensajes del día anterior.

También tenía presente el día en que enviaba estos mensajes. Yo celebraba muchas exhibiciones de arte los viernes en la boutique, por lo tanto enviaba los mensajes una semana antes para dejarles saber a todos que el evento se acercaba, y luego el miércoles lo enviaba nuevamente que es cuando las personas están planeando su tiempo para el fin de semana. También ofrecía rebajas en el sitio web y en la tienda. El día de pago, o el anterior, yo enviaba los mensajes informando sobre las ofertas. Cada una de estas estrategias funcionó y gracias a ellas percibí un aumento en las ventas.

Puede que descubras que mis estrategias no te funcionan. Tu cliente es un cliente específico y aprenderás cómo reacciona y responde la gente mientras vas experimentando con tu mercadeo por email. Hay varios programas que te permitirán crear distintos mensajes electrónicos para una misma campaña y enviarlos a distintas personas en tu lista. Esta es una excelente forma de ver cuántas personas abren cada mensaje y cuántas visitan tus enlaces. Otra de las ventajas de utilizar programas para el mercadeo por email es que puedes diseñar tus mensajes con varios días de antelación y programar la hora y fecha en que serán enviados de acuerdo a las necesidades.

Protocolo de Campaña de Email

Toma este pequeño consejo de una empresaria conocedora de las campañas por email.

Hay grandes probabilidades de que tu nombre sea parte de una lista de email, y posiblemente de más de una. Algunas veces nos registramos voluntariamente en determinadas listas, y en otras ocasiones simplemente terminamos en ellas sin saber exactamente cómo.

¿Cómo es que caes en una lista de mensajes que no deseas? Sencillo. Todos nosotros recibimos esos mensajes, provenientes de un amigo o colega que envía un mensaje a un gran grupo de personas y coloca todos los destinatarios en la casilla "Para" o en la "CC".

Ajá, ya sabes lo que quiero decir y probablemente tú también lo has hecho. Yo he enviado un simple mensaje a un grupo de amigos preguntándoles sobre un buen restaurante o invitándolos a un evento, y todos están en la casilla "CC". En realidad, con los amigos no es un gran problema.

Donde las cosas se pueden complicar un poco es si envías un mensaje con una promoción de tu negocio, o un evento, con una línea abierta de informaciones de contacto de un gran grupo de personas que apenas conoces, o no conoces en lo absoluto. Estos contactos pueden ser clientes que se registraron en tu lista de email. Lo único que hace falta es que una sola persona de esa lista diga: "Eh, todo esto es información gratuita que me está llegando y la voy a aprovechar", y comienza a enviar spam de sus promociones a tu lista. Eso sucede en la vida real.

Aparte de poco ético, también es ilegal. Están robando la información que es propiedad de alguien más sin tener consentimiento de esa persona. Esto es penado por la ley. ¿Cuál es la ley? Esta es la típica definición de spam. ¿Puedes evitar que tu nombre sea utilizado de esa forma? No realmente. Lo mejor que puedes hacer es tener presente que existe una casilla llamada "CCO" (o BCC en inglés) para enviar copias ocultas. Convierte su utilización en un hábito.

Capítulo 16
Creando un Espacio en la Web

Todo el mundo está en la web por estos días, ya sea que quieren decir algo o quieren vender algo. A decir verdad, tu negocio no será tomado en serio a menos que tenga un sitio web.

Existen algunos métodos para que puedas crear tu sitio web. Uno de ellos es la tradicional utilización del código HTML, con o sin la ayuda de un diseñador de páginas web. El segundo método para tener rápidamente una página web es a través de las plantillas ofrecidas por sitios tales como Yahoo.com

Otro método, y mucho más popular que los anteriores por su facilidad de uso, es configurar un blog como tu sitio web. Puedes utilizar sitios tales como Blogger.com o Wordpress.com. En el próximo capítulo ahondaré más sobre los blogs, pero ya conoces que esta es una opción más para el diseño de páginas web. Si planeas vender tus productos en tu sitio web, puedes crear el mismo a través del sitio BigCartel.com. Si planeas vender online pero no en tu sitio web, también hay opciones

Notas:

Notas:

para ello. Hablaré más sobre esta última opción en mi capítulo dedicado a las ventas directas.

Sea cual fuere el método que vayas a utilizar, primeramente necesitas establecer qué tipo de sitio web necesitas. Revisa otros sitios que vendan productos similares a los tuyos. ¿Qué tipo de navegación tienen? ¿Necesitas la misma navegación o una mejor? ¿Necesitas una tienda online donde tus clientes puedan comprar directamente? ¿Realizarás el mercadeo en tu sitio y los redirigirás a un sitio de venta mayorista; o utilizarás tu sitio como portafolio para tu trabajo?

Prepara toda la información que deseas tener en tu sitio web antes de reunirte con tu diseñador web, o incluso antes de que comiences a crearlo por tu cuenta. Alista tu biografía, información de la compañía, tus servicios, productos, información de ventas mayoristas, enlaces que quieres incluir y cualquier otra cosa que se te ocurra antes de tu reunión. Prepara todas tus imágenes y ponles nombres acordes a lo que muestran: "almohada.jpg", no "imagen22.jpg". Piensa en ideas sobre el esquema de colores, el mismo debe ser consistente con tu marca.

Un detalle más a tener en cuenta, la página "Sobre Nosotros" es la más visitada de un sitio web, por lo tanto haz que sea extraordinaria.

Optimización de Motor de Búsqueda

El sitio web mejor diseñado del mundo no servirá de nada si los clientes no lo pueden encontrar. ¿Cómo te aseguras de que tu sitio web aparezca en los motores de búsqueda? Aquí tienes algunos pequeños trucos que te ayudarán.

Optimización de Motores de Búsqueda (SEO por sus siglas en inglés) es lo que los diseñadores web llaman los pequeños trucos que se realizan para que tu sitio web sea encontrado más fácilmente por buscadores como Google y Yahoo.

Asegúrate de que los títulos de tu página sean descriptivos y contengan el nombre de tu negocio. Limita el título a 60 caracteres.

Asegúrate de que tu sitio web tenga descripciones de páginas. Tus descripciones se mostrarán en los motores de búsqueda junto con los títulos de tus páginas y será tu primer punto de venta para aquellos que están buscando información. Limita tu descripción a 150 caracteres.

Utiliza frases claves, por ejemplo "vestido corte imperio", en lugar de palabras claves solamente, por ejemplo "vestido". Limita tus frases claves a 10.

Solo un consejo más para un mejor sitio web: si crees que todo esto es mucho para ti sola, contrata a un profesional que lo haga por ti.

Si no estás segura de qué palabras claves utilizar, busca los productos que deseas que aparezcan cuando busquen tu sitio web. Revisa los primeros resultados y observa su código fuente. Todos los navegadores tienen una opción que permite ver el código fuente. Ve hasta debajo de la página del código fuente para ver cuáles son las palabras claves de la página. Utiliza esto como una guía para desarrollar tus propias palabras y frases claves. No copies las palabras claves de otro sitio web palabra por palabra, esto sería plagio. Aun más importante es que no

Notas:

utilices el nombre de tu competencia en tus palabras claves, si el nombre es una marca registrada pudieras ser demandada.

Analizando el Tráfico de tu Sitio Web

Una vez que tu sitio esté listo y funcionando sería bueno que implementaras una herramienta de estadísticas, tal como Google Analytics. Hay otros programas disponibles pero el que Google ofrece es totalmente gratis. Este tipo de estadística te permite analizar tus clientes y el tráfico de tu página de varias formas.

Este tipo de herramienta te muestra los países desde los cuales están visitando tu página web. El programa muestra páginas de entrada, páginas de salida, tiempo del visitante en el sitio y cuáles páginas son las más visitadas. Además de estas estadísticas, el programa también informa el navegador que utilizaron los clientes y los referidos.

Puedes utilizar toda esta información estadística para ajustar tus campañas de mercadeo. Puedes probar a ver si algunas campañas online son efectivas. Esta información puede ser utilizada conjuntamente con tus campañas de publicidad online para rastrear el tráfico que viene a tu sitio web.

Competencia en Sitios Web

Busque 3 de sus competidores y evalúe su presencia en la web.

Competidor 1:

¿Qué navegación tienen en su sitio? ¿Dónde está situada la navegación (arriba, al lado y/o al final)?

¿Cómo se titula su página de inicio?

Teniendo en cuenta su código fuente, ¿qué descripción de página utilizan en sus meta tags?

¿Qué palabras claves utilizan?

Busque el nombre de esta compañía en su buscador favorito. ¿Que sitios arroja su búsqueda?

Competidor 2:

¿Qué navegación tienen en su sitio? ¿Dónde está situada la navegación (arriba, al lado y/o al final)?

¿Cómo se titula su página de inicio?

Competencia en Sitios Web- continuación

Competidor 2 (continuación)

Teniendo en cuenta su código fuente, ¿qué descripción de página utilizan en sus meta tags?

¿Qué palabras claves utilizan?

Busque el nombre de esta compañía en su buscador favorito. ¿Que sitios arroja su búsqueda?

Competidor 3:

¿Qué navegación tienen en su sitio? ¿Dónde está situada la navegación (arriba, al lado y/o al final)?

¿Cómo se titula su página de inicio?

Teniendo en cuenta su código fuente, ¿qué descripción de página utilizan en sus meta tags?

¿Qué palabras claves utilizan?

Busque el nombre de esta compañía en su buscador favorito. ¿Que sitios arroja su búsqueda?

(Debido a derechos de autor no podemos imprimir nuestro estudio de caso sobre competencia en sitios web)

Organización del Sitio Web

Luego de haber revisado los sitios web de sus competidores, ¿cómo le gustaría que fuera su sitio web?

¿Establecerá su sitio web como un blog o lo hará mediante el hosting tradicional para sitios web?

¿Dónde estará ubicada su navegación y qué va a incluir?

¿Qué descripción general le gustaría tener en su sitio?

¿Qué palabras claves son apropiadas para su sitio?

Página de Inicio

¿Qué información le gustaría incluir en esta página?

¿Qué imágenes quisiera tener en esta página?

Organización del Sitio Web - continuación

Página Acerca de

¿Qué información le gustaría incluir sobre su negocio?

¿Qué información quisiera proporcionar sobre usted?

¿Qué imágenes quisiera tener en esta página?

Página Contactos

¿Qué información le gustaría incluir en esta página?

¿Qué imágenes quisiera tener en esta página?

Organización del Sitio Web - continuación

Página Vínculos

¿Qué vínculos quisiera incluir?

¿Qué imágenes quisiera tener en esta página?

Página-

¿Qué información le gustaría incluir en esta página?

¿Qué imágenes quisiera tener en esta página?

Organización del Sitio Web - continuación

Página-

¿Qué información le gustaría incluir en esta página?

¿Qué imágenes quisiera tener en esta página?

Página-

¿Qué información le gustaría incluir en esta página?

¿Qué imágenes quisiera tener en esta página?

Estudio de Caso: Organización del Sitio Web

Luego de haber revisado los sitios web de sus competidores, ¿cómo le gustaría que fuera su sitio web?

¿Establecerá su sitio web como un blog o lo hará mediante el hosting tradicional para sitios web?

Hosting Tradicional – Soy propietaria de acbapparel.com

¿Dónde estará ubicada su navegación y qué va a incluir?

Inicio, Acerca de, Galería, Distribuidores, Prensa, Contactar
Estará ubicada a la izquierda del sitio

¿Qué descripción general le gustaría tener en su sitio?

La colección de ropa de mujer de Andrea Baker ofrece una alternativa para la ropa del diario con
us diseños innovadores y tejidos ecológicos.

¿Qué palabras claves son apropiadas para su sitio?

Ecológico, moda ecológica, moda sostenible, ropa orgánica, ropa de mujer, vestidos de lino, sostenible,
diseñadora independiente, diseñadora de modas, diseñadora de eureka

Página de Inicio

¿Qué información le gustaría incluir en esta página?

Tendría las noticias más importantes, vínculos para inscribirse en listas de correo y un vínculo para
mi tienda online.

¿Qué imágenes quisiera tener en esta página?

Me gustaría incluir imágenes de mi colección, quizás las imágenes del folleto publicitario o el look book.

Estudio de Caso: Organización del Sitio Web - continuación

Página Acerca de

¿Qué información le gustaría incluir sobre su negocio?

Me gustaría incluir la misión de la empresa, acerca de la relación con Fashion Unraveled

¿Qué información quisiera proporcionar sobre usted?

Tengo que trabajar en base a crear una biografía para la web

¿Qué imágenes quisiera tener en esta página?

La foto de mi biografía

Página Contactos

¿Qué información le gustaría incluir en esta página?

Incluirá la dirección y el teléfono de mi estudio de diseño/salón de exposición y ventas, listas de
correo electrónico, ventas, información de contacto

¿Qué imágenes quisiera tener en esta página?

Una foto de Origin Design Lab

Estudio de Caso: Organización del Sitio Web - continuación

Página Vínculos

¿Qué vínculos quisiera incluir?

No pienso tener una página de vínculos

¿Qué imágenes quisiera tener en esta página?

Página- *Galería – A.C. Baker Apparel: Primavera 2010 Colección de Ropa de Mujer*

¿Qué información le gustaría incluir en esta página?

Esta página presentará la colección actual y ofrecerá vínculos para colecciones pasadas

¿Qué imágenes quisiera tener en esta página?

En esta página se incluyen todas las imágenes de mi colección en forma de Look Book

Estudio de Caso: Organización del Sitio Web - continuación

Página- *Distribuidores – A.C. Baker Apparel: Dónde puede comprar nuestras colecciones ecológicas*

¿Qué información le gustaría incluir en esta página?

Esta página tendrá las tiendas minoristas, tanto las tiendas online como los inmuebles de venta

¿Qué imágenes quisiera tener en esta página?

En esta página incluirá fotos de mi trabajo anterior o una foto de Origin Design Lab

Página- *Press – A. C. Baker Apparel: Press and Accolades*

¿Qué información le gustaría incluir en esta página?

Esta página contendrá la acogida que he tenido por parte de la prensa gracias a la línea de ropa y al resto de mis esfuerzos

¿Qué imágenes quisiera tener en esta página?

En esta página habrá una foto de nuestra grandiosa inauguración en la tienda.

Capítulo 17
Bloguear

Bloguear es muy sencillo, hasta mi padre lo está haciendo. Cualquiera puede crear un blog y comenzar a publicarse en la web con muy poco o ningún conocimiento de diseño. Algunas compañías han abandonado sus sitios web tradicionales y han comenzado a utilizar los blogs como su principal presencia en la web.

¿Por qué querría alguien escribir un blog en lugar de un sitio web? Con frecuencia, los blogs aparecen en los primeros resultados de los buscadores debido a que son actualizados regularmente. Varias compañías utilizan blogs como una forma de ofrecer actualizaciones frecuentes sobre sus productos. Aquí tienes un pequeño artículo sobre blogs, realizado por la periodista de San Francisco, y recién estrenada madre, Lorraine Sanders, en el cual explica las cuestiones fundamentales de este popular medio.

Notas:

Un Poco de Información Sobre Blogs

Por Lorraine Sanders

No piense en el blog y los medios sociales de su compañía como una serie de simples actualizaciones o un diario online. Véalos más bien como un catálogo dinámico, un experto en relaciones públicas, un profesional de identificación, un genio del mercadeo y un suceso interminable de redes que trabajan 24/7 para hacer que su voz, sus productos y su mensaje sea escuchado por el mundo. Lo mejor de todo, son gratis y están bajo tu control.

Ya sea que está documentando los ires y venires de un agitado ciclo de producción, o publicando imágenes de muestras de telas y bocetos para anunciar las próximas colecciones, o resaltando las últimas noticias y últimos eventos de su compañía, mantener un blog y utilizar las plataformas de los medios sociales tales como Facebook y Twitter le permiten mostrarle a otros blogueros, a periodistas especializados en moda, a dueños de tiendas y clientes, un aspecto de su compañía que hubiera permanecido oculto de no ser por estos medios.

La belleza de las publicaciones en blogs, en Twitter y en Facebook es que funcionan en los dos sentidos. No solo le permiten enviar su mensaje al mundo exterior, sino que también atraen personas, aumentando sus posibilidades de ser descubierto por muchas más personas.

Cuando usted escribe en blogs y utiliza los medios sociales, usted está creando una serie de caminos en constante crecimiento para que las personas lo encuentren por los resultados de búsquedas, las suscripciones de RSS, otros blogs y sus blogrolls, listas de enlaces favoritos, y a través de sus amigos y seguidores. Claro está que la creación de relaciones online no sucede de la noche a la mañana, o sin un esfuerzo constante. Pero con el tiempo descubrirá que los esfuerzos de su compañía en los blogs y los medios sociales han preparado el camino para el establecimiento de nuevas relaciones con colegas diseñadores, periodistas, compradores al detalle y clientes cotidianos.

¿Se encuentra listo para comenzar? Usted puede crear fácilmente un blog gratis utilizando plataformas como Tumblr.com, Blogger.com o WordPress.com. Si desea que su blog tenga un aspecto que esté en sintonía con el sitio web de su compañía y no sabe cómo hacerlo por su cuenta, ahórrese el problema y contrate a un profesional que lo haga por usted. No olvide buscar inspiración en otros blogs y añadir sus favoritos a su blogroll (tampoco olvide pedirles a ellos que hagan lo mismo con usted). Ya está listo para comenzar a publicar. Nos vemos en la blogosfera.

Cinco Hábitos del Bloguero Exitoso

- Publica frecuentemente.
- Utiliza medios sociales como Facebook y Twitter para aumentar sus lectores.
- Tiene un punto de vista consistente.
- Conoce el poder de una buena fotografía o imagen.
- Realiza trabajo de redes como un loco, estando online o desconectado.

Cinco Herramientas de Medios Sociales que Todo Bloguero Puede Utilizar para Aumentar sus Audiencia

- Twitter
- Facebook
- StumbleUpon
- BlogLovin'
- Blogged

¡¿Qué Significa Eso?! Definición de Palabras Raras Relacionadas con los Blogs.

Blogroll: En realidad blogroll no es más que una lista de enlaces hacia otros blogs y páginas web. Piense en esto como una lista de favoritos y amigos. Usted puede incluir cualquier sitio que desee en su blogroll, pero la mayoría de los blogueros muestran en sus blogrolls aquellos blogs que leen o desean apoyar.

Los blogrolls pueden ayudarle a aumentar su cantidad de lectores si cada vez que usted agrega un blog a su blogroll le pide a los dueños de estos que le devuelvan el favor y lo agreguen a usted.

Pinging (comunicación de paquetes por internet): Cuando su blog hace ping (se comunica) con otro sitio o servicio, simplemente le está diciendo en lenguaje informático "Oye, actualicé mi contenido." La mayoría de las plataformas de blogs tienen incorporadas las habilidades de ping y notifican a los motores de búsqueda y a los directorios de blogs cada vez que usted publica contenido nuevo.

RSS: Representación de Really Simple Syndication (Distribución Verdaderamente Sencilla). La tecnología RSS le permite a cualquiera que tenga un sitio web distribuir contenido. En pocas palabras, esto permite que sus publicaciones estén disponibles para cualquier que se suscriba a su servicio utilizando un programa como Google Reader. A cambio, usted puede utilizar estos programas para suscribirse a otros blogs. Esta es una forma sencilla y conveniente de recibir contenido de todos sus blogs favoritos en un solo lugar, en vez de tener que revisar diariamente varios sitios o montones de correos electrónicos.

Etiquetas: Las etiquetas no son más que palabras claves importantes que usted elige y agrega a sus publicaciones para ayudar a que más lectores encuentren su blog y ubiquen un contenido específico una vez en él. Las etiquetas pueden encontrarse en "nubes de etiquetas", que no es más que grupos de palabras claves. Si utiliza una etiqueta más que otra, verá cómo esa palabra clave aumenta en su nube de etiquetas en comparación con aquellas que no ha utilizado tanto. Hay sitios que monitorean y buscan en blogs, como Technorati, los cuales agrupan las publicaciones de varios blogs en grandes nubes de etiquetas según las etiquetas agregadas a cada publicación. Por ejemplo, etiqueta una publicación con la palabra "moda" y tu publicación aparecerá junto con otras que también fueron etiquetadas con esa palabra.

LORRAINE SANDERS es una escritora residente en San Francisco. También es bloguera y consultora de medios. Ella es la fundadora de SF Indie Fashion, un sitio web y recurso que cubre la gran cantidad de marcas independientes, diseñadores locales y vendedores al detalle independientes ubicados en el área de la bahía de San Francisco. Ella escribe para Glamwatch 7x7, el Chronicle de San Francisco, Daily Candy, NBC Bay Area, KQED y varios otros. La señorita Saunders es instructora de periodismo de moda a medio tiempo en la Universidad de la Academia de Artes. Ella realiza trabajo independiente como escritora y consultora de medios, además de trabajar en la creación de contenido online y estrategias de medios sociales.

www.LorraineSanders.com

Utilizando los Blogs un Poco Más

Bloguear no es solo bueno para ti, sino que también es genial ser mencionado por un blog, en especial si el blog tiene influencia sobre la industria. Los blogueros son los nuevos periodistas de la actualidad. Si un bloguero reconocido menciona o recomienda un producto, puede ser que de la noche a la mañana aumente la demanda de ese producto. ¿Cómo pudieras lograr ser mencionado en el blog de alguien? Envía tu oferta y asegúrate de que sea aplicable a su blog. Si muestran interés, es posible que soliciten un producto para analizarlo de primera mano.

Capítulo 18
Medios Sociales

Los medios sociales son varios, diferentes y siempre están en constante cambio. Para cuando esta edición esté disponible, es probable que existan varias docenas más de redes sociales. Una de las primeras redes sociales que recuerdo es Friendster. com. Este era un medio para conectarse con los amigos y los compañeros de la escuela.

En los tiempos actuales las redes sociales han cobrado vida propia. Los nombres de los sitios se han convertido en verbos activos de nuestro vocabulario. Por ejemplo, "Te voy a facebookear." Ya no utilizamos estas redes para estar en contacto con los amigos solamente, también las utilizamos para compartir noticias y promover negocios y productos. Los medios sociales te permiten llegar a posibles clientes y conectarte con otros profesionales de tu área de trabajo.

No todos los medios sociales son adecuados o relevantes para todas las industrias. Puedes pasar varias horas buscando en todas las distintas redes. Decidí no incluir todos los sitios relevantes en este momento debido a la naturaleza de los medios sociales. En un instante estás en ascenso, dos minutos después desapareciste. Los que menciono a continuación son algunos de los cuales debes conocer:

Notas:

Facebook

Muchísimas personas se encuentran aquí, incluyendo a mi padre. Aunque la mayoría de las personas conocen más las páginas individuales, las páginas de negocios pueden ser más útiles. Puedes crear una página de tu compañía y comenzar un grupo de fans. Cuando actualices el estado de tu perfil de empresa con noticias o productos, estas actualizaciones serán mostradas en las notificaciones de tus fans. Esta es una excelente forma de estar en contacto con tus clientes sin molestarlos.

También puedes anunciarte en Facebook para promocionar tu negocio o página web. Para anunciarte puedes configurar una serie de estadísticas basadas en ubicación geográfica, sexo, edad e intereses. Luego, tu anuncio es mostrado a aquellas personas que concuerdan con esas categorías. Utiliza el perfil de tu cliente para reducir las opciones. (Esto es parecido a las herramientas utilizadas para crear una campaña de publicidad con Google Adwords y Microsoft adCenter.)

Si alguna vez te has preguntado por qué aparecen en tu página determinados anuncios, ya sabes que se debe a la lista de intereses y negocios de los cuales eres fan.

Twitter

Puedes utilizar Twitter en muchas de las formas que lo haces con Facebook. Este medio te permite seguir otros negocios e incluso monitorear tu competencia. Es una excelente vía para que veas lo que otros dicen y cómo lo dicen. Se espera que los usuarios de este medio publiquen actualizaciones regularmente. También existen aplicaciones que toman tus actualizaciones de Twitter y las publican en Facebook. Ten cuidado cuando hagas esto, los usuarios de Facebook y de Twitter son distintos. Los usuarios de Twitter revisan las actualizaciones varias veces al día, mientras que los de Facebook pudieran hacerlo solo una. Los usuarios de Facebook pueden molestarse al encontrar 20 actualizaciones de estado de tu página comercial en un solo día.

Twitter es una herramienta que, a través de sus alertas, también te permitirá monitorear las menciones que se hagan de tu marca o compañía. Esta es una de las mayores diferencias entre Twitter y Facebook.

YouTube

Los videos son virales. Los videos se esparcen por nuestros mundos virtuales como virus. ¿Has visto la boda en baile y los estudiantes que cantan a Lady GaGa? ¿Cómo fue que los encontraste? Es posible que por los mensajes electrónicos o tus fuentes de medios sociales.

Crear un video para promover tus productos o tu negocio puede tener el mismo efecto viral. Ya sea que hayas contratado a un equipo de filmación o utilizado tu iPhone para crearlos, ellos son tus comerciales personales. Los videos pueden ser una gran oportunidad para tu negocio.

Planea qué es lo que quieres promocionar y escribe un guión sencillo. ¿Cuál es tu audiencia objetivo? ¿Qué mensaje quieres transmitir? ¿Dónde lo filmarás? ¿Qué es lo que utilizarás en la producción del video? Tu creación puede ser tan sencilla como una presentación en diapositivas con texto, o algo más complejo como un filme stop motion o un sketch. Examina YouTube y observa lo que otras compañías están haciendo para que determines si un video puede funcionar en tu caso.

Notas:

Perfil de Diseñadora: Colleen Quen

Desde el comienzo de sus primeras colecciones, Colleen Quen creó un fuerte lenguaje visual de belleza y arte, definiendo su propia interpretación de la moda. Quen se graduó en 1986 del Instituto de Moda de Diseño y Comercialización. Ella continuó estudios en la Escuela Simmone Sethna de Costura Francesa, aumentando su repertorio de moda refinada. Obtuvo el certificado de Costura Francesa en 1996. En el año 2000 Quen decidió abrir su propia compañía de diseño de Costura.

Los diseños de Colleen han llamado mucho la atención en los mundos del arte y de la moda. Sus vestidos han aparecido en WWD, el New York Times, Forbes y el International Herald Tribune y también han sido mostrados en America's Next Top Model y el Show de Tyra Banks. Ha vestido a Melissa Rivers en los eventos Grammy y a Tyra Banks en los premios Emmy de Nueva York. Varias de las colecciones de Colleen han sido exhibidas internacionalmente en museos y en varios diseños editoriales de revistas y documentales de PBS.

www.colleenquencouture.com

¿Cuál es tu Filosofía de Diseño?

Crear diseños que tengan un mensaje de emoción a través de mí y de lo que deseo para el mundo. Inspirar constantemente nuestro mundo con creación, belleza y armonía.

¿Qué procesos generales sigues cuando estás desarrollando una colección?

Me inspiro por mi tema o mi propósito para la colección. Por ejemplo, mi colección "Compasión": cada pieza de la colección refleja el mensaje en la tela o en la forma de la prenda que describe la emoción de la compasión. Considero que mi trabajo es como palabras de poesía. Mi trabajo transmite emoción a través del corte de mi diseño y el color y caída de mi tela.

Mis palabras se encuentran en mis Diseños.

¿Cuál consideras que ha sido el método de mercadeo más exitoso para tu negocio?

Ser verdaderamente honesta con tu trabajo, con eso tu trabajo habla y se comunica con el público. Mi mercadeo es por recomendación y de boca en boca. Creo que esta es la mejor forma de encargar mi trabajo.

¿Opinas que los medios sociales ayudan a tu negocio?

Definitivamente. Los medios ayudan a la credibilidad y hacen que tu trabajo sea visto en todo el mundo; llega a las personas de todo el mundo.

¿Cómo te acercas a los medios de prensa?

He sido afortunada de llegar a los medios a través de los eventos de mi show de modas y las exhibiciones en las que he participado. También ha sido gracias a "la boca" de mis clientes y fieles seguidores.

¿Cuál es tu obra más lograda y cómo la conseguiste?

La pieza de arte Butterfly Dream (sueño de mariposa). Fue exhibida recientemente en la MOCA de Shanghai en la Bienal de Shanghai del 2009. La curadora Victoria Lu amablemente me invitó a que participara.

¿Cuál sería tu recomendación en relación a la creación de una buena campaña de mercadeo para alguien que comienza?

Vestir tus trabajos a donde quiera que vayas. Vivir verdaderamente en tus diseños.

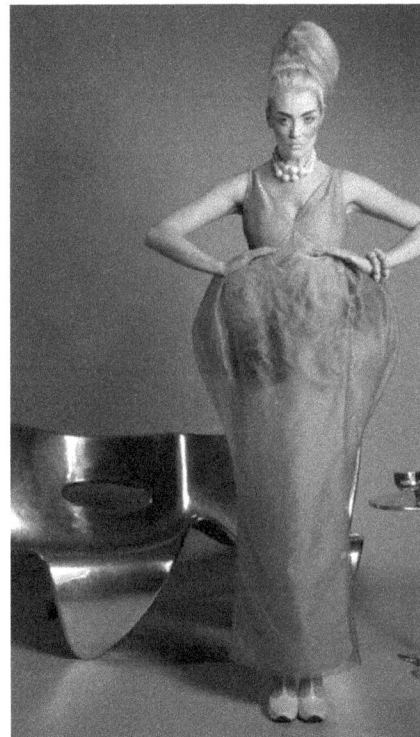

Capítulo 19
Establecer Contactos

Antes de que existieran los blogs y los medios sociales, la forma en la que se establecían los contactos era cara a cara. Establecer contactos es una de las herramientas más poderosas que puedes utilizar para hacer crecer tu negocio. La creación de nuevos contactos puede suceder en cualquier lugar, pero la forma más sencilla es unirse a un grupo. Existen grupos de creación de contactos específicos de una industria, grupos empresariales, grupos de determinado sexo, y grupos culturales. Prueba más de un grupo. Yo formo parte de dos distintos grupos de contacto: un grupo relacionado con la industria de la moda y un grupo de mujeres empresarias.

Para encontrar un grupo que sea de tu interés visita Craigslist.org o Meetup.com. Ambos sitios poseen enlaces hacia todo tipo de grupos.

Varios grupos invitan a oradores y a profesionales experimentados para conversar sobre determinados temas que pueden ser relevantes para tu negocio. Lo más probable es que durante una de esas conversaciones o reuniones conozcas a otros profesionales con los cuales puedes crear nuevas ideas, compartir recursos y obtener valiosas experiencias.

Notas:

Notas:

Yo me uní a un grupo de mujeres empresarias, el cual encontré increíblemente ingenioso; no solo respecto a los temas que se cubrían en las reuniones, sino porque me ayudó a presentarme ante mujeres de mi comunidad. Estas son personas a las que nunca hubiera tenido la oportunidad de conocer de no haber sido por el grupo. Las mujeres que conocí se han convertido en maravillosas amigas y mentoras. Han demostrado ser un grupo de apoyo confiable y útil. Algunas han llegado a participar en programas de televisión, han participado en el show de Oprah y otras han abierto nuevas empresas.

También participo en un grupo de contactos relacionado con la industria de la moda. Este grupo me ha llevado a tener varias oportunidades de presentación en los medios de prensa y a la creación de asociaciones que quizás no hubiera podido crear. El grupo no está formado solamente por diseñadores, sino también por dueños de negocios, fotógrafos, modelos, prensa y todos aquellos que tienen que ver con la moda. Los grupos de contactos crean una oportunidad de estar en el mismo nivel que las demás, seas una estudiante o una profesional.

La Presentación del Elevador

Una buena habilidad que se debe tener antes de asistir a un evento de un grupo de contactos es saber hacer tu "presentación del elevador". La presentación del elevador es una presentación de 30 segundos sobre lo que haces, por qué lo haces y por qué alguien querría conocer más de ti y de tu negocio.

¿A qué se debe ese nombre tan raro? El mismo proviene de la situación que se presenta al estar en un elevador y que te pregunten: "¿A qué te dedicas?" La mayoría de los recorridos en elevador andan por los 30 segundos, así que si el editor de "La Mejor Revista del Mundo" está en el elevador contigo y solo tienes 10 pisos para presentarte, ¿vas a dejar que esta oportunidad pase de largo y no la vas a aprovechar? Claro que no, tú quieres presentarte, entregarle una tarjeta de negocios al personaje y dejar una impresión inolvidable. ¿Crees que esto nunca te sucederá? Las oportunidades se presentan ante aquellos que están listos para aprovecharlas, por lo tanto, ¿por qué no estar preparado?

¿Qué debe tener una buena presentación de elevador? Contesta estas preguntas en la menor cantidad posible de palabras.

- ¿A qué se dedica tu negocio?
- ¿Cuál es el mercado objetivo?
- ¿Por qué es importante para tu mercado?
- ¿Cómo te distingues de los demás?

Asegúrate de preparar tu presentación según tu interlocutor. Si estás hablando con la tía de una amiga que una vez vio Project Runway, no le hables en un leguaje técnico. Esto sería apropiado solamente para cuando estés hablando con otra diseñadora y artesana.

"Yo diseño y vendo ropas para las madres que desean sentirse cómodas a la vez que cuidan el medio ambiente. Mis vestidos representan una alternativa ecologista para la población y ofrezco un incentivo de rembolso por prenda para todas mis creaciones que ya pasaron de moda."

Este fue un ejemplo ficticio, pero, ¿no estabas interesada en ese programa de rembolso de prendas? Crea una presentación

Notas:

que atraiga la atención y deje a la otra persona deseosa de obtener más información.

Siempre debes estar preparada para hacer tu presentación de elevador, sea en el mercado o en un evento del grupo de contactos. Al igual que nunca sales de tu casa sin tus llaves y la cartera, nunca salgas de casa sin tarjetas de negocios. También pudieras llevar contigo algunos volantes promocionales que estés usando, o hasta tu producto. Si puedes vestir tus creaciones, eso puede inducir conversaciones y llevar a tu presentación de elevador y a una posible venta.

Mi último consejo, si intercambian tarjetas de negocios asegúrate de hacer un seguimiento con una corta llamada o un email para dejarle saber que fue un placer conocerla y refresca brevemente la conversación que tuvieron. Las tarjetas escritas a mano también pueden ser un buen detalle. Varias personas ya no reciben correo postal tan a menudo como antes, por lo tanto una tarjeta pudiera dejar una grata impresión.

Presentación del Ascensor

¿A qué se dedica su empresa?

¿A qué mercado está dirigida?

¿Por qué es importante para su mercado?

¿Qué la diferencia del resto?

Resuma todas estas preguntas en 40 palabras o menos.

Reformule su resumen para un colega que esté familiarizado con su industria.

Reformule su resumen para un individuo que no esté familiarizado con su industria.

Reformule su resumen para un niño.

Estudio de Caso: Presentación del Ascensor

¿A qué se dedica su empresa?

Diseñamos ropa de mujer, diseños románticos y eternos que entallan de maravillas, los tejidos son ecológicos, los diseños son contemporáneos pero no demasiado modernos, todo hecho en los Estados Unidos

¿A qué mercado está dirigida?

Las clientas son mujeres entre 20 y 50 años que se preocupan por la ropa que llevan y por quién confecciona sus prendas de vestir

¿Por qué es importante para su mercado?

Las prendas se ajustan bien a la estética de diseño y no cuestan una fortuna.

¿Qué la diferencia del resto?

Lo que se menciona anteriormente

Resuma todas estas preguntas en 40 palabras o menos.

Diseñadora de ropa de mujer ecológica, romántica y eterna por naturaleza, entalla perfectamente y está confeccionada con lino de Bélgica, el textil ecológico original.

Reformule su resumen para un colega que esté familiarizado con su industria.

Diseño ropa de mujer ecológica y romántica confeccionada con un textil ecológico proveniente de Bélgica. Entalla magníficamente, la sensación y la belleza resultan halagadoras para la figura de las muchachas y es hecha en California.

Reformule su resumen para un individuo que no esté familiarizado con su industria.

Diseño ropa de mujer que tiene un sentimiento romántico y luce muy bien. Fabrico todo aquí en los Estados Unidos y utilizo telas que respetan el medio ambiente.

Reformule su resumen para un niño

Diseño ropa cómoda para mujeres para que ellas se sientan bien y luzcan bonitas.

VENTAS

Capítulo 20
Introducción a las Ventas

¿Cómo hago para ganar dinero con mi producto? No tendría sentido tener un negocio si no ganaras dinero, ¿cierto? Si llegaste hasta este punto y tu reacción es: "El dinero no es importante para mí", mi recomendación es que tomes esto como un hobby en vez de como un negocio. Los capítulos siguientes son sobre cómo vender las creaciones de aquellos que dicen: "Sí, yo quiero ganar dinero y vivir de este negocio".

Las ventas pueden dividirse en dos categorías: directas e indirectas. En otras palabras, hay algunas ventas sobre las cuales tienes control directo y hay otras sobre las que no. Comenzando con lo obvio, vender directamente a tus clientes te dará un margen de ganancia más alto. Tú funcionarías como el vendedor al detalle. Tú controlas tus ganancias, no importa si estás vendiendo online, en las ferias o tomando pedidos. En los capítulos siguientes analizo distintas formas de vender tu producto, directa e indirectamente. Antes de llegar a eso necesitamos analizar un asunto más importante – cómo venderte tú misma. Este tema fue mencionado en el

Notas:

Notas:

capítulo anterior relacionado con los grupos de contacto y tu presentación de elevador.

Venderte tú Misma

Necesitas ser capaz de venderte tú misma cuando estés lidiando con un posible cliente, sea un mayorista o un consumidor. Es importante mostrar pasión en tu producto, al igual que creer lo que estás diciendo. Pero necesitas disfrutarlo y tiene que ser evidente.

Cuando estás vendiendo un producto estás vendiendo una parte de ti misma. Tienes que venderte sin importar que estés haciendo una presentación de elevador o reuniéndote con un cliente. Tu entusiasmo se transmitirá hacia el comprador y será más probable que compre tu producto si tu personalidad se hace presente en tu venta. Conoce todos los detalles de tu producto, incluyendo las características y los beneficios.

¿Cuáles serían las razones por las cuales alguien compraría tu producto en lugar de ir a Target? La conexión personal que una persona siente hacia ti te ayuda a vender tu producto y le permite a ese comprador tomar esa conexión y traspasarla a sus clientes.

Trata a todo posible cliente como a tu mejor cliente. Ofrecer un excelente servicio al cliente puede ser una de las mejores maneras de mercadear tu negocio.

Capítulo 21
Ventas Directas

Ventas Online

Las ventas online no representan solamente una posibilidad, sino que para muchos son una necesidad. Además de tener un sitio web que aumente tu presencia, puedes configurar fácilmente una tienda online. Existen varias compañías que ayudan a promover a los artistas y diseñadores independientes a través de sus comunidades online. Etsy.com, SmashingDarling.com, ArtFire.com e IndieDesignerLabels.com son solo algunos ejemplos.

Otra opción para vender online es eBay. La perspectiva de eBay ha cambiado con el paso de los años y, a menos que estés vendiendo a precios más bajos que las temperaturas del polo sur, puedes terminar perdiendo tu tiempo si decides tomar este camino.

Amazon también ofrece oportunidades para los vendedores, pero ellos tienen ciertas restricciones en cuanto a la ropa (debes aplicar y esperar a ser aceptada después de un proceso realizado por un jurado). Para vender en este sitio puede que necesites comprar un código de barras para tus artículos.

Notas:

Si decides vender en alguno de los sitios que mencioné, estarás automáticamente bajo los esfuerzos de mercadeo de ellos. Esto puede ser lo ideal si quieres probar el mercado con mercancía de muestra o si quieres dejar tu sitio solamente como portafolio de tus colecciones y modelos.

También puedes considerar tener una tienda virtual en tu sitio web. Existen varias formas de hacer esto. Algunas compañías de hospedaje de páginas web ofrecen servicios de carritos de compra, por ejemplo Prostores.com y BigCartel.com. El costo mensual es más elevado que por el hospedaje regular pero puede valer la pena si sabes cómo generar tu propio tráfico.

Otra forma de tener una tienda en tu sitio es comprar un componente de carrito de compra previamente creado e integrarlo con tu hospedaje de sitio web normal. De esta forma mantienes un costo mensual bajo pero compraste el programa del carrito de compras por completo.

El programa de carrito de compras cuesta entre $100-$5,000, lo cual es un cargo adicional a tu pago de hospedaje de sitio web y costos de procesamiento de pagos. Puedes tener opciones dependiendo del tiempo que tengas y de la cantidad de dinero que estés dispuesta a gastar para configurar todo. Sé realista a la hora de analizar tus posibilidades de configurar y administrar tu tienda online. Si no eres conocedora de los sistemas de computadoras, te recomiendo que contrates a alguien para que lo haga por ti.

Además tendrás que configurar los procesamientos de pago para tus ventas. PayPal.com representa una opción que es aceptada en todo el mundo. Esta no es la opción menos costosa de todas las que hay disponibles, pero sí es la más sencilla de configurar.

La obvia ventaja de tener una tienda online es que tienes contacto directo con tus clientes y que recibes los pagos inmediatamente. La parte negativa es que debes mantener actualizado el inventario y enviar los pedidos tan pronto como sean recibidos. Todo esto requiere una buena cantidad de organización. Te repito, si no eres ese tipo de persona, o no puedes contratar a alguien para que lo haga, quiere decir que las ventas online no son la mejor opción para ti.

Ferias de Calle

Las ferias de calle pueden ser una buena forma de vender tu producto. Interactúas 100% con el cliente y recibes opinión inmediata sobre tu mercancía. Estas ferias son la forma más rápida de desarrollar tus habilidades de ventas. Estas habilidades te ayudarán con la presentación de tu producto en las tiendas, ante los representantes y en los medios de prensa.

La mayoría de las ciudades tienen ferias de arte y artesanía donde se ofrecen espacios para los vendedores, así como para varios de los mercados de los campesinos. Contacta con las asociaciones de tu ciudad o de tu vecindario para obtener información sobre como participar. Las tarifas pueden oscilar entre $75-$1,500 dependiendo del evento y la promoción de los organizadores.

También hay espacios de ventas en la mayoría de los festivales de jazz, ferias de vinos y eventos musicales. Ten presente que aunque en estos eventos la audiencia es variada, la mayoría de las personas espera pagar un precio no tan alto. Usa las ferias

Notas:

Notas:

de calle para vender la ropa de segunda mano y tus artículos depreciados.

Tendrás que tener preparado tu set con una tienda de 10x10, mesas, maniquíes, perchas y señalizaciones. Generalmente los espacios son 10x10.

Venta de Muestras

Una venta de muestras es un evento organizado en el cual los diseñadores venden sus muestras, ropas de segunda mano y mercancía de la temporada pasada. Estos eventos son similares a las ferias de calle en el sentido de que tienes total interacción con el cliente. Por lo general la audiencia que asiste está formada por un mercado y cliente objetivo. Los negocios que organizan estas ventas harán publicidad dedicada a un cliente específico. Esta es la razón por la cual es tan importante conocer quién es tu cliente. Tú puedes tener la mejor idea de un producto que te hará ganar millones, pero si atacas el mercado incorrecto en la venta de muestras terminarás desperdiciando tu dinero y tu tiempo. Los asistentes a estos eventos generalmente pagan un precio de entrada, así que ellos están ahí sabiendo que van a comprar. La participación en ventas de muestras puede estar en el rango de $50-$2,000. Algunos eventos de este tipo, ya bien reconocidos y de nivel, son Shecky's Million Dollar Babes y Thread. Algunas veces estos eventos son catalogados como ventas de baúl, pero esa no es la verdadera definición de una venta como esta.

Es posible que se te pida tener tus propias perchas y mesas. En las ventas de muestras el espacio es más limitado y en algunas ocasiones hay cupo para una sola percha. Por lo general estos eventos son realizados en interiores y los organizadores ofrecen algunas opciones de entretenimiento.

Ventas de Baúl

El término "venta de baúl" fue generado hace muchos años cuando los diseñadores acostumbraban a llevar un baúl lleno de diseños a una tienda y los vendían directamente a los clientes. En la actualidad, este término puede referirse a una venta directa o indirecta. Las ventas directas son cuando una boutique le ofrece a un diseñador la oportunidad de vender su mercancía en su local como una promoción, quedándose ellos con un pequeño porcentaje de la venta. Si te encuentras en la tienda haciendo la venta tú misma, la tienda no debe quedarse con más del 30% de tu venta porque tú eres la vendedora.

Si se hace indirectamente, la tienda se encargará de realizar todas las ventas y te dará el 50% del total de la venta cuando esta se ha completado. Las ventas de baúl son una buena oportunidad de expandir tu base de clientes. Tú puedes captar más público gracias a la clientela de la tienda, y es posible que al final la tienda termine comprando tus diseños si los mismos son del agrado de sus clientes.

Es posible que se te pida tener tu propia mesa o percha, aunque la mayoría de las tiendas tienen más elementos de exhibición a su disposición aparte de lo que ellos utilizan normalmente.

Fiestas en Casa

Por extraño que parezca, esto parece haberse convertido en la última moda en ventas. La idea es la misma que la de las fiestas Tupperware o de Placer.

Las fiestas Tupperware comenzaron en 1946 como uno de los primeros programas de mercadeo, en el cual las amas de casa se reunían para comprar y vender los más recientes productos

Notas:

Notas:

Tupperware. Las fiestas de Placer (también conocidas como fiestas de velas) son más recientes y comenzaron a finales de los '70 como una variante para vender juguetes íntimos y accesorios para mujeres, evitándoles la incomodidad de entrar a una tienda.

Recientemente, las fiestas en casa han surgido como una forma de vender productos que no están disponibles en tiendas o en Internet. Este es un gran concepto y recientemente ha recibido más reconocimiento por parte de la prensa. Uno de los nombres más reconocidos que ha escogido esta vía es Carol Anderson by Invitation (CABI).

Con el método de las ventas en casa, los diseñadores buscan representantes que vendan las líneas directamente desde sus casas a sus amigos y familiares y se queden con un porcentaje. Por lo general, la diseñadora requiere que el representante compre un set de muestra a precio mayorista; luego el representante toma los pedidos, recibe el dinero y el diseñador lo envía directamente al cliente o al representante para que lo entregue.

Tienda al Detalle

Abrir tu propia tienda al detalle suena como una excelente idea a simple vista. Puedes controlar la forma en que tus diseños son exhibidos, recibes opinión directa del cliente y obtienes el 100% de la ganancia. Suena muy bien, pero ¿sabes todo lo que hace falta para administrar una tienda? Una tienda representa trabajo a tiempo completo, y como estás leyendo este libro me imagino que tu plan a tiempo completo sea convertirte en diseñadora de modas. Es posible tener una tienda, pero pudieras perder tu perspectiva fácilmente y provocar que tu trabajo como diseñadora sufra si no tienes un personal que trabaje a tiempo completo para administrar y ocuparse de la tienda.

La percepción de "si la abres la gente vendrá" no es tan real como pudieras pensar. Eso solo sucede en las películas o con la ayuda de una buena firma de Relaciones Públicas. Para poder vender necesitas atraer tráfico hacia tu tienda. Si logras tener una ubicación privilegiada donde hayan muchos compradores (y puedes costear la renta de 3-5 años), entonces has resuelto el problema del tráfico, pero ¿qué pasaría con tu tiempo? Si vas a estar en la entrada de la tienda vendiendo tu mercancía, entonces ¿qué ha sucedido con tu negocio de diseño? Estas son preguntas que tienes que hacerte tú misma antes de proseguir con la idea de la tienda.

Pudiéramos escribir otro libro sobre cómo hacer que una tienda funcione, pero por ahora solo ten presente que no es tan fácil como parece y la ganancia tampoco es tan grande como piensas. Existe una razón por la cual el margen de ganancia entre venta al por mayor y venta al detalle es tan grande. Cuesta mucho administrar una tienda. Todos los gastos aumentan rápidamente, desde la mano de obra y las instalaciones hasta los muchos gastos imprevistos.

Una vez que tu negocio esté establecido entonces puedes considerar abrir una tienda, pero crear y ocuparte de tu línea de ropa ya es un trabajo a tiempo completo.

Algo que puede que hayas escuchado mucho son las tiendas repentinas. Esto es cuando una diseñadora renta un espacio comercial por un espacio de tiempo limitado y lo utiliza como tienda. Esto se ha convertido en un concepto bastante popular en las zonas comerciales donde hay varios espacios vacíos. Por

Notas:

lo general se puede negociar un arrendamiento de corto plazo por 1-6 meses si el espacio ha estado vacío por algún tiempo.

Si tienes suerte, es posible que los que rentaron el local anteriormente hayan dejado perchas y probadores. Instalarte pudiera ser fácil y no tan costoso.

Boutiques Cooperativas

Este tipo de boutique es muy popular donde existen grandes concentraciones de diseñadores independientes. Este método les ofrece a varios diseñadores la oportunidad de administrar juntos una tienda. Una verdadera cooperativa divide entre todos los miembros las responsabilidades de la tienda, incluyendo las ventas, la mercancía, el mercadeo y las finanzas. Este puede ser un buen comienzo antes de iniciar la operación de tu propia boutique.

Este tipo de boutique te da la oportunidad de experimentar qué significa tener una sin correr el riesgo de hacerlo. Esto pudiera ser algo a considerar una vez que tu línea esté en producción y hayas sobrevivido tu primera colección.

Pedidos por Correo

El negocio de pedidos por correo está muriendo con el surgimiento de los negocios por internet. Puede ser que hayas notado que estás recibiendo un solo catálogo mensual de Victoria Secret, en vez de los cuatro que recibías antes. Ni siquiera los catálogos de Ikea son enviados automáticamente. La impresión de catálogos es costosa, eso sin contar lo difícil que es dirigir tu lista de envío hacia aquellos con más probabilidades de compra. Por el contrario, las campañas de mercadeo por email son sencillas y económicas y reciben la misma aceptación, o más.

Perfil de Diseñadora: Candice Gwinn

Candice Gwinn es la dueña y directora de Trashy Diva (una boutique de ropa de mujer con 4 ubicaciones) y Truck Stop (una tienda de ropa para hombres) en Nueva Orleans. Trashy Diva lleva la etiqueta de Candice Gwinn y también presenta joyería, lencería y zapatos. www.trashydiva.com

¿Cuál es tu filosofía de diseño?

Simplemente hago lo que me gusta. REALMENTE me encanta la moda, el arte y la historia de 1890-1950, los textiles étnicos y un poco de kitsch. Me gustan las telas naturales, los estampados atrevidos, las lentejuelas y una elegante vestimenta pegada al cuerpo. Yo diseño ropa extravagante y con estilo retro divertido. ¡Siempre estoy en la interminable búsqueda del vestido perfecto que favorezca cualquier forma!

¿Cuántas piezas creas en una colección? ¿Cuántas colecciones haces al año?

Generalmente creo 5-6 piezas por grupo de tela y quizás 2-3 grupos de tela en una colección. Me gusta hacer alrededor de 4 colecciones al año, pero otoño/invierno/fiestas queda agrupado en una pequeña colección y la primavera/verano/resort dura 9 meses del año debido al clima de Nueva Orleans. Las colecciones son presentadas dos veces al año en ferias comerciales, así que para la mayoría de los compradores todo luce como 2 colecciones. ¡La coordinación es algo en lo que siempre estoy trabajando!

¿Cómo puedes balancear las ocupaciones de diseñadora y dueña de tienda? ¿Le dedicas la misma cantidad de tiempo a ambas?

Tengo 5 boutiques y un sitio web de venta al detalle, así como una línea de ropa, por lo tanto las tiendas me ocupan una GRAN parte de mi tiempo. Tengo montones de gente maravillosa que me ayuda, pero yo me encargo de las compras de los vendedores, lo cual me consume una buena parte del tiempo. Hace poco contraté a un contador para que me ayudara en las finanzas, y estoy en el proceso de contratar a alguien para que se ocupe de las actualizaciones de la página web. También tengo un hijo de 3 años, por lo tanto siempre estoy dividiéndome entre varias cosas. ¡En ocasiones he llegado a verme en la situación de encerrarme en mi estudio de diseño por varios días para poder terminar mi trabajo a tiempo!

¿Opinas que es difícil llevar la tienda y la línea de ropa?

Es difícil dividir mi tiempo entre ambas tareas, pero creo que es más fácil tener una línea de ropa y la tienda en la cual venderla. Si posees ambas cosas, entonces puedes diseñar según las verdaderas necesidades de tus clientes finales. No tengo que depender de que otras compañías me compren mis prendas para que estas sean fabricadas. Yo creo lo que MIS clientes desean.

¿Cuánto tiempo tuviste tu tienda antes de decidir lanzar tu línea?

Abrí Trashy Diva en 1996 como una tienda de ropa clásica y comencé mi primera colección de dos piezas en 1999. No fue hasta el año 2002 que Trashy Diva evolucionó hasta el punto de vender solamente mi ropa y no utilicé más lo clásico.

¿Cuándo decidiste lanzar tu línea?

Después de estar trabajando con ropa clásica por algunos años, todo se resumía a una decisión financiera. No podía encontrar vestidos clásicos de las épocas que me gustaban en buenas condiciones, que no estuvieran manchados, destruidos y que no fueran demasiado costosos. Todos mis clientes decían lo mismo. ¿Por qué comprar un vestido clásico de rayón de los años '40 en $200 para ajustarlo, utilizarlo una vez y ver cómo se rompe por las costuras mientras todavía huele a alcanfor?

Simplemente no tenía sentido tener una tienda llena de vestidos disponibles en una sola talla (¡y nunca era la talla que necesitabas!) Fue una elección bastante sencilla.

Capítulo 22
Ventas Indirectas

Las ventas indirectas son las ventas que controlan otras personas. Cuando realizas ventas al por mayor pierdes el control sobre cómo es presentada y vendida tu mercancía. Aunque al principio las ventas directas pudieran parecer la mejor opción, las ventas al por mayor e indirectas deben convertirse en tu meta. Las realizadas al por mayor son beneficiosas para ti en el sentido de que tomas los pedidos, produces lo que te piden, haces la entrega a tus vendedores al detalle y recibes el pago cuando haces la entrega. No tienes que esperar a que el cliente compre tu producto para recibir el dinero.

Las cosas no siempre salen como planeamos. Los vendedores al detalle pueden cancelar el pedido o incluso salirse del negocio antes de tu fecha de entrega, pero eso es algo que puede suceder en cualquier negocio. Convierte esos pedidos cancelados en ventas directas. ¿Cómo es que se puede obtener una cuenta de venta al por mayor? En las páginas siguientes analizo brevemente varias posibilidades para esto.

Ferias Comerciales
Existen dos grandes temporadas de ferias comerciales. La

Notas:

primera es en enero/febrero y presenta las colecciones de otoño; la segunda tiene lugar en agosto/septiembre y presenta las colecciones de primavera. A lo largo del año se celebran otras ferias comerciales, pero estas dos son las más importantes a las cuales los compradores viajan.

Mercado MÁGICO
www.magiconline.com

Las mejores ferias son las que tienen lugar en Las Vegas y reciben el nombre de Mercado MÁGICO. Para encontrar la lista de todas las ferias comerciales revisa el calendario disponible en WeConnectFashion.com (conocida anteriormente como Infomat.com). La lista en este sitio es extensa e incluye todas las ferias a nivel estatal e internacional.

Mercado MÁGICO es una feria enorme y alberga más de 20,000 líneas de productos. El 80% de los expositores en la feria son grandes diseñadores y por lo general no se presentan en otros sitios. Algunos de los mayores expositores han utilizado un presupuesto de hasta $50,000 en sus exhibiciones. Los diseñadores independientes no tienen un presupuesto tan elevado y pueden perderse fácilmente entre la multitud en un evento de esta magnitud.

Project
www.projectshow.com

Pool
www.pooltradeshow.com

Una buena idea es recorrer la feria antes de registrarse para participar en la misma y así ver si tu producto se ajustará al mercado objetivo de la feria. Lo menos que quieres hacer es invertir $10,000 en una feria que no resulta ser la correcta para ti. Durante Mercado MÁGICO tienen lugar varias ferias pequeñas de boutique, como Pool and Project, así que visítalas también.

Diez mil dólares por participación no es una cifra exagerada. El costo por un stand pequeño puede ser de hasta $5,000. Las compañías más grandes pueden pagar hasta $20,000 por los grandes espacios de exhibición. En algunas de las ferias menos reconocidas los precios pueden ser más económicos, pero pueden llegar hasta los $3,000.

Estas cifras son solamente por el espacio, aquí necesitas tener presente los costos de exhibición, transportación hacia la feria, alimentación y hospedaje. La mayoría de las administraciones de ferias no te permitirán abastecer tu stand por la puerta principal. Es posible que tengas que organizar la entrega hacia la feria y siempre habrá un costo por cada carga que se haga. Puede ser que las instalaciones (perchas y estantes) no estén incluidas en el precio de renta. Los organizadores de la feria pueden ofrecer los mismos pero a un costo adicional, o quizás quieras utilizar los tuyos mismos.

La preparación para las ferias también puede ser costosa. Material impreso, actualizaciones a sitios web, y las muestras; todo tiene que estar listo. También necesitarás contar con alguien que se ocupe del negocio mientras estás fuera de la ciudad y posiblemente que te ayude con darle seguimiento a las llamadas después que regreses.

A pesar de que todo esto suena abrumador, la posibilidad de estar presente en una feria no es algo irreal. Tómate dos temporadas para recorrer las ferias. Las ferias de otoño son distintas a las de primavera. Por lo general estas ferias duran unos tres días, así que mi consejo es que los dos primeros días los dediques a ver qué es lo que hay y el último para hablar con los vendedores. Es normal que el último día sea tranquilo y que los vendedores estén cansados. Pregúntales cómo les fue. Puede que algunos te cuenten y puede que otros no, pero no está de más probar e intentar obtener tanta información como puedas. (Una pista: quizás encuentres más competidores a los

Notas:

que seguir de cerca.)

Conversa con algunos vendedores primerizos y con otros ya experimentados. Es posible que a simple vista puedas identificar quiénes son los primerizos y los experimentados - simplemente observa sus zapatos (stilettos = primerizo; sandalias/zapatos cómodos = experimentado). Notarás que hay diferencia en sus cifras de ventas. La mayoría de los primerizos no venden tanto como aquellos que ya se han enfrentado a esto algunas veces. Esto se debe a la falta de experiencia en ventas en un ambiente de feria comercial, así como a la cautela de los compradores.

Los compradores dudan en comprarle a un vendedor que no tiene historia. Una vez que los compradores se adaptan a ver a un vendedor más de una vez se sienten más confiados y pudieran comprar una línea nueva. Estar presente continuamente a través del tiempo demuestra que la diseñadora estará en el negocio por más de una temporada. Los compradores de establecimientos de venta al detalle se encargan de atender bien a sus clientes y por lo general son clientes leales a largo plazo. Lo que menos desea un comprador es encontrar una línea o producto excelente, hacer que el cliente se enamore del mismo, querer más y luego descubrir la temporada siguiente que la diseñadora dejó el negocio.

Ya has recorrido tus ferias, has decidido cuáles son las que funcionan, ahora llegó el momento de comprometerse. Cuando estés pensando en asistir a una feria, revisa el mapa y la ubicación del stand. A veces las personas están muy cansadas como para llegar hasta la última sección, por lo tanto sé cuidadosa cuando vayas a rentar un espacio.

Si tienes la oportunidad de estar en el primer stand en una fila que esté hacia el frente, las probabilidades dicen que tendrás suficientes ventas para cubrir el costo de un stand grande. Haz que un buen vendedor te ayude (sea tu amiga, un familiar, una empleada o un cliente). Necesitas dar una buena primera impresión y el entusiasmo de alguien que esté encantado con tu producto te ayudará a vender más. Si has preparado una lista de posibles tiendas, envíales una tarjeta postal invitándolos a que visiten tu stand. Es más probable que las personas que no conocen a un vendedor lo visiten si reciben un incentivo que los atraiga a tu stand.

Un último consejo, NO PIERDAS EL CONTACTO. No estoy bromeando. Muchos vendedores no mantienen el contacto con aquellas personas que han visitado sus stands - puedes anotar estos en la columna de ventas perdidas. Acepta las tarjetas de negocios, suscripciones de email y de correo postal para que recuerdes con quiénes debes mantener el contacto. Y recuerda que los que visitan tu stand no son compradores solamente, también representantes de ventas y la prensa.

Salones de Exhibición

Un salón de exhibición es una "tienda" que almacena tus diseños para los compradores al detalle. Este tipo de local no está abierto al público y puede que su acceso sea por previa reservación. Estar presente en un salón de exhibición le permite a los compradores acceder a tu colección todo el año, a diferencia de las ferias comerciales que solo es por 3 días.

La máxima aspiración de cualquier diseñadora en una feria comercial es lograr estar presente en un salón de exhibición. Por lo general, los representantes de ventas de estos salones asisten a las ferias comerciales para encontrar la próxima marca

Notas:

Notas:

que llegue a la fama. La mayoría de los salones de exhibición no te aceptarán hasta que hayas logrado que una determinada cantidad de tiendas tengan tu colección. El espacio de los salones de exhibición representa una inversión grande. Algunos de estos salones cobran una tarifa mensual por percha (o por espacio total), además de un porciento de las ventas. La parte de los salones de exhibición puede estar entre 10%-25% de las ventas, además de la tarifa mensual. Estas tarifas y comisiones variarán y hay varios aspectos que pueden negociarse en el contrato con la administración del salón.

Los salones virtuales de exhibición se han convertido en un medio muy popular para exhibir nuevos negocios de diseñadores. Trunkt.com ofrece este servicio y atiende a los pequeños empresarios del diseño. En los últimos años Trunkt ha cambiado su perspectiva de mercado al detalle para convertirse en un salón de exhibición online. Con este servicio puedes hasta producir e imprimir muestrarios de colección personalizados.

Representantes de Terreno

Los representantes de terreno son prácticamente vendedores viajeros. Los representantes de terreno tienen una región específica para trabajar y una ruta regular de boutiques con las cuales han establecido negocios. Estos representantes llevarán muestras a las tiendas para hacer los pedidos. En algunas ocasiones, estas personas cobrarán una comisión más elevada (25%-35%) para cubrir sus gastos de viaje, pero yo sé que todavía hay representantes de terreno que cobran una comisión del 15%.

Los representantes y los salones de exhibición tienen contratos que debes firmar para trabajar con ellos. Revisa el contrato y negocio los términos de pago, exclusividad, porcientos, y duración del contrato con cada cuenta que adquieras. No firmes en la línea de puntos así no más. Siempre es bueno buscar las limitaciones geográficas.

Si estás trabajando con un representante nuevo necesitas asegurarte de estar cubierta por posibles pérdidas de tus muestras, por lo tanto sugiero que tomes un depósito de tarjeta de crédito hasta que tus muestras sean devueltas. Puedes incluir esto en un contrato preparado por ti. Utiliza tu mejor juicio para pedir esta información. Si haces esto con un salón de exhibición que lleva establecido unos 10 años, es posible que se rían de ti. Investiga y asegúrate de verificar cualquier referencia. Esto te ayudará a establecer una relación de confianza sin aparentar ser muy complicada.

Encontrar un representante puede ser una tarea difícil. En ocasiones ellos son los que te encuentran; en otras, tú eres la que debe dedicarse a la caza. Existe una nueva compañía que se dedica a poner en contacto a los representantes con las líneas de ropa y viceversa. FindFashionRep.com es una opción en la que por una suscripción mensual diseñadores y representantes pueden buscarse unos a otros.

Boutiques

Otra forma de obtener una cuenta de mayorista es ser tu propia representante y contactar directamente las boutiques. Para poder hacer esto correctamente necesitas acercarte y pedírselo a las tiendas antes de que se lancen hacia el mercado y utilicen todo su presupuesto de compra. El contacto con la tiendas necesita tener un poco de tacto. Los dueños de tiendas y los compradores están muy ocupados. Puede que lo más apropiado no sea entrar a la tienda y comenzar a presentar tu línea. Una opción es llamar con antelación, pedir el nombre y el correo

Notas:

Notas:

electrónico de la compradora y enviarle la información de tu línea; luego refrescar el contacto con una llamada telefónica una semana después. Esto también se puede hacer a través del correo postal.

No obstante, el método que yo recomiendo es visitar personalmente las boutiques locales, ver si tu producto tendrá cabida ahí y entonces pedir la tarjeta y el nombre de la compradora para que puedas contactarla posteriormente. Las compradoras trabajan constantemente, por lo tanto interrumpir su agenda puede ser frustrante para ellas y es posible que deje una mala primera impresión. (Esta es una recomendación basada en mi propia experiencia como dueña de tienda.)

Una de las ventajas de venderle directamente a una boutique es que crea una conexión personal la cual la dueña de la tienda puede llevar hasta la venta de tu producto.

Boutiques de Consignación

Otra opción muy conocida es la consignación. Aunque algunas de las diseñadoras más experimentadas se estremecen tan solo de escuchar la palabra, para una principiante este pudiera ser un buen primer paso. Consignación es el acuerdo en el cual una tienda acepta tener un producto sin pagar por él por adelantado y le paga a la diseñadora solamente cuando se realizan las ventas, por lo general mensualmente. Varias de las boutiques pequeñas ofrecerán la opción de consignación a las líneas nuevas. Este método representa un menor riesgo para la dueña de la tienda y le da a la nueva diseñadora una perspectiva sobre lo que los clientes están buscando y si la diseñadora ha atendido el mercado correcto.

Si decides utilizar esta opción, asegúrate de tener un acuerdo firmado con la tienda y un programa de pagos. Las tasas de consignación pueden variar entre 40% a 80% dependiendo de la boutique. Asegúrate de conocer primeramente cuál es el porcentaje antes de establecer tu precio. También es muy importante rotar tu mercancía regularmente.

Muchos compradores van al menos una vez al mes a la boutique a ver qué es lo que hay nuevo, por lo tanto mantener la misma mercancía en una boutique bajo concepto de consignación por más de 60 días puede provocar que tus ropas se "añejen". Por lo general las boutiques conservan la mercancía por más de 60 días, pero para ese tiempo ya están programadas para hacer espacio y recibir las nuevas mercancías. Tus productos tienen más probabilidades de ser vendidos si mantienes tu mercancía fresca y nueva todo el tiempo.

Cuando te decidas a entrar en un acuerdo de consignación, averigua quién más ha trabajado de esta forma con esa tienda y habla con esa persona. Desafortunadamente, algunas boutiques no pagan y otras pueden cerrar repentinamente y quedarse con tu mercancía. Para ti siempre habrá algo de riesgo en la consignación, pero ninguno para la tienda. Estás negociando basada solamente en el honor.

Tiendas por Departamentos

Puede que consigas un pedido de una tienda por departamentos; si es así, ten cuidado. Existen determinados costos ocultos y ciertos requerimientos que tienen que cumplir las tiendas por departamento, los cuales pueden ser verdaderamente desagradables para una diseñadora independiente. Todas las grandes tiendas piden que tu producto

Notas:

tenga código de barras. Estos códigos pueden ser comprados individualmente, o puedes comprar el sistema que los genera. Los códigos de barras individuales se encuentran entre $15 a $30 cada uno (en cambio, el sistema de código de barras está alrededor de los $800 o más). Incluso después que tengas tu código de barras, las tiendas solicitan que la mercancía esté empacada de cierta forma, en envoltura de plástico y en perchas. También son muy quisquillosos con las fechas de entregas. Si no reciben un producto en la fecha especificada pudieran rechazar tu envío, entonces te quedarías con una gran cantidad de inventario en tus manos.

Una vez que ya hayas sorteado todos los obstáculos y hayas logrado entrar a una tienda por departamentos, todavía hay otra trampa de la cual debes cuidarte: las fechas de pago. Algunas pueden pagar hasta 120 días después del recibo. Eso equivale a cuatro meses sin recibir dinero. Por supuesto, también está el asunto de las cancelaciones de cargos.

Las cancelaciones de cargos (también conocidas como Reducciones de Dinero) son una desagradable sorpresa para los primerizos en el negocio, por lo tanto debes conocer un poco sobre cómo funcionan. Digamos que vendes 1,000 artículos a un precio por mayor de $10 cada uno a Macy's y ellos subieron el precio de detallista hasta $40. 30 días después ellos reducen el precio de la prenda a $30. Macy's aun está obteniendo una ganancia de $20, pero esos $10 que redujeron lo consideran una pérdida y te hacen responsable de la mitad de esa reducción que en este caso es de $5 (la mitad de tu precio al mayoreo). Pasan 60 días más y ellos reducen el precio hasta $10 para salir de esa mercancía. La reducción es de $30 y tú sigues siendo responsable de la mitad de esa cantidad, $15. ¡Ahora pudieras estar debiéndole dinero a la tienda por la mercancía que les vendiste!

No existe forma alguna de librarse de las cancelaciones de cargos, pero sí hay ciertas formas en las cuales puedes proteger tus ganancias para que las mismas no sean desaparecidas por la tienda. Si una tienda por departamentos muestra interés en tu línea, pon un límite a sus pedidos y no pongas todos tus huevos en esa canasta. Diversifica tus canales de ventas. Asegúrate de contactar con boutiques pequeñas en las cuales no haya posibilidades de cancelaciones de cargos. Considera la mercancía que tienes en una tienda por departamento como parte de tu presupuesto de publicidad. Vender en tiendas por departamentos conlleva un riesgo elevado, pero determina cuánto quieres gastar en publicidad y limita las órdenes de estas tiendas a esa cantidad determinada.

Términos de Pagos

Necesitas ser específica con los términos de pagos entre tú y cualquiera con quien estés trabajando – sean representantes, salones de exhibiciones, o una tienda. Si eres franca con tus reglas, no debes tener ningún problema con esto. Debes pedir COD o pago por tarjeta de crédito hasta que tengas un flujo de efectivo constante o establezcas una relación con una tienda. Puedes explicarle a los representantes y a las tiendas que tienes un negocio pequeño y que no puedes esperar 30 días por el pago. Una vez que tengas listo el producto y estés preparada para enviarlo, llama a las tiendas y déjales saber que está siendo enviado y que el cobro se le está haciendo a su tarjeta de crédito.

Una vez que ya tengas establecida una relación con una tienda, lo recomendable es que cambies los términos de pagos a 30 días. Las tiendas que negocien contigo estarán agradecidas y ya no tendrán que utilizar más esas desagradables tarjetas de crédito.

Cobrando Deudas

¿Qué haces si una tienda en la cual tienes mercancía, en consignación por ejemplo, no te paga? En mi caso personal, tuve un acuerdo de consignación con una boutique que posteriormente despareció del negocio sin pagar. Una vez que fui a cambiar el inventario descubrí que la tienda había cerrado y que mi inventario había desaparecido junto con la tienda. Después me enteré que habían liquidado todo el inventario en eBay, se quedaron con el dinero y se dieron a la fuga. ¿Recibí algún dinero? No. La cantidad que perdí fue ínfima en comparación con los otros diseñadores que también tenían inventario en esa tienda. Algunos de ellos llevaron a los dueños ante la corte y arreglaron el asunto. Yo consideré que mi tiempo era más valioso que el precio de la mercancía que perdí.

¿Cómo puedes evitar caer en esta situación? No puedes evitar todo el riesgo, pero puedes tomar medidas para reducirlo. Si estás utilizando el método de consignación, revisa tu inventario cada dos o cuatro semanas. Pasa por la tienda y rota tu inventario regularmente. No te confíes - conoce a las dueñas de las tiendas e intercambia opiniones con otras diseñadoras que pudieran tener acuerdos de consignación con esas boutiques. La última opción que pudieras tener es someter la tienda a Recaudaciones o a la Corte de Pequeñas Demandas. Existen algunas agencias que harán la recaudación por ti a cambio de un porciento de la cantidad que recauden. Esto también se puede aplicar a las boutiques de consignación y las tiendas con las que tengas un acuerdo de 30 días de pago o más.

Perfil de la Diseñadora: Mallory Whitfield

Mallory Whitfield es la fundadora de Miss Malaprop, un blog/tienda online dedicado a artículos hechos a mano y ecológicos. Mallory diseña ropa y accesorios reciclados, incluyendo sayas denim reconstruidas y diseños hechos de lona reciclada de FEMA.

www.shopmissmalaprop.com

¿Cuál es tu filosofía de diseño?

La ropa que sea divertida y cómoda de vestir todos los días; que sea única y hecha lo más ecológicamente posible. Me encantan los estilos básicos pero con detalles de estilo clásico. Aprendí mi trabajo de forma autodidacta. Me considero más como una artesana que diseña ropa y accesorios, y no una verdadera diseñadora de modas.

¿Creas colecciones o diseños únicos?

Diseños únicos. Trabajo principalmente con materiales reciclados, por lo tanto, aunque creo algunos diseños que tienen un estilo o tema parecido, cada uno de ellos siempre tiene algo original. Denim es mi material favorito para trabajar. Yo creo sayas de denim mejoradas utilizando jeans que ya han pasado su mejor momento. Le añado detalles, superposiciones de encajes o appliqués, y reparo los huecos y las manchas en el denim. Me encanta llenar de vida las ropas viejas y mantener algo alejado del basurero por un poco más de tiempo.

¿Cómo das a conocer tu trabajo?

Participo en varios eventos y mercados locales, incluyendo competencias de diseño y shows de moda, siempre con la perspectiva de la moda reciclada. Todos estos eventos son geniales para generar publicidad. Tengo un blog que he mantenido desde el año 2006 y el mismo se concentra en los diseños hechos a mano y ecológicos. Utilizo este blog para promover a las diseñadoras que comparten mi pensamiento, pero también exhibo mis propios proyectos. He logrado aglutinar una gran cantidad de seguidores. También hago red de contactos con otras blogueras y diseñadoras tanto como puedo.

Recientemente dejaste de centrarte en tus diseños para comenzar a promover otras diseñadoras y artesanas. ¿Cómo surgió este cambio?

Comencé a vender mi trabajo por primera vez en el año 2004. Durante los primeros años me centré principalmente en promover mi propio trabajo. Al involucrarme cada vez más en la comunidad de artesanas independientes, comencé a ver estas pequeñas y geniales boutiques de artículos hechos a mano que estaban surgiendo por todo el país.

Cuando yo era joven, siempre soñaba con algún día ser dueña de una boutique. Comencé mi blog en el año 2006, considerando la tienda como la meta a largo plazo. Desde el primer día que Miss Malaprop vio la luz, intenté centrarme en la creación de una comunidad y una marca. En el verano del 2009 me comencé a sentir un poco frustrada... y sí consideraba que había creado una buena marca y que tenía una buena cantidad de seguidoras, pero no sentía que me acercaba a mi meta de tener mi boutique. Me he dado cuenta que sentirme realmente frustrada, por lo general me incita a la acción y decidí lanzarme a por la tienda.

Me puse en contacto con algunas diseñadoras y comencé a vender sus trabajos junto con los míos en los eventos locales. Continué añadiendo más líneas. En el otoño del 2009 contacté con el Centro de Desarrollo para Negocios Pequeños (SMDC por sus siglas en inglés). Tuve la suerte de conocer muchas personas maravillosas que me ayudaron a convertir mis ideas en realidad mediante una subvención y creé mi tienda online. Ahora sigo a toda velocidad el camino para construir mi negocio a través de la promoción de algunas artistas maravillosas.

Como bloguera y diseñadora, ¿qué consejo pudieras darles a las diseñadoras que quieren ser notadas por las blogueras?

Ponerse en contacto con las blogueras a las que les guste tu estética. Busca blogs y sitios web que muestren trabajos similares al estilo que trabajas. Envíales un mensaje cordial presentándote y presentando tu trabajo. La mayoría de las blogueras prefieren ser llamadas por su primer nombre (por favor, asegúrate de tener el nombre CORRECTO). La mayor parte de las blogueras quiere pensar que el contenido que están cubriendo es exclusivo, por lo tanto, en lugar de enviar un mensaje grupal a cada bloguera que has conocido te recomiendo que diferencies tus mensajes. Si logras crear una verdadera amistad y una conexión con una bloguera, es muy posible que ella te ayude a promover tus nuevas colecciones y los acontecimientos de tu línea.

INICIAR SU NEGOCIO

Capítulo 23

Entidad Empresarial*

Hace muchísimo tiempo, cuando se utilizaban corsés y sombreros de copa, lo único que tenías que hacer para atraer clientes a tu negocio era colgar una placa afuera de tu casa y ya estabas lista. En aquel tiempo podías gastar las ganancias de tu negocio según te pareciera y los comprobantes empresariales se guardaban en una caja de sombreros bajo la cama. En la actualidad, únicamente alguien muy tonto continuaría haciendo lo mismo. Hay varios ojos velando de dónde provienen tus ganancias: IRS, departamentos de impuestos de ventas estatales, posibles inversionistas o socios, prestamistas, etc. Existen ciertas formalidades que deben cumplirse para tener un negocio exitoso y muchas de ellas se relacionan directamente con la estructura formal de tu empresa. Por lo tanto, antes de entrar en acción necesitas pensar primeramente en la estructura de tu negocio.

Propiedad Unipersonal

Si no haces nada respecto a la creación de tu negocio, te conviertes por defecto en una propietaria unipersonal.

Notas:

Este Capítulo 23 se centrará en las cuestiones críticas relacionadas con la estructura legal de su negocio y el tipo de impuesto sobre la renta que desea aplicar en virtud de esa estructura. Por la estructura formal me refiero a si vas a hacer negocios (y mantener los activos de su negocio) como una empresa unipersonal, sociedad, corporación (corporaciones C y S), sociedades de responsabilidad limitada (LLC) o una de las otras estructuras legales aprobados en su estado . Un negocio de la moda podría estructurarse bajo cualquier forma jurídica, sin embargo, cada forma jurídica - también llamada entidad de negocios - se trata un poco diferente de las otras, bajo la ley del contrato del Estado y leyes estatales y federales sobre la renta. El propósito de este Capítulo será el de ilustrar las diferencias entre cada unidad de negocios para ayudarle a seleccionar la entidad más adecuada para cumplir con sus metas a largo plazo personales y comerciales a largo plazo

Bajo este tipo de negocio, el gobierno y los acreditadores de tu empresa te verán a ti y a la empresa como una sola entidad. Tus recursos personales serán considerados como los recursos de la empresa y las responsabilidades de la empresa serán tratadas como tuyas solamente. Si alguna vez hiciste de niñera, o cortaste el césped a cambio de un poco de dinero, técnicamente operaste como propietaria unipersonal, aunque posiblemente operaste al margen de las leyes del impuesto sobre la renta. Cuando tu propiedad unipersonal compra inventario, firma un acuerdo o un arrendamiento, esas obligaciones son obligaciones personales. Cuando obtienes una licencia comercial o compras un equipo para ser utilizado en la propiedad unipersonal, la licencia y el título de propiedad están a nombre del dueño, no de la empresa.

Las propiedades unipersonales son consideradas como "entidades de flujo directo". Esto significa que toda la ganancia aplicable para impuesto generada por el negocio fluye directamente hacia la dueña (o las dueñas). Esto quiere decir que la dueña informa su parte de ganancias comerciales (o pérdidas) en su formulario 1040. Este no será siempre el caso con otras estructuras de negocios en las cuales estos tienen que pagar sus propios impuestos sobre la renta.

Las dueñas de las propiedades unipersonales no reciben un salario porque ellas no son empleadas. Ellas son el negocio. En pocas palabras, el dinero de la empresa es de ellas. Se puede extraer efectivo y ser utilizado para pagar los gastos personales de la dueña (por ejemplo: un Starbucks en la mañana) sin tener que procesar un cheque de nómina. No hay retenciones, pero por lo general la dueña tendrá que reportar y completar formularios de impuestos de empleo autónomo.

Los propietarios unipersonales que están empleados mientras comienzan su negocio incluirán las ganancias de su negocio en su formulario 1040 de impuestos sobre la renta, inciso C. En cualquier nuevo negocio donde los gastos son mayores que las ganancias, es común que al dueño se le permita aplicar algunas o todas las pérdidas netas del negocio como una deducción. Debes comprender que la cantidad de las pérdidas que pudiera ser deducible puede ser limitada. Por ejemplo, aquellas personas que exhiben pérdidas constantes durante siete años consecutivos, el IRS les puede deshabilitar todas sus deducciones anteriores y considerar el negocio como un hobby. No se permiten deducciones por pérdidas provocadas por un hobby.

Notas:

Ejemplo de Organigrama - Propiedad Unipersonal

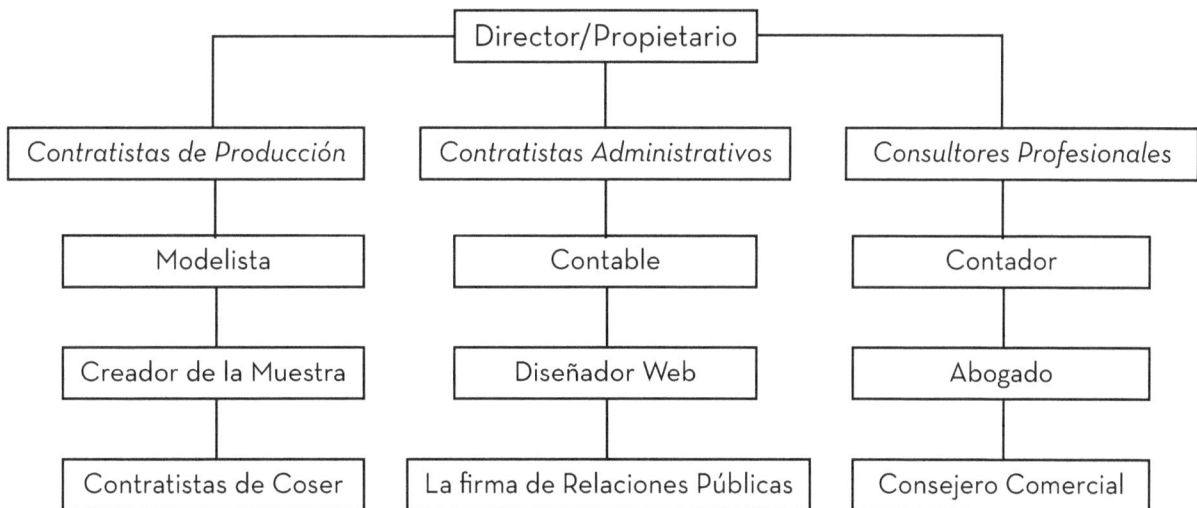

```
                        Director/Propietario
        ┌───────────────────────┼───────────────────────┐
Contratistas de Producción   Contratistas Administrativos   Consultores Profesionales
        │                       │                       │
     Modelista                Contable                 Contador
        │                       │                       │
 Creador de la Muestra      Diseñador Web              Abogado
        │                       │                       │
 Contratistas de Coser   La firma de Relaciones Públicas   Consejero Comercial
```

Notas:

El método de propietario unipersonal puede ser la forma más sencilla de manejar un negocio pequeño, pero mientras el mismo va creciendo van surgiendo ciertas complicaciones con la operación del mismo. Cuando se presenta la necesidad de establecer una línea de crédito empresarial con un banco, existe la concepción generalizada entre estas instituciones de que un negocio registrado como SRL o como corporación representa un riesgo de crédito menor que un propietario unipersonal. Por esta razón, varios dueños de negocios pequeños que pudieran operar como una propiedad unipersonal eligen operar bajo una de las formas anteriormente mencionadas, ya sea SRL o corporación.

Sociedades Colectivas

Cuando dos personas trabajan juntas en un mismo proyecto comercial significa que han creado una sociedad. Por lo tanto, una sociedad es muy parecida al propietario unipersonal, excepto que en vez de uno hay dos dueños. Por lo general, ambos dueños poseen los mismos derechos sobre el funcionamiento de la sociedad y comparten la misma responsabilidad por los pagos y deudas. La mayoría de las personas establecen quién se encarga de qué en un acuerdo legal de sociedad.

Las leyes relacionadas con lo que una sociedad puede y no puede hacer están reguladas por la legislación estatal, cumpliendo la mayoría de los estados con las estipulaciones del Acta Uniforme de Sociedades (UPA por sus siglas en inglés). Se debe tener presente que varios estados no solicitan que las sociedades estén registradas estatalmente, aunque la mayoría de los estados sí permiten este tipo de registro. Este registro informa al público (por ejemplo, posibles vendedores), entre otras cosas, sobre quién es el dueño del negocio y quién puede representar a la entidad en un contrato.

Sin un acuerdo legal firmado ante un abogado, la mayoría de los desacuerdos sobre asuntos de administración y bienes de la sociedad terminan resolviéndose en la corte. La mayoría de los socios que son serios con el negocio firman un acuerdo de sociedad en el cual determinan los términos generales de su relación de negocios.

En las sociedades colectivas los socios se reparten

Notas:

Ejemplo de Organigrama - General Partnership

Socio/Propietario	Socio/Propietario

Contratistas de Producción	Contratistas Administrativos	Consultores Profesionales
Modelista	Contable	Contador
Creador de la Muestra	Diseñador Web	Abogado
Contratistas de Coser	La firma de Relaciones Públicas	Consejero Comercial

la administración de la sociedad, las ganancias y las responsabilidades a través de un acuerdo. Sin la realización de un acuerdo, las responsabilidades personales pueden relacionarse con el negocio, así como con cada socio. No debes escribir tu acuerdo de sociedad o descargar uno cualquiera de internet sin antes consultarlo con un abogado. Es muy probable

Notas:

que tu abogado recomiende que el mismo sea modificado para cumplir con las leyes de tu estado.

Ahora veamos la pregunta más importante de un acuerdo de sociedad: "¿Cuándo termina?" Si tienes un acuerdo de sociedad bien elaborado, las respuestas estarán ahí. Esto quiere decir que antes de escribir el acuerdo de sociedad tienes que acordar con tu socia lo que habrá de ser incluido en el mismo. ¿Qué pasará con la sociedad si hay una muerte, discapacidad o pérdida de interés por parte de uno de los socios? Tendrán que analizar qué pasará con el negocio, los bienes y las responsabilidades cuando la sociedad llegue a su fin.

Sociedades Limitadas

Analicemos bien las diferencias entre una sociedad colectiva y una sociedad limitada. Una sociedad colectiva existe cuando

Ejemplo de Organigrama - Sociedades Limitadas

Socio/Propietario	Sociedades Limitadas

Contratistas de Producción	Contratistas Administrativos	Consultores Profesionales
Modelista	Contable	Contador
Creador de la Muestra	Diseñador Web	Abogado
Contratistas de Coser	La firma de Relaciones Públicas	Consejero Comercial

los socios comparten la administración y las responsabilidades. Algunas veces existe el impulso de que todas las responsabilidades y la administración recaigan sobre un solo socio. Aquí es donde se presenta la opción de una sociedad limitada.

El socio general de una sociedad limitada – debe haber al menos un socio general – es la parte que administra el negocio y asume todas las responsabilidades. Si el negocio va mal y desaparece, el socio limitado pierde solamente lo que él o ella invirtió. El tipo de relación exacta entre el socio general y el socio limitado será descrita detalladamente en el acuerdo de sociedad limitada. A diferencia de lo que sucede con las sociedades colectivas, la mayoría de los estados sí solicitan que las sociedades limitadas estén registradas. Podrás ver algunas sociedades limitadas en la industria de la moda, pero la tendencia parece moverse hacia las CRL, SRL y entidades similares con distintas clases de dueños.

Impuestos en las Sociedades*

Los contadores públicos con los cuales he conversado sobre los pros y los contras de las distintas estructuras de negocios concuerdan en un aspecto, "los impuestos en las sociedades es uno de los aspectos más complicados en el Código de Impuestos de los Estados Unidos." Habría que preparar un libro mucho más grueso que este para ofrecer una visión detallada de las leyes y regulaciones relacionadas con los impuestos en las sociedades, el cual estoy convencida de que utilizarías más para avivar un fuego que como lectura de noche. En este breve espacio ofreceré información general sobre los impuestos en

Notas:

*Una sociedad puede optar por pagar impuestos como una corporación o una sociedad. Voy a suponer para el resto de mi exposición en la asociación los impuestos que la elección se hizo para seguir las normas de imposición de asociación.

Notas:

las sociedades.

Entidad de Flujo Directo: Una sociedad es considerada como una entidad de "flujo directo" cuando las ganancias obtenidas a nivel de sociedad fluyen directamente y son aplicadas a los impuestos individuales de los socios. Esto quiere decir que una sociedad no paga impuestos sobre la renta, aunque sí debe reportar anualmente al IRS sus ganancias, ingresos y gastos. Ese reporte también se relacionará con cómo se les aplicarán los impuestos a los socios sobre esas ganancias. El acuerdo de sociedad puede especificar que las ganancias son repartidas equitativamente, o puede ofrecer distintos porcientos a ser repartidos a cada socio. Los socios incluirán su parte de ganancias o pérdidas en sus formularios personales, similar a lo que hace un propietario unipersonal.

Cobros: Los socios no reciben cheques de pagos, ellos realizan "cobros". La diferencia es que cuando la sociedad emite un cheque a un empleado, esa cantidad está a sujeta inmediatamente a la aplicación de impuestos personales del empleado. Los cobros de efectivo que los socios reciben por parte de la sociedad no requieren retenciones o pagos de impuestos FICA, al contrario de los cheques de pagos. Los socios pagan impuestos sobre las ganancias al final del año. Al igual que un propietario unipersonal, el socio paga impuestos de empleo por cuenta propia. El total de impuestos puede ser depositado en pagos trimestrales con el IRS.

Cuentas Capitales: Cada socio posee una cuenta capital la cual se determina según la cantidad del capital que él o ella aportó – efectivo, inventario, materias primas o equipamiento – en la sociedad, además de su parte de las ganancias anuales, menos la cantidad total de sus cobros. En teoría, cuando un socio se aparta de la sociedad tiene el derecho de recibir el valor de su cuenta capital – sin incluir cualquier fondo de comercio.

Quizás necesite dedicar un momento a ayudarte a comprender la diferencia entre capital y fondo de comercio. Conocer la diferencia debe ser importante para cualquier dueño de negocio. El fondo de comercio puede llegar a ser mucho más que el capital. Este fondo es el "valor" de una organización como Starbucks, la cual tiene una reputación internacional. Como marca, Starbucks tiene un valor mayor que simplemente el efectivo y las propiedades que posee. Ese fondo de comercio es reconocido por los inversionistas y se refleja en el valor de las acciones de Starbucks. Es más que el total del capital que Starbucks posee como bienes del negocio. De forma similar, una sociedad en la industria de la moda que desarrolla una marca reconocida a nivel nacional tiene un valor mayor que la acumulación de efectivo de la sociedad y los bienes comerciales de la misma. Este valor aumentado no es algo tangible pero puede ser vendido como su fondo de comercio.

Es importante conocer las diferencias por esta razón. Si eres una socia que ha sido expulsada en el momento en que la sociedad está comenzando a ganar un poco de dinero, es probable que quieras asegurarte de que el acuerdo de sociedad especifique cómo repartirán ese valor de fondo de comercio. No debes conformarte solamente con tu cuenta capital.

No hace falta decir que debes conocer a la persona con la cual

Notas:

estarás estableciendo la sociedad. Pueden surgir diferencias personales y malinterpretaciones cuando estén trabajando bajo presión para cumplir con una fecha de entrega. Esto puede conducir a una circunstancia agravante que con el paso del tiempo pudiera destruir un negocio. Recuerda, si un socio toma decisiones que no son beneficiosas para el negocio, la otra parte pudiera terminar encontrándose en un apuro como consecuencia de esas decisiones.

Consorcios

Las personas que trabajan juntas pueden describir su negocio como un consorcio, pero es probable que sea una sociedad colectiva. Los "consorcios" son asociaciones temporales establecidas para lograr un proyecto específico (por ejemplo, un show de modas único). Al terminar el proyecto, el consorcio llega a su fin; por lo tanto es una forma especializada de sociedad. Un consorcio puede ser una sociedad colectiva o limitada. Estas organizaciones sí necesitan un acuerdo por escrito que detalle la forma en la cual funcionará el negocio y qué sucederá cuando el mismo termine. No entraré en más detalles, solo mencionar que por lo general un consorcio no es un tipo de asociación adecuada para un negocio de modas porque la mayoría de este tipo de negocios está diseñado para crecer y permanecer en el mercado por un espacio de tiempo indeterminado.

Compañía de Responsabilidad Limitada (CRL)

Este es un concepto de negocios relativamente nuevo que fue creado hace aproximadamente unos 15 años como una vía para que los profesionales tomaran ventaja de los beneficios de la protección de responsabilidad corporativa, sin estar sujetos a estrictas reglas de impuestos que aplican para las corporaciones. Mis opiniones generales sobre las CRL también aplican para las SRL (sociedades de responsabilidad limitada), y otras entidades de categorías similares. El uso de este tipo de entidades está aumentando y se está convirtiendo rápidamente en el tipo de sociedad elegida por la mayoría de los negocios nuevos. La razón para este crecimiento es la flexibilidad en su estructura y un diverso rango de necesidades para los dueños y los inversionistas. El último negocio que establecí fue una CRL, siendo yo la única miembro del mismo.

Los dueños de una CRL reciben el nombre de "miembros". Cada CRL tiene miembros administrativos que son responsables por las operaciones de la compañía. Los dueños de negocios eligen la CRL para obtener protección de responsabilidad personal de los miembros que pudieran surgir en el futuro (en situaciones de funcionamiento del negocio o por la metida de pata de otro miembro). En una CRL ninguno

Notas:

Ejemplo de Organigrama - Compañía de Responsabilidad Limitada

de los miembros es teóricamente responsable por la deuda del negocio. Sin embargo, debes comprender que la mayoría de los bancos y muchos de los vendedores que dan crédito a las CRL pueden solicitar que uno o más de los miembros sean responsables personalmente por la deuda. Por lo general, las CRL ofrecen a sus miembros protección de responsabilidad de las actividades relacionadas con la empresa - como las demandas por caídas. Otra razón para la popularidad de una CRL es que el acuerdo de administración de la misma le puede ofrecer una gran flexibilidad en la forma en que se asignan y distribuyen las ganancias y la propiedad de la empresa. Varios estados permiten que un solo miembro administrativo sea el dueño de una CRL; sin embargo en algunos estados pueden existir ciertas restricciones.

Aplicación de Impuestos a una CRL

Las CRL, a excepción de las CRL de un solo miembro, por lo general pagan sus impuestos como una sociedad a menos que hayan elegido que se les apliquen como una corporación. Esta elección es hecha cuando es formada la CRL al completar el formulario 8832. Es común que las CRL deban emitir reportes anuales y pagar ciertas tarifas anuales para mantener ese estatus.

Corporaciones

Las corporaciones son distintas a cualquier otra estructura de negocios. Aunque la cantidad de CRL está creciendo, este sistema ha estado en funcionamiento por muchos años y el mismo es utilizado por la mayoría de las empresas que operan actualmente. La razón fundamental para la creación de una corporación es crear una entidad distinta bajo la ley. Los intereses se pueden comprar y vender sin que esto tenga un impacto sobre el funcionamiento del negocio. Los dueños de este tipo de negocio reciben el nombre de "accionistas". Los agentes de la corporación operan la empresa y pueden realizar contratos.

En una corporación la entidad es dueña de la propiedad y está a cargo de sus responsabilidades comerciales. Establecer una corporación es más complicado que una CRL y también es más costosa de mantener. Existen rigurosos registros de contabilidad y requerimientos de reportes gubernamentales. Como no es necesario que la corporación sea dirigida por sus dueños, los accionistas eligen una junta que contrata a un personal que administre la empresa. Los agentes son contratados bajo un acuerdo de empleo en el cual se especifican las responsabilidades y deberes de los mismos.

Las corporaciones pagan sus propios impuestos a menos que

Notas:

Ejemplo de Organigrama - Corporaciones

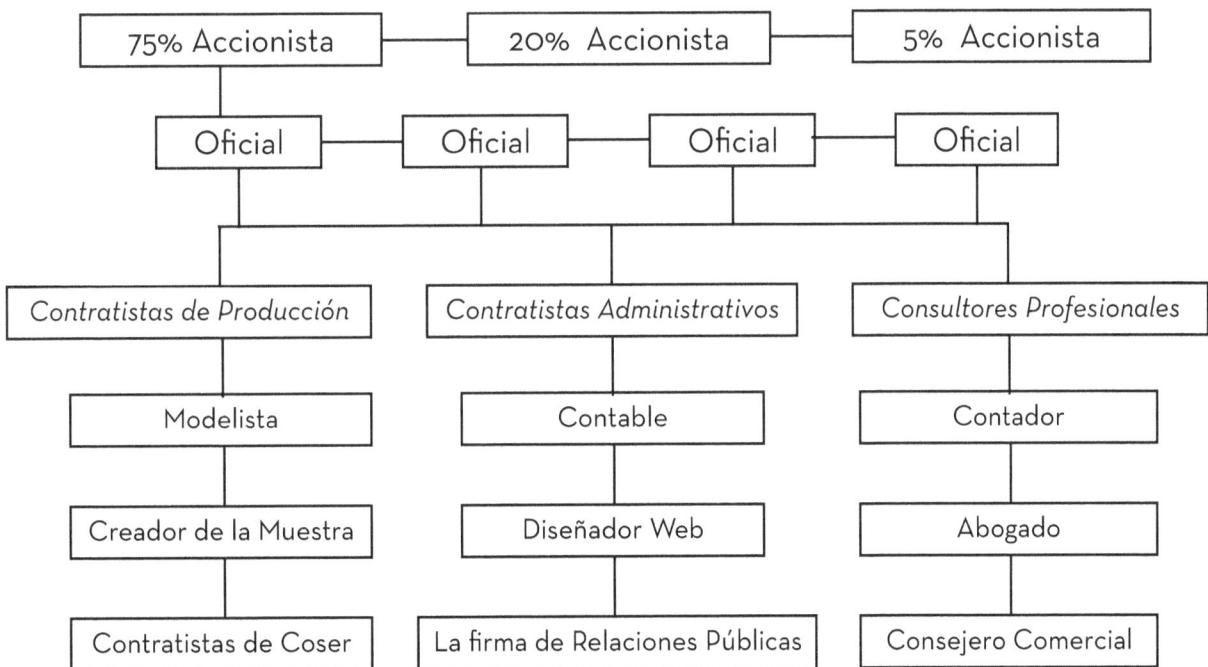

75% Accionista	20% Accionista	5% Accionista

Oficial	Oficial	Oficial	Oficial

Contratistas de Producción	Contratistas Administrativos	Consultores Profesionales
Modelista	Contable	Contador
Creador de la Muestra	Diseñador Web	Abogado
Contratistas de Coser	La firma de Relaciones Públicas	Consejero Comercial

se elija ser considerada una corporación S. En la elección de corporación S, la misma no paga impuestos sino que es una entidad de flujo directo. Las ganancias de la empresa fluyen directamente hacia los accionistas. En una corporación S se aplican impuestos a las ganancias de los accionistas sin importar si las mismas son pagadas en efectivo. Los accionistas de una corporación sin la elección S (también conocidas como "corporación C") que trabajan en la empresa reciben salarios. Al terminar el año, la corporación C paga sus impuestos en base a sus ganancias. Esta es la razón por la cual la mayoría de los negocios realizan la elección S. Por lo general, las tasas de impuestos de una corporación C son mayores que las individuales durante los años de formación de la empresa. Una elección S puede traer como resultado un pago menor en los impuestos sobre la renta. El Código Tributario impone reglas muy estrictas sobre las corporaciones S. La violación de una de esas reglas trae como resultado penalidades. Uno de los requerimientos es que las ganancias sean distribuidas según la tenencia de acciones. Si el dueño del 1% de la empresa realiza el 99% del trabajo, él solo recibirá el 1% de las ganancias; por otro lado, esta persona recibirá salarios que compensen la diferencia.

La mayoría de los negocios pequeños que se suman al mercado aplican la elección del subcapítulo S, aunque cada vez más y más de ellos están buscando los beneficios de operar como una CRL, la cual permite un tratamiento similar de las ganancias.

Si te estás halando los pelos, o ya te los halaste todos, no te preocupes que yo estoy igual que tú. Escribir sobre este asunto es tan estresante como leerlo.

Entidad Comercial

¿Quién será el propietario o los propietarios?

En caso de haber más de un propietario, ¿será una asociación igualitaria?

¿Qué van a aportar los propietarios al negocio? ¿Tiempo? ¿Dinero? ¿Experiencia?

¿Va a solicitar a terceros, familia o inversionistas, que proporcionen el efectivo, el inventario o los equipos necesario para poner en marcha su negocio?

¿Estos individuos deberán considerarse inversionistas con propiedad en el negocio o prestamistas quedando usted como única persona responsable por cumplir con el pago de dicha obligación?

En caso de comience este negocio por su cuenta, ¿tiene planes de asociarse con alguien al paso del tiempo?

¿Cambiará esa decisión su entidad comercial una vez que el socio se una al negocio?

[Nota: un cambio en la forma puede requerir nuevos contratos, arrendamientos y acuerdos]

Estudio de Caso: Entidad Comercial

¿Quién será el propietario o los propietarios?
Solo yo: Andrea C. Baker

En caso de haber más de un propietario, ¿será una asociación igualitaria?
No disponible

¿Qué van a aportar los propietarios al negocio? ¿Tiempo? ¿Dinero? ¿Experiencia?
No disponible

¿Va a solicitar a terceros, familia o inversionistas, que proporcionen el efectivo, el inventario o los equipos necesario para poner en marcha su negocio?
No, pero voy a utilizar los equipos que se compraron para el estudio/tienda del cual soy copropietaria.

¿Estos individuos deberán considerarse inversionistas con propiedad en el negocio o prestamistas quedando usted como única persona responsable por cumplir con el pago de dicha obligación?
No disponible

En caso de comience este negocio por su cuenta, ¿tiene planes de asociarse con alguien al paso del tiempo?
No, eventualmente voy a contratar a mis hijos como empleados y espero que ellos se encarguen de todo pero no tengo planes de asociarme con ellos.

¿Cambiará esa decisión su entidad comercial una vez que el socio se una al negocio?
[Nota: un cambio en la forma puede requerir nuevos contratos, arrendamientos y acuerdos]

No disponible

Seleccionando un Consejero Legal

La formación de una empresa en cualquier formato que no sea la propiedad unipersonal, es algo que no debes hacer por tu propia cuenta al menos en la primera ocasión, y posiblemente tampoco en la segunda. Tarde o temprano puede suceder algo que te obligue a buscar algún tipo de consejo legal "confiable". Cuando esto suceda, deberás trabajar con un abogado que conozca algo sobre ti y tu negocio.

Necesitas determinar si el abogado que estás considerando contratar será la persona correcta para este trabajo. Esta persona te estará guiando a través del proceso de iniciación de tu negocio. Busca un abogado fiscal que esté contigo mientras tu empresa crece. No debes dar por sentado que todos los abogados están igual de preparados en todas las áreas legales. Deberás tener un abogado que se especialice en los trabajos con una empresa pequeña que está comenzando y preferiblemente que tenga una maestría en impuestos. En resumen, no debes estar hablando sobre impuestos y estructuras fiscales con una abogada especializada en divorcios aunque ella sea la esposa de tu instructor de yoga.

Entrevista telefónicamente a esa abogada que estás considerando contratar. Investiga sobre su trabajo y pregunta cómo es su sistema de costos. Si prefieres encontrarte en persona, solicita que el primer encuentro entre ustedes sea esa entrevista para que puedas conocer el tipo de trabajo que hace y cuánto te costará. La mayoría de los abogados empresariales aceptarán reunirse y conversar por media hora aproximadamente sin ningún costo para ver si hay algún interés mutuo. Los abogados que trabajan con dueños de negocios tienden a tener una relación duradera, por lo tanto echar

Notes:

a andar tu negocio será solo el primer paso en tu relación. Lo más importante aquí es saber cómo serás tratada por la abogada antes de que la contrates. Piensa en esto como una primera cita pero con una abogada, no con el Príncipe Encantador.

Una vez que ya hayas tomado la decisión en relación a tu entidad comercial, tu abogada te guiará a través de la formalización de la misma según las leyes de tu estado. Tu abogada preparará algunos formularios básicos para la regularización de tu empresa, presentará los documentos necesarios ante las organizaciones federales, estatales y locales, y lo más probable es que te indique que converses con una contadora. Sí, también deberás consultar con una contadora cuando comiences tu negocio. La función de la contadora será guiarte a través de los procesos prácticos sobre cómo mantener un registro de todas tus transacciones comerciales. Hablaremos más sobre los registros de contabilidad en el Capítulo 33.

Antes de visitar un bufete para cualquier asunto que quieras tratar, escribe tus objetivos de la reunión incluyendo todas las preguntas que puedas tener. Cuando estés en la oficina de tu abogada, olvídate de a dónde se fue de vacaciones el año pasado o lo saludables que están sus hurones domésticos. Habla solo de negocios y haz tus preguntas. La mayoría de los abogados cobran por períodos de quince minutos, por lo tanto, si te tomas 40 minutos para analizar un asunto, te cobrarán tres cuartos de hora. ¡Pasar 40 minutos hablando sobre los hábitos de sus mascotas te va a costar lo mismo! Lo más probable es que pagues $200 por hora, así que ponerte al día sobre esos hurones domésticos te costará unos $150.

Anota todo lo que conversen. Si no comprendes el tema del que hablaron pide una mejor explicación. Tú no eres responsable de tener que comprender el lenguaje técnico; en cambio, la responsabilidad de la abogada es explicar las cosas de una forma que puedan ser comprendidas por el cliente. Nunca dejes que la abogada te intimide. Si te sientes intimidada, levántate y vete. Recuerda, tú estás comprando el asesoramiento de esta persona y si él o ella no puede ofrecer una respuesta comprensible sin intimidarte, busca en otro sitio.

Yo he trabajado con varios abogados y gracias a que mi padre nos presentó, ahora cuento con uno de los mejores abogados comerciales y fiscales del país. Cada vez aprendo más con el paso del tiempo, y para serte sincera, hay algunas cuestiones legales que ya puedo hacer sin un abogado, pero sé cuáles son los límites de mi conocimiento. He aprendido que no se puede escatimar a la hora de obtener un buen asesoramiento legal.

Estableciendo Tu Negocio

Estoy convencida de que a esta altura ya has buscado en internet algunas de las cuestiones analizadas aquí para ver si encuentras algunos servicios de bajo costo que te ayuden en el proceso de establecer tu entidad legalmente. Si no lo hubieras hecho entonces no serías una empresaria. Existen varios sitios en internet anunciando sus servicios legales o para legales ofreciendo ayudarte con precios económicos. Algunos hacen un trabajo aceptable a bueno, pero la mayoría ofrecen formularios y acuerdos generales que quizás no te protejan como tú quieres. Visita a un abogado competente y comienza como se debe. Si estás bien preparada, la parte legal no te debe costar mucho más que las opciones anunciadas en internet y sabrás que tu entidad ha sido establecida

Notes:

correctamente. Esto quiere decir que estarás preparada legalmente para hacer negocios en tu estado y no tendrás que preocuparte en el futuro por penalidades cuando descubras que tu asesor por internet se olvidó de decirte que debías hacer algo en la ciudad donde tienes tu empresa. Si al final decides hacer todo este proceso legal por tu cuenta, asegúrate de comprobar cualquier servicio que contrates con la representación local del Better Business Bureau.

Comparación entre Entidades Comerciales

Propietario Objetivos	Propiedad unipersonal-Asociación	Sociedad de responsabilidad limitada (gravada como asociación)	Corporación C	Corporación S
Trabajador único	Una opción posible; El propietario no recibe cheques de sueldo; Se pagan impuestos trimestralmente	Una opción posible; el propietario puede emitir cheques de sueldo para sí mismo; El propietario puede hacer un sorteo; Los sorteos están sujetos a los impuestos sobre trabajo por cuenta propia	No se recomienda; Las ganancias deben pagarse como parte de los salarios	Una opción posible; paga un salario bajo cuando hay ganancias disponibles, Las ganancias pueden tomarse como distribuciones a fin de año
Aporta equipos, inventario y efectivo para poner en marcha el negocio	El propietario y la empresa son la misma persona	Las sociedades de responsabilidad limitada que tienen un solo dueño son permitidas en la mayoría de los estados y se pueden aportar bienes raíces para iniciar un negocio sin impuestos	Para aportar efectivo o inmuebles a una corporación es necesario informarlo a efecto de los impuestos; el inmueble se convierte en propiedad de la corporación	Igual que una Corporación C
Usted tiene planes de asociarse con alguien más adelante; El socio puede o no tener capital para aportar	No se permite tener ningún socio bajo una propiedad unipersonal; 2 o más formarían una asociación y esto crearía una nueva entidad	Formato más apropiado para incluir a otro propietario; ES posible tener diferentes tipos de propiedad con distintos derechos.	No se recomienda; Igualdad de derechos para todos los accionistas; Pueden tener distintos derechos; La negociación es costosa.	Igual que una Corporación C; Restricciones en cuanto a la cantidad de accionistas y todos los accionistas tienen que tener derechos
Puede perder su inversión inicial durante el primer año y tendrá otro empleo hasta que comience a ganar dinero	No es un problema para la propiedad unipersonal; Cualquier pérdida será compensada contra otra ganancia.	No es un problema para las sociedades de responsabilidad limitada; Las pérdidas fluyen hasta el propietario como una propiedad unipersonal y se compensa contra otra ganancia.	Generalmente la pérdida no es deducible porque ocurre a nivel corporativo	No es un problema para una corporación S; Las ganancias y las pérdidas fluyen hasta los accionistas en proporción con la cantidad de acciones que poseen
Venda el negocio en el transcurso de 10 años y entrégueselo al comprador para que lo administre	No es la mejor opción; Puede ser difícil decidir exactamente lo que se va a vender	Una solución apropiada	El asunto de los impuestos puede ser desastroso para una organización constituida como una Corporación C; por lo tanto, no es una buena solución	Por lo general las corporaciones S trabajan sin muchos problemas; el sistema tributario es similar al de una sociedad de responsabilidad limitada
Protección de acreedor para la producción y un arrendamiento comercial	No hay protección al firmar como propietario	No hay responsabilidad civil privada; Se puede solicitar a los propietarios que garanticen personalmente cualquier responsabilidad	No hay responsabilidad civil privada; Se puede solicitar a los accionistas que garanticen personalmente cualquier responsabilidad	Igual que una Corporación C
Protección contra responsabilidades que surjan a partir de las operaciones de negocio	Los propietarios tienen responsabilidad personal	Los accionistas no son responsables personalmente de las deudas u otras obligaciones de la Sociedad de Responsabilidad Limitada	Los accionistas no son responsables personalmente de las deudas u obligaciones de la Corporación	Igual que una Corporación C
Cambie a otro tipo de entidad comercial	Sí y normalmente sin una sanción fiscal	Quizás, consulte a un abogado para que le asesore	Difícil y acarrea muchas sanciones cuando las cosas no se hacen debidamente, consulte a un abogado.	Aún más difícil y con más sanciones, consulte a un abogado.

Capítulo 24
Licencias y Permisos

Existen varias licencias y permisos que una debe obtener cuando está comenzando un negocio. Los que mencionaremos a continuación son generales. Tu ciudad y estado pueden solicitar otros permisos adicionales para que puedas abrir tu negocio. Visita el sitio web del gobierno estatal para obtener más detalles sobre el establecimiento de un negocio pequeño.

Nombre Empresarial Ficticio

Necesitarás presentar una Declaración de Nombre Empresarial Ficticio si piensas lanzar tu negocio con otro nombre que no sea el tuyo. Esta declaración te permite operar con un nombre comercial cuando no estableces tu negocio como una SRL o Corporación. Esta declaración debe ser presentada ante el gobierno de tu ciudad o condado. Asegúrate de investigar bien el nombre que piensas utilizar antes de presentar la solicitud. Por lo general estas búsquedas se pueden hacer por internet y están disponibles en el sitio web del gobierno de tu ciudad o condado.

Para este proceso es necesario el pago de una pequeña tarifa y se te pedirá publicar el nombre ficticio en el periódico local. Hay varios periódicos que se especializan en este tipo

Notas:

de publicación. Cuando haces el registro del nombre ficticio, también registras la dirección comercial de tu negocio. Esta es la razón por la cual tu correspondencia estará llena de ofertas sobre sitios donde puedes hacer esta publicación, por lo tanto no te preocupes por encontrar el periódico en el cual realizarla.

Licencia Comercial e Impuestos

Por lo general tendrás que presentar una aplicación en la ciudad en la cual piensas operar para obtener una licencia comercial. Para esto necesitarás tener listos tu Declaración de Nombre Empresarial Ficticio, tus documentos de incorporación o de SRL. Es posible que también necesites aplicar para obtener permisos de zona. Estos permisos regulan el tipo de negocios que se permiten en tu área. Si estás operando desde tu casa, puede que tu negocio sea catalogado como un hobby o empleo desde casa. El gobierno de tu ciudad puede indicarte al respecto.

Generalmente la inversión de la licencia comercial no es grande. Puede que tengas que pagar por los permisos de zona que acompañan a la licencia. Tu licencia comercial es revisada anualmente y para ello debes presentar en tu ciudad los impuestos de tu negocio. Los formularios a utilizar te los enviarán automáticamente, así que si te mudas no olvides informarle a la oficina de tu ciudad.

Permiso de Venta

Si vendes alguna mercancía necesitarás tener un Permiso de Venta/Número de Reventa, el cual se obtiene a través de la Junta Estatal de Ecualización. En algunas ocasiones esto recibe el nombre de "Impuesto de Uso". Este proceso tiene una tarifa nominal y el documento obtenido te permite comprar tus telas, artículos de mercería y otros a precios por mayor sin que te cobren impuestos de ventas. Este permiso también te exige que cobres impuestos sobre las ventas directas al público. Si le vendes directamente a un minorista con el objetivo de que tus artículos sean revendidos, entonces no necesitas cobrar impuestos de ventas, ya esto se convierte en la responsabilidad del minorista. Tu responsabilidad es obtener el número del minorista para las auditorías. Se te pedirá que presentes tu Declaración de Impuestos de Uso ante el estado anual, trimestral o mensualmente, dependiendo de qué elijas cuando registres tu número.

Número de Identificación del Empleador

Si tu negocio está funcionando como una propiedad unipersonal, puedes utilizar tu número de Seguridad Social (NSS) en tu negocio o puedes aplicar para obtener un Número de Identificación de Empleador (EIN por sus siglas en inglés) provisto por el IRS a través del formulario SS-4. Todos los formularios están disponibles en internet en IRS.gov y la aplicación es gratis.

Cualquier aplicación para tu negocio hecha con el gobierno federal tiene que ir acompañada de un número de identificación de contribuyente. Las propiedades unipersonales son los únicos tipos de negocios que pueden utilizar el NSS en lugar del NIE; sin embargo el propietario unipersonal necesitará tener un NIE registrado a nombre del negocio para contratar un empleado.

Notas:

Capítulo 25
Fundamentos Financieros

Cuentas Bancarias Empresariales

Tan pronto apliques para tu licencia comercial, necesitarás tener una cuenta corriente empresarial. Necesitarás tener estos documentos para establecer tus cuentas y demostrarle al Tío Sam que estás cumpliendo con las leyes de impuestos. Cuando hayas abierto tu cuenta corriente empresarial debes aplicar para una tarjeta de crédito. Para mantener todo bien organizado, utiliza tu tarjeta de crédito empresarial solamente para las compras relacionadas solamente con el negocio y tus tarjetas personales para tus compras personales. Puedes aplicar para tu tarjeta de crédito empresarial al mismo tiempo que abres tu cuenta corriente empresarial. Algunas veces puedes enlazar tu cuenta y tu tarjeta de crédito para protegerte de los sobregiros, pero lo puedes hacer solamente si ambas están con el mismo banco.

Si en algún momento pagas cosas personales con la tarjeta empresarial, tendrás que rembolsar a tu empresa, al igual que si utilizas tu tarjeta personal para pagar por cosas de la empresa. Debes comprender que, además de complicar la contabilidad, mezclar las finanzas personales con las del negocio puede crear un problema con el IRS.

Notas:

Notas:

Sin adentrarnos en detalles sobre el IRS, debes saber que cuando una empresa rembolsa a un empleado por gastos relacionados con la empresa, ese rembolso debe ser hecho a través de un plan de "contabilidad". Este es un término utilizado para los rembolsos que puede ser demostrado fácilmente (guardando tus recibos). Los gastos de entretenimiento deben incluir a las partes involucradas, lo que se trató y la fecha en que tuvo lugar. Un rembolso que no cumpla con estos requisitos puede ser considerado como un pago del empleador al empleado, el cual no está exento de impuestos. Para evitar este problema, recuerda utilizar tu cuenta empresarial para las compras del negocio y tu cuenta personal para pagar en Starbucks.

Impuestos

Existen todo tipo de pagos y formularios de impuestos que recaen sobre una empresa. Pueden existir aplicaciones de la ciudad, del condado, estatales y federales, cada una con una fecha término distinta que puede conducir a penalidades en caso de no cumplirla. Pon recordatorios en tu calendario. Pega tarjetitas en tu puerta. Escríbete notas a ti misma con lápiz labial en el espejo. Haz todo lo que tengas que hacer para no olvidarte de completar tus formularios de impuestos. Si no lo haces, esas maravillosas personas que trabajan en el IRS pueden llegar a tu puerta para hacerte una auditoría. Si no presentas tus impuestos y reportes a tiempo serás multada. Debes verificar con el gobierno de tu condado y el estatal para conocer las aplicaciones adicionales que son requeridas.

Dependiendo del tipo de entidad comercial que estés operando existen varios tipos de reportes que deben realizarse regularmente. El IRS recopiló en varias publicaciones diferentes todo lo que necesitas saber como dueña de un negocio pequeño. Es recomendable que las leas y que comiences con la Publicación 583. La misma contiene la información más importante. En los párrafos siguientes he hecho un resumen de los puntos más importantes.

Casi todos los negocios son responsables de presentar los reportes de impuestos sobre la renta y sobre la nómina. Estos reportes son aparte del reporte personal del dueño de la empresa. Puedes estimar tus impuestos para que te ayuden a estimar los del año siguiente.

Cualquier negocio que tenga empleados pagados debe retener impuestos sobre la renta y determinados impuestos sobre las nóminas de los salarios de sus empleados. Aquí se incluyen los impuestos federales por desempleo (FUTA por sus siglas en inglés) y los impuestos de Seguridad Social y Medicare (FICA por sus siglas en inglés). Si estás utilizando un servicio de pago de nómina, puedes hacer que ellos los completen por ti, aliviando así la carga de tener que hacer todos los cálculos tu sola.

Para los propietarios unipersonales, los impuestos por trabajo por cuenta propia pueden ser pagados trimestralmente o anualmente en algunas ocasiones. Puedes estimar una parte de tus impuestos por trabajo por cuenta propia basada en tus ganancias. La seguridad social es 12.4% y Medicare 2.9%. Los impuestos sobre la renta para las entidades de flujo directo son un poco más complicados. Estos son calculados por niveles. Por ejemplo, los primeros $8400 de ganancia tienen un impuesto de 10%, los siguientes $2500 de ganancia son calculados al 15% y así sucesivamente. Estas cifras cambian anualmente, por lo tanto debes revisar el formulario 1040ES para obtener el más reciente desglose monetario.

Notas:

Comparación entre Impuestos sobre Entidades Comerciales

Entidad Comercial	Registro de Impuestos sobre las Utilidades	Impuesto Estimado	Impuestos sobre el Empleo	Informe del Propietario
Propiedad Unipersonal	Las utilidades de la empresa se informan en la declaración de impuestos del propietario de la misma.	Formulario 1040 ES para impuestos estimados, si procede	Formulario 941, Declaración Trimestral de Impuestos Federales hecha por el Empleador Formulario 940, Declaración Anual de Impuestos para el Desempleo hecha por el Empleador Formulario 8109-B, Cupón de Depósito para Impuestos Federales	Formulario 1040, Programa C- Informe Comercial Programa SE – Impuestos sobre el Trabajo por Cuenta Propia
Asociación y Sociedades de Responsabilidad Limitada	Formulario 1065, Declaración Anual de Impuestos de la Asociación Programa K-1 para informar la participación de un socio en los ingresos, las deducciones y los créditos	Formulario 1040 ES para impuestos estimados, si procede	Formulario 941, Declaración Trimestral de Impuestos Federales hecha por el Empleador Formulario 940, Declaración Anual de Impuestos para el Desempleo hecha por el Empleador Formulario 8109-B, Cupón de Depósito para Impuestos Federales	Formulario 1040 Formulario 1065 Programa K-1 en Programa E que está archivado con el formulario 1040 Los impuestos de asociación representan el 15,3% de las ganancias distribuidas a partir de las operaciones Formulario 1040ES para impuestos estimados, si procede
Corporación C	Formulario 1120 Declaración Anual de Impuestos sobre las Utilidades, se informan los ingresos, las deducciones y los créditos	Formulario 1220 W, Impuesto Estimado a las Sociedades Formulario 8109-B Comprobante de Depósito de los Impuestos Estimados (si no se reportan ganancias, cuando todas las ganancias se utilizan para pagar el salario de los accionistas y empleados, no se requiere un depósito)	Formulario 941, Declaración Trimestral de Impuestos Federales hecha por el Empleador Formulario 940, Declaración Anual de Impuestos para el Desempleo hecha por el Empleador Formulario 8109-B, Cupón de Depósito para Impuestos Federales	Formulario 1040, Programa B, dividendos de una corporación. Formulario 1040ES para impuestos estimados, si procede Formulario 1040ES para impuestos estimados, si procede
Corporación S	Formulario 1120S, Declaración Anual de Impuestos sobre las Utilidades Programa K-1 para informar la participación de un socio en los ingresos, las deducciones y los créditos.	Ningún impuesto a nivel corporativo. Es probable que los accionistas de una corporación S tengan que hacer depósitos de impuestos estimados sobre las utilidades utilizando el Formulario 1040ES	Formulario 941, Declaración Trimestral de Impuestos Federales hecha por el Empleador Formulario 940, Declaración Anual de Impuestos para el Desempleo hecha por el Empleador Formulario 8109-B, Cupón de Depósito para Impuestos Federales	Formulario 1040 Formulario 1065 Programa K-1 en Programa E que está archivado con el formulario 1040 Formulario 1040ES para impuestos estimados, si procede

Los impuestos de ventas dependen de las leyes de tu estado. Por lo general, estos impuestos pueden ser pagados mensualmente, trimestralmente o anualmente, dependiendo de las ventas estimadas de tu negocio.

Ten presente las fechas en las cuales debes presentar los siguientes:

- Tu declaración de impuestos del negocio es presentada anualmente, pero puede que necesites presentar ingresos estimados trimestrales.
- Los impuestos de ventas y uso son presentados anualmente, trimestralmente o mensualmente.
- Los impuestos por propiedades comerciales son anuales.
- Los impuestos por desempleo son presentados mensualmente (si tienes empleados).
- Los impuestos de Seguridad Social y Medicare son presentados inmediatamente después que son cobrados de la nómina.
- La fecha de presentación de impuestos sobre la renta es el 15 de abril.

Si cobras impuestos de ventas directamente de tus clientes, guarda ese dinero y lleva un registro preciso de lo que le debes al estado. No los mezcles con otras cuentas o cometas el error de utilizarlos en algún gasto urgente. No pagar todos tus impuestos de ventas cuando llega la fecha límite puede hacer que recibas algunas penalidades nada agradables.

Puedes abrir una cuenta de ahorros para guardar los impuestos de ventas que has recaudado y una parte de tus ganancias para tus impuestos sobre la renta. Esto te permite ganar intereses con el dinero del gobierno. Quizás el dinero que obtengas en intereses te puede servir para un agradable y relajante masaje de pies.

Notas:

Notas:

Seguro

No tener determinados tipos de seguro es como jugar a la ruleta rusa con tu empresa. Investiga e invierte en un seguro empresarial que sea apropiado para tu negocio. Puede que necesites tener seguro de responsabilidad en caso de que alguien salga lastimado en tu propiedad. El seguro de responsabilidad también te puede cubrir en demandas contra tu empresa. Pregúntale a tu agente de seguros sobre la cobertura de tu inventario y la propiedad empresarial, y la cobertura de pérdidas a consecuencia de robo o pérdida del negocio debido a una catástrofe (fuego, tormenta, inundación). Existen varios niveles de cobertura de seguros los cuales cuestan desde $50 hasta $300 mensuales o más. Es posible que también quieras analizar la cobertura de responsabilidad del producto. Esta cobertura te protege contra los productos defectuosos o lesiones provocadas por el mismo.

Si tienes empleados la ley exige que tengas seguro de compensación laboral. Workers Comp cubre a los empleados si los mismos se lesionan en el trabajo o quedan limitados. Sin cobertura, los dueños del negocio se convierten personalmente responsables por todas las lesiones ocurridas en el trabajo.

El seguro de salud es un asunto totalmente distinto y no está relacionado con el funcionamiento de tu negocio, a menos que tu negocio provoque tanto estrés que desarrolles úlceras. Hablando en serio, si estás buscando un seguro de salud búscate un agente de seguros que te ayude a analizar tus opciones. Por lo general no tienes que pagar nada extra por este servicio, aunque lo más común es que el agente reciba una comisión de la compañía de seguros que tú escojas.

Capítulo 26
Financiando tu Empresa

Autofinanciamiento

El autofinanciamiento no es exactamente financiar, pero es lo que la mayoría de nosotros hacemos cuando nos llega la idea de trabajar para nosotros. Básicamente, buscas un trabajo, por servicios o medio tiempo, para financiar así tu compañía. Autofinanciar un negocio significa ser autosuficiente sin la necesidad de utilizar ayuda financiera externa. Si esta es la forma en la que planeas hacer las cosas, es importante que mantengas un estricto presupuesto y solo dediques una determinada cantidad de fondos para tu negocio. Gasta solamente lo que esté en tu presupuesto.

Capital Inicial

Has ahorrado todos los centavos que has podido, has abierto tu alcancía y has trabajado por las noches y los fines de semana. Todos estos ahorros forman parte de tu capital inicial, pero es posible que necesites más. El capital inicial puede venir de cualquier fuente: cuentas de ahorro, cuentas de inversión (401k y cuentas de retiro), venta de un carro u otros bienes, un préstamo hipotecario, préstamos de amigos y familiares y

Notas:

tarjetas de crédito; todas pueden ser utilizadas para financiar el inicio de tu negocio o como colaterales para obtener un préstamo empresarial. Por favor, intenta evitar tener que utilizar el último recurso mencionado: las tarjetas de crédito.

Utilizar o agotar tus tarjetas de crédito puede afectar tu crédito, además de provocar que los bancos te rechacen cuando apliques para la obtención de préstamos. Los amigos y familiares pueden ser tu mejor opción, pero se cuidadosa y acuerden una fecha para la devolución del dinero. Puedes utilizar algunas compañías sociales de préstamos para establecer los relacionados con los amigos y familiares. Esto les dará la seguridad de que les devolverás su dinero. Los préstamos sociales serán analizados más adelante en este capítulo.

Relaciones Bancarias

¿Por qué las relaciones bancarias son importantes para una persona que comienza un negocio? Veamos: por lo general los préstamos bancarios no tienen lugar hasta que hayas establecido un largo período de buen comportamiento financiero. Aunque esto equivale a que no te hayan rechazado ni un cheque, también quiere decir que necesitas establecer una relación con un banco y mostrarle que eres un cliente rentable. Si ellos no obtienen dinero de esa relación, entonces eres una persona de bajo perfil para ellos. Hay ciertas cosas que puedes hacer para colocarte en una posición favorable para obtener un préstamo. Para crear una buena relación bancaria:

• Entra y conversa con la funcionaria encargada de atender tu negocio en vez de utilizar el acceso para autos todos los días. Tómate el tiempo para hacer uno de esos encuentros y conversar sobre tus finanzas y las de tu negocio.

• Si tienes un auto que ya está pagado u otro colateral, analiza la posibilidad de obtener un pequeño préstamo bancario a corto plazo (este tipo de préstamo es más fácil de obtener, pero no financiará tus operaciones empresariales). Esta será tu oportunidad de demostrar que haces los pagos cuando estos están establecidos. Posteriormente, cuando necesites un préstamo más grande, la funcionaria bancaria será capaz de demostrarle a la junta de préstamos que tú eres una buena clienta.

Evita transferir todo tu dinero hacia una cuenta de mercado monetario, déjalo en tu cuenta bancaria. La cantidad que ganarás en esa cuenta de mercado monetario será mínima. El banco utiliza tu dinero para prestarle a otras personas, por lo tanto, cuando ellos hacen obtienen dinero de ti, tú eres una buena clienta. Desde el punto de vista de un negocio, ¿a quién estimarías más, al cliente que solo ves una vez y gasta $25, o al que gasta $10 todas las semanas?

Programa reuniones anuales para conversar sobre tu negocio con tu representante bancario y salúdala siempre que la veas en el supermercado.

Micro-préstamos

La Asociación de Pequeños Negocios (APN) trabaja con varios bancos para ayudar a los pequeños negocios a obtener préstamos que normalmente no pudieran obtener. Un préstamo bancario garantizado por la APN recibe el nombre de micro-préstamo. Por lo general, la tasa de interés en este

Notas:

tipo de préstamos es más alta que los préstamos bancarios tradicionales, pero son más fáciles de obtener. Estos préstamos son ideales para aquellos negocios que están comenzando, aunque las compañías ya establecidas también los utilizan. Necesitarás tener dinero en el banco para poder calificar para este préstamo; aquí es donde entra en juego el capital inicial. Tendrás que demostrarle al banco cuánto ya has invertido o cuánto estás dispuesta a invertir; muéstrales un plan de actividades empresariales con tus proyecciones y ofréceles cualquier colateral que tengas disponible. Estos préstamos se encuentran en el rango de los $2,000 hasta los $20,000.

Préstamos a Plazos Bancarios

Los préstamos a plazos bancarios generalmente son para negocios establecidos y usualmente los mismos son utilizados para expandir una empresa. Estos préstamos comienzan aproximadamente en $25,000. No es común que este tipo de préstamo sea una opción para pequeños negocios de diseño, pero no la descartes del todo. Conversa con tu banco sobre qué condiciones debes cumplir para calificar para este tipo de préstamo.

Fuentes de Préstamos Sociales

Préstamos sociales, o entre iguales, es el método de préstamos más nuevo y es bastante diferente de los préstamos tradicionales. Los aspirantes son calificados según su aplicación para préstamos y según su historial individual. Los préstamos sociales tienen dos propósitos. Le permite realizar préstamos a cualquiera que desee hacerlo; y también ayuda a varias personas a obtener uno. Estas personas por lo general no califican para un préstamo bancario. Existen muy pocas compañías de préstamos sociales que se dediquen a esto.

Tres de las compañías que actualmente se dedican a este tipo de préstamos son Prosper, Lending Club y Zopa.

• **Prosper** – Préstamo entre iguales, en el cual cada persona tiene la última decisión sobre quién recibe el préstamo. Estos préstamos están disponibles hasta $25,000. Los prestamistas "ofrecen" préstamos según las tasas de interés, muy parecido a la forma en la que tú ofreces un precio en eBay. Tener una gran cantidad de ofertas hace que las tasas de interés bajen. Tú estableces la tasa de interés más alta que estés dispuesta a pagar.

• **Lending Club** – Muy parecido a Prosper, pero no está disponible en todos los estados. Los préstamos están disponibles hasta $25,000.

• **Zopa** – Se encuentra en el Reino Unido, Japón e Italia. Tu historial de crédito es el factor principal que determina si recibirás un préstamo. Los préstamos están disponibles hasta £15,000.

Los préstamos sociales tienen ventajas y desventajas.

Ventajas: Como prestataria pudieras calificar para un préstamo incluso si no has calificado para uno en una institución tradicional. Como prestamista puedes invertir en otras personas y crear un plan de inversión que se ajuste a tus necesidades.

Desventajas: Como prestataria tus tasas de interés pueden ser más elevadas que con los préstamos bancarios si tu historial de crédito no es bueno. Como prestamista pudieras correr el riesgo de que tus prestatarios no paguen sus préstamos.

Notas:

Capital de Riesgo

El capital de riesgo es ofrecido generalmente por firmas administradas profesionalmente que realizan préstamos de grandes cantidades a compañías de grande crecimiento capaces de alcanzar 25 millones de dólares en ventas al quinto año. Los capitalistas de riesgo esperan recibir propiedades de acciones a cambio de la inversión. Esta no es una opción práctica para un pequeño negocio de diseño.

Inversionista Ángel

Un inversionista ángel es muy parecido a un capitalista de riesgo, pero es una persona en lugar de una compañía. Los inversionistas ángeles esperan recibir un porcentaje de propiedad y algunas veces solicitan participación en el negocio para ayudar a crear una ganancia a partir de su inversión.

Factorización

La factorización es un préstamo asegurado por pedidos tomados. Los factorizadores son prestamistas que prestan dinero basados en la cantidad total de pedidos realizados con tu compañía. Puede que para ti la factorización no sea una opción si tu crédito no es impecable o no has afianzado tu crédito empresarial.

Lo común es que el préstamo no cubra la cantidad total de tus pedidos. El pago se debe realizar tan pronto como los pedidos sean enviados y el dinero haya sido recibido. Si tienes cancelaciones, continúas siendo responsable por la realización inmediata del pago. No todos los factorizadores harán préstamos en todos los pedidos, especialmente con las pequeñas firmas de diseño que no tienen crédito empresarial. Las empresas que realicen los pedidos también deben tener un crédito perfecto para que un factorizador cubra tus pedidos.

Otra forma de factorización es cuando el prestamista compra los recibos. Esto los hace responsables en caso que se cancele un pedido. Por lo general, esto se realiza solamente con vendedores muy conocidos como Macy's, Nordstrom's y otras tiendas por departamento.

Conociendo tu Crédito Personal

Cuando te lances a tu propia aventura empresarial necesitas conocer realmente tu crédito y la información que poseen los departamentos de crédito. Asegúrate de obtener tu reporte de crédito y analizarlo cuidadosamente antes de aplicar para cualquier préstamo. No querrás descubrir una sorpresa en tu reporte después de haber aplicado para un préstamo.

Los calificadores de crédito van desde 300 hasta 850. Cualquier calificación por debajo de 680 puede provocar que los prestamistas no tengan disponible su dinero. Te sugiero que, una vez que revises tu crédito, no lo descuides. Los servicios de monitoreo de crédito pueden ayudar en relación a este asunto y alertarte cuando hay alguna actividad nueva en tu línea de crédito.

No obstante, quizás no siempre te alerten a tiempo cuando surja alguna actividad nueva bajo tu nombre. Puede llevarte meses conocer que se abrió una nueva cuenta a tu nombre, y ese puede ser un tiempo más que suficiente para provocar daño. Te sugiero que obtengas regularmente una copia de tu reporte de crédito (una vez al año es gratis) para que puedas estar segura de que muestra correctamente tu perfil para los futuros negocios.

Notas:

Puedes obtener una copia gratuita de tu reporte de cada uno de los departamentos de crédito una vez al año. Annualcreditreport.com te guiará en el proceso de obtención de estas copias gratis. Revisa todo tu crédito pasado también. ¿Hay cuentas que se muestran como abiertas a pesar de que las cerraste hace 10 años? Esto puede afectar tu calificación crediticia negativamente. Llama o escríbele a las partes involucradas, solicita que corrijan el error y no descanses hasta que lo hagan.

¿Qué harías si descubres que tu identidad fue robada y que el ladrón ha obtenido crédito a nombre tuyo? Contacta inmediatamente la compañía que emitió el crédito, explica tu problema y no dejes el asunto de la mano hasta que se resuelva. Esto sucede más a menudo de lo que pudieras pensar. Cuando estás administrando un negocio serás más vulnerable, ya que estarás utilizando con más frecuencia tus tarjetas de crédito, tarjetas de banco y cheques. Cada vez que utilices una de las opciones es una oportunidad para que ocurra un robo.

Aquí tienes algunas sugerencias sobre cómo mantener protegida tu información.

- Las compras por internet deben ser realizadas con una tarjeta de crédito y no con una tarjeta de débito o de banco. Si tu cuenta bancaria ha sido atacada lo notarás inmediatamente y puede llevar un tiempo recuperar ese dinero. Por otro lado, por lo general con las tarjetas de crédito tú no eres responsable de cargos fraudulentos y no sentirás un impacto financiero mientras se arreglan las cosas.

- Utiliza determinadas tarjetas para ciertas cosas. Intenta no mezclar tu tarjeta empresarial con tu tarjeta personal.

- Regístrate en internet banking y revisa el balance de tu cuenta bancaria frecuentemente. Asegúrate de que tu computadora tenga protección antivirus.

- No envíes información financiera o contraseñas por email y por teléfono celular. Los emails pueden ser hackeados fácilmente y las llamadas de teléfonos celulares pueden ser interceptadas.

Crédito para tu Negocio

Hasta ahora he hablado sobre cómo proteger tu crédito personal, pero quizás estés más interesada en saber cómo preparar tu crédito empresarial. El calificador crediticio empresarial se encuentra en un rango de 0-100. Se considera que desde 75 hacia arriba el crédito es excelente. Dun & Bradstreet, al igual que muchas otras compañías, ofrece calificadores crediticios empresariales. Los perfiles de crédito empresarial cuestan unos pocos cientos de dólares generalmente. Si piensas trabajar con factorizadores, o piensas establecer plazos de crédito con proveedores y contratistas, es importante tener un bien crédito empresarial.

Notes:

Dun & Bradstreet
smallbusiness.dnb.com

Capítulo 27
Protegiendo Tu Trabajo

El miedo más grande de la mayoría de las diseñadoras es que les roben sus diseños y, obviamente, hay una buena razón para ello. Si prestas atención a la moda notarás que siempre habrá similitudes entre las líneas de ropa - desde los colores hasta las telas y los diseños. Lo primero que tienes que aceptar y comprender es que en el mundo de la moda no hay nada 100% original. Como diseñadoras, nosotros obtenemos inspiración del pasado, el presente y, por supuesto, otras diseñadoras también.

Decirle a alguien que nunca has obtenido inspiración de la ropa de otra persona es algo estúpido. Los artistas se inspiran en todo, y a menos que seas ciega, no puedes hacer una afirmación de originalidad sin cruzar tus dedos. Habiendo dicho esto, ¿dónde es que queda el límite entre inspiración y plagio?

Lo común es que el "robo" de un diseño ocurra después de que el mismo ha sido exhibido, por lo tanto ya se conoce quién es la diseñadora que creó el diseño. A pesar de esto, la

Notas:

Notas:

mayor interrogante es: "¿Ese diseño es creación original de esa diseñadora?"

Los grandes creadores no están exentos de "robar" diseños. A pesar de su gran fama, los creadores de las más grandes marcas también han sido descubiertos robando. Yves Saint Laurent llevó a Ralph Lauren a la corte en el año 1994 por robar un diseño de vestido de esmoquin y además ganó.

Los robos de diseños ocurren en ambos lados del negocio. Esto puede ser una preocupación especialmente para las diseñadoras menos reconocidas. ¿Cómo y dónde le puede suceder esto a una compañía pequeña? Por ejemplo, en las ferias comerciales. Muchas compañías grandes ocultan a sus diseñadores entre el público para que recorran estas ferias, encuentren diseños que son geniales, los roben o se "inspiren" en ellos. Todos los grandes personajes lo hacen. Quizás fue una coincidencia, pero ¿esa blusa fue creada para que tuviera exactamente el mismo error de patrón en el cuello?

La segunda forma más común para este tipo de robos es el proceso de producción de las prendas. El peligro radica principalmente en la producción internacional, esencialmente la que tiene lugar en las fábricas chinas. Como la fábrica controla cómo y cuándo se termina la elaboración de tu producto, si ellos deciden robar tu diseño pueden terminar otro antes que el tuyo y lanzarlo a un precio más bajo. Esto puede dañar seriamente a una diseñadora. Para calmar tus miedos, te sugiero que hagas que el fabricante internacional firme un acuerdo de exclusividad para limitar la producción de tus prendas solamente a ti. No todos aceptarán, pero si dicen que no, es mejor que pienses dos veces sobre la utilización de sus servicios.

¿Todavía tienes miedo? ¿Estás dando vueltas en la cama preguntándote cómo evitar la inminente amenaza de piratería? Siempre debes estar diseñando piezas nuevas y originales para tu colección. Si lanzas tu negocio confiando solamente en un diseño, ¿qué le pasará a tu compañía si eres víctima de plagio? Estarías fuera del negocio en un dos por tres.

Lo mejor que puedes hacer para protegerte contra las pérdidas en tu negocio es crear lealtad a tu marca. Si tienes un público leal que te ama y ama tus diseños, ¿a quién le importa si H&M roba algo tuyo? Considéralo como un halago - una gran compañía cree que tus diseños valen la pena. Anúncialo en tus redes de comunicación social. Este tipo de noticias viaja más rápido que la TV. Asegúrate de que puedas respaldar tus afirmaciones y reclamaciones.

También tienes algunos medios legales para proteger tus diseños, pero no son tan buenos como tú quisieras. Tienes un poco más de suerte si vives en Europa. Allí existen leyes de derecho de autor que protegen tus diseños por más tiempo que la duración práctica de la prenda. A los que viven en Estados Unidos, lo siento mucho, pero todavía no existe este tipo de protección, aunque hay algunas leyes que están en proceso. Pero, aunque estas leyes sean aprobadas, ¿cómo serán aplicadas? ¿Habrá un considerable aumento de demandas? ¿En contra de quién? ¿De la pequeña diseñadora que no se ha presupuestado para un abogado o de los pejes grandes?

Notas:

Ley de Protección de Diseño Innovador y Prevención de Piratería

El cuarto intento de aprobación para una ley de derecho de autor en la moda ha sido presentado en corte. En esta ocasión, la ley tiene un nombre distinto. Ya no es llamada la Ley de Prohibición de Piratería en el Diseño, sino que ha sido renombrada como la Ley de Protección de Diseño Innovador y Prevención de Piratería. Esta nueva propuesta de ley aumentará la protección de todos los diseñadores de modas mediante la modificación de la ley de derecho de autor.

En la actualidad, el derecho de autor protege las obras de autoría, tales como escritos, música y obras de arte que han sido expresadas tangiblemente. La Biblioteca del Congreso registra los derechos de autor, los cuales son válidos por el tiempo de vida del autor más 70 años adicionales. Recientemente, la ley ha sido modificada para incluir los diseños de cascos de barcos, pero está limitada a 10 años. En estos momentos los derechos de autor no protegen los "elementos utilizables", categoría en la cual se encuentra la ropa.

La propuesta de ley incluirá la protección para diseñadores de modas en los derechos de autor, pero solamente por tres años. Europa tiene leyes similares a la propuesta presentada en los Estados Unidos y estas protegen por 25 años los diseños de moda que han sido registrados. La ley ha sido presentada cuatro veces en los Estados Unidos durante los últimos años, sin haber llegado al Congreso. El intento más reciente fue en agosto del 2010, presentado por el Senador Schumer junto con el Consejo de Diseñadores de Moda de Estados Unidos (CFDA por sus siglas en inglés) y la Asociación Estadounidense de Ropa y Calzado (AFFA por sus siglas en inglés). La primera propuesta de ley fue presentada en el 2006 como HR5055, por segunda vez en el 2007 como HR2033 y nuevamente en el 2009 como HR2196.

Para comprender realmente lo que la Ley de Protección de Diseño Innovador y Prevención de Piratería protege, sería mejor analizar lo que no protege. Esta ley no protege los artículos "usables" que han estado en el mercado por más de tres meses antes de registrar el diseño. En otras palabras, si no solicitas la protección en el momento en que lances tu diseño, ya no tiene remedio.

"Un diseñador que argumente que su obra ha sido copiada debe mostrar que su diseño presenta "una variación única, distinguible, no trivial y no utilitaria en relación con otros diseños." Además, el diseñador debe demostrar que la copia es "considerablemente idéntica" al original al punto de poderse confundir con el mismo." Tomado del artículo publicado por Cathy Horn en el New York Times el 5 de agosto del 2010, titulado "La Ley de Schumer Pretende Proteger el Diseño de Moda."

La Oposición Contra la Ley

Coco Chanel dio su opinión al respecto: "Si no se puede copiar, ¿cómo vas a crear moda?"

Una vez que comprendas realmente cómo funciona esta industria verás que la aprobación de una ley como esta no será de beneficio, más bien la perjudicará. Sí, es cierto, puede que esa ley ponga un fin a las imitaciones de las bolsas Louis Vuitton que se venden en el Barrio Chino; pero ¿qué sucederá

Notas:

Notas:

con los demás?

Solo como una nota de información te cuento que las bolsas Louis Vuitton están cubiertas por propiedad de marca y aun así la falsificación existe. La ley de propiedad de marca no ha logrado ponerle fin a la producción de tal mercancía.

¿Cuál sería el propósito de las tendencias? ¿Qué hubiera sucedido con las tejedoras a mano que hacen calienta piernas y los venden en etsy.com si Marc Jacobs hubiera capturado la tendencia de estas prendas y las hubiera registrado? Nuestras culturas son definidas por las tendencias. El hecho de que existan algunas formas de piratería de diseños es lo que hace que nuestra industria prospere. Piensa en todas las personas que perderían sus negocios si se aprobara esa ley. Tejedoras hogareñas, madres que hacen sus artículos como hobby, tú, yo; todas nos quedaríamos sin trabajo. Los únicos que no serían afectados por esto serían las grandes compañías diseñadoras. Regresaríamos a vivir en una sociedad que hace sus propias ropas y contrata sastres y costureras que nos vistan.

Quizás con el paso del tiempo esto nos pudiera beneficiar debido a que regresaríamos a nuestros orígenes; pero, sinceramente, eso no va a suceder. Si miras las compañías que están copiando a otros diseñadores, verás que generalmente son los fabricantes de prendas baratas y desechables los que se dedican a copiar a los grandes diseñadores. ¿A quién es que afecta esto realmente? ¿Acaso las personas que compran en H&M son los mismos clientes de Diane Vin Furstenberg? Las creaciones de las marcas reconocidas están bien elaboradas y por lo general son con telas de alta calidad, por lo tanto, los clientes regulares de Diane Von Furstenberg que adoran cómo se sienten sus telas sobre sus cuerpos, no van a vestir los trapos de poliéster de H&M.

Si te conviertes en víctima de robo por una de las grandes compañías o diseñadores, aquí tienes un consejo de una persona con influencias en Banana Republic: "Si una compañía reconocida roba tu diseño, busca asistencia legal. Las grandes compañías cederán ante la aparición de demandas o prensa negativa."

Sistema de Diseño Comunitario de la Unión Europea

En la Unión Europea se aplica una ley como esta desde diciembre del 2001. La ley es parte de la Organización Mundial de Propiedad Intelectual (WIPO por sus siglas en inglés). Las diferencias entre las leyes de la Unión Europea y las propuestas de ley en los Estados Unidos son grandes. La primera diferencia es a quién y qué protege. Sus leyes de diseño con muy amplias y no necesitan que el artículo sea tan único. Bajo las leyes de la Unión Europea puedes registrar el artículo como un Diseño Comunitario No Registrado (UCD por sus siglas en inglés) o un Diseño Comunitario Registrado (RCD por sus siglas en inglés).

El UCD es utilizado generalmente para portafolios y debe ser renovado cada temporada por la diseñadora. El RCD protege las prendas por un mayor período de tiempo y puede ser renovado cada 5 años hasta un máximo de 25 años.

Según el Sistema Comunitario de Diseño, la protección que recibes gracias a esta ley "puede ser vulnerable cuando se pone a prueba". Para obtener protección de esta ley debes cumplir con estos 5 requisitos.

Notas:

1.   No hay requisitos en cuanto a la utilización del diseño que está siendo registrado

2.   El diseño puede ser descriptivo o distintivo

3.   Se puede presentar una aplicación por un solo diseño o también por todos los artículos de la diseñadora

4.   Cualquier miembro de cualquier nacionalidad o país puede aplicar

5.   La aplicación puede mantenerse en "secreto" por hasta 30 días después de presentada

Como puedes ver, en esta ley no hay nada que indique la originalidad o singularidad de un producto respecto a la calificación del mismo para ser registrado. Esta es la razón por la cual muy pocas diseñadoras registran sus diseños y muchas menos presentan demandas de violación de derechos de autor.

Ley Japonesa del Diseño

Japón representa la otra cara de la moneda, con una ley que no podía ser más diferente. La ley de Japón ofrece protección por 20 años y es más estricta que una monja en una escuela católica. Esta ley fue desarrollada en 1959, sin embargo a través de los años se le han incluido algunas enmiendas. Hay que cumplir 6 requisitos para ser elegible para esta protección.

1.   El diseño debe ser novedoso, o sea, en el mercado no debe existir otro artículo idéntico.

2.   No se aceptan diseños sin creatividad, y esta

creatividad debe ser analizada por un jurado

3.   El diseño debe ser original en todos los aspectos; no se puede haber registrado otro artículo similar

4.   El artículo no puede corromper el orden público o la moral

5.   Solo se puede presentar un diseño por aplicación

6.   Se le dará prioridad a la primera aplicación presentada para un diseño

Pocas diseñadoras registran sus diseños debido a la exclusividad de esta ley. Para leer más sobre esta ley puedes visitar la Organización de Comercio Externo de Japón (www. jetro.go.jp).

Marcas Registradas

Las Marcas Registradas no pueden proteger tu diseño, pero sí pueden proteger tu nombre comercial o tu logotipo. Una marca registrada es un tipo de propiedad intelectual, generalmente un nombre, una palabra, una frase, un logotipo, símbolo, diseño, una imagen o una combinación de estos elementos. Las marcas registradas protegen palabras, nombres, símbolos, sonidos o colores que distinguen artículos y servicios de aquellos que son fabricados o vendidos por otros, y además indican la fuente de tales artículos. A diferencia de las patentes, las marcas registradas pueden ser renovadas por siempre, con la condición de que estén siendo utilizadas en comercio. El costo de registro de una marca registrada está entre $275 y $375 en los EE.UU., dependiendo de la clasificación. También puedes

Notas:

De los Estados Unidos Oficina de Patentes y Marcas
www.uspto.gov

Organización Mundial de la Propiedad Intelectual
www.wipo.int/madrid

registrar la marca internacionalmente a través del Sistema de Madrid en la Organización Mundial de Propiedad Intelectual (WIPO por sus siglas en inglés).

Patentes

Una patente no protegerá un diseño de ropa, pero sí protegerá la funcionalidad del diseño. Si has desarrollado una nueva forma de utilizar un producto, es posible que puedas patentarlo. Si deseas aplicar para una patente debes tener los bolsillos llenos de dinero y un abogado al que le guste llenar los suyos. Las patentes no son una buena opción para las pequeñas diseñadoras, a menos que hayas creado algo realmente nuevo y en lo cual planees invertir más de $20,000 para protegerlo. Para esto tienes que pagar tarifas de búsqueda, de registro, de mantenimiento, posterior a la asignación y otras tarifas más. El programa de tarifas de la Oficina Estadounidense de Patentes y Marcas Registradas tiene precios especiales para las entidades pequeñas, entiéndase personas; representando algunas ventajas para los pequeños negocios de diseño.

Acuerdo de Confidencialidad y Acuerdo de No Publicación

Si estás preocupada por tus diseños, lo mejor que puedes hacer es que todos los contratistas que trabajan contigo firmen un Acuerdo de Confidencialidad o de No Publicación. Esto es algo que se realiza habitualmente y te protege para que el contratista no venda tus secretos a la competencia o comparta tus diseños con ellos.

Muestra de Acuerdo de Confidencialidad y No Publicación

El propósito de este Acuerdo es de muestra para ser utilizado solamente en este libro y no se debe comprender como asistencia legal. Cada Compañía debe consultar con su consejero legal y preparar un acuerdo que se ajuste a los propósitos comerciales específicos de la Compañía y que cumpla con todas las leyes estatales aplicables y otras leyes y procedimiento jurisdiccionales.

Como condición de ser contratado como consultor (o continuación de mi relación como consultor) por Jennifer Lynne Matthews y Porcelynne Lingerie (la "Compañía") constituida bajo las leyes del estado de California, y considerando mi relación de consultor con la Compañía y el recibo de mi compensación ahora y en lo adelante pagado por la Compañía, acepto lo siguiente:

1. Relación de Consultoría. Yo comprendo y acepto que este Acuerdo de Confidencialidad y No Publicación (el "Acuerdo") no altera, enmienda o aumenta ningún derecho que yo pueda tener de continuar una relación de consultoría, o en el transcurso de mi relación de consultoría con la Compañía bajo cualquier acuerdo existente entre la Compañía y yo, o bajo cualquier ley aplicable. Cualquier relación de consultoría entre la Compañía y yo, establecida con anterioridad o en la fecha de este Acuerdo, será calificada como la "Relación".

2. Información Confidencial y No Publicación de la Información de la Compañía. Acepto que en todo momento de mi Relación con la Compañía y posteriormente a la misma, debo mantener en absoluta reserva y no utilizar, a menos que sea para beneficio de la Compañía hasta el punto que sea necesario, realizar las obligaciones adquiridas con la Compañía bajo los términos de la Relación, o revelar a cualquier persona, firma, corporación o cualquier otra entidad sin la autorización por escrito de la Compañía, cualquier Información Confidencial (según la definición posterior) de la Compañía que yo obtenga o cree. Además acepto no hacer copias de tal Información Confidencial excepto bajo autorización de la Compañía. Comprendo que "Información Confidencial" se refiere a cualquier información propia de la Compañía, datos técnicos, secretos de mercado o instrucciones incluyendo, sin limitarse a, investigaciones, planes de productos, productos, nombres de productos, servicios, proveedores, contactos, clientes y listas de clientes (incluyendo, sin limitarse a, clientes de la Compañía a los cuales he llamado o he conocido durante la Relación), precios y costos, mercados, programas, desarrollos, inventos, notas, procesos, fórmulas, tecnología, diseños, dibujos, ingeniería, información de configuración de hardware, información de mercadeo, licencias, finanzas y datos financieros, presupuestos, comunicaciones electrónicas, comunicaciones gráficas, proposiciones de marcas registradas, proposiciones de patentes, u otra información comercial que me haya sido revelada por parte de la Compañía, directa o indirectamente por escrito, oralmente, por dibujos o por observación de partes, productos o equipamiento, o creado por mi durante el período de duración de la Relación, durante las horas de trabajo o fuera de las mismas. Comprendo que "Información Confidencial" incluye, sin limitarse a, la información perteneciente a cualquier aspecto del negocio de la Compañía, la cual puede ser información no conocida por posibles o actuales competidores de la Compañía, u otras terceras partes que no están bajo obligaciones de confidencialidad con la Compañía, o que pueda ser información exclusiva de la Compañía o de sus clientes o proveedores, sea de naturaleza técnica o cualquier otra. También comprendo que Información Confidencial no incluye ninguno de los artículos precedentes que se han hecho públicos y son ampliamente conocidos, los cuales están disponibles generalmente a través de ningún acto erróneo de mi parte o de otros que se encontraban bajo obligaciones de confidencialidad en relación a los artículos involucrados.

3. Invenciones Retenidas y con Licencia. Adjunto se encuentra, como Prueba A, una lista describiendo en detalles todas las invenciones, obras originales de autoría, desarrollos, mejoras y secretos de comercio que fueron elaborados por mí antes del comienzo de la Relación (colectivamente llamadas "Invenciones Anteriores"), las cuales me pertenecen solamente a mí, o me pertenecen a mí conjuntamente con alguien más, relacionándose de cualquier forma con cualquiera de los negocios o productos propuestos por la Compañía y que no están asignados a la Compañía; o, si no se adjunta la mencionada lista, atestiguo que no existen tales Invenciones Anteriores. Si durante el transcurso de mi Relación con la Compañía añado una Invención Anterior creada por mí, o en la cual tengo un interés, a un producto o proceso de la Compañía, por este medio la Compañía recibe y debe tener una licencia universal no exclusiva, libre de regalías, irrevocable, perpetua (con el derecho de sublicenciar) para hacer, crear, copiar, modificar, hacer obras derivativas de uso, venta y además distribuir tales Invenciones Anteriores como parte de, o en conexión con tal producto.

4. Devolución de los Documentos de la Compañía. Acepto que al momento de la terminación de mi Relación con la Compañía, devolveré a la misma (y no conservaré, duplicaré o entregaré a alguien más) todas y cada una de las Informaciones Confidenciales, dispositivos, archivos, datos, notas, informes, propuestas, listas, correspondencia, especificaciones, diseños, planos, bocetos, cuadernos, materiales, tablas de flujo, equipamiento, otros documentos o propiedad y/o reproducciones de cualquiera de los artículos mencionados anteriormente desarrollados por mí conforme a lo establecido en la Relación o perteneciente a la Compañía, sus sucesores o encargados.

5. Solicitud de Otras Partes. No contactaré por un período de veinticuatro (24) meses posteriores a la terminación de mi Relación con la Compañía por cualquier motivo, con o sin causa, a ningún licenciador, o cliente de la Compañía, o licenciatario de los productos de la Compañía que yo conozca en relación a ningún negocio, producto o servicio que sean competencia de los productos o servicios ofrecidos por la Compañía y que se encuentren en desarrollo al momento de la terminación de mi Relación con la Compañía.

Este Acuerdo es para fines de ejemplo para este libro y no debe de ninguna manera ser considerado como asesoramiento legal. Cada empresa debe consultar con sus asesores legales respectivos para redactar un acuerdo que se ajuste a los propósitos específicos de la empresa y que cumpla con todos los procedimiento y todas las leyes estatales y de jurisdicción.

6. Representaciones y Convenios

(a) Facilitación de Acuerdo. Acepto llevar a cabo puntualmente cualquier juramento correspondiente o verificar cualquier documento pertinente requerido para llevar a cabo los términos de este Acuerdo bajo la solicitud por escrito de la Compañía para ello.

(b) Conflictos. Yo declaro que mi desempeño de todos los términos de este Acuerdo no violan y no violarán ningún acuerdo que haya contraído, o contraiga en el futuro con una tercera parte, incluyendo sin limitante cualquier acuerdo para mantener en secreto la información privada recibida en confidencia o en confianza con antelación al comienzo de mi Relación con la Compañía. Acepto que antes de aceptar o acordar realizar servicios de consultoría y otros servicios para cualquier compañía que comercializa o pretende comercializar de alguna manera productos o servicios que representen competencia para los productos o servicios de la Compañía, o aquellos productos o servicios propuestos o en desarrollo por la Compañía durante la duración del Acuerdo de Consultoría, notificaré inmediatamente por escrito a la Compañía especificando la organización con la cual pretendo consultar, ser empleado, o proveer servicios, y ofrecer suficiente información que permita a la Compañía determinar si tal empleo entraría en conflicto con los intereses de la Compañía o servicios que la Compañía pudiera necesitar de mi parte.

(c) Ejecución Voluntaria. Yo declaro y reconozco que he leído cuidadosamente todas las disposiciones de este Acuerdo y que comprendo y cumpliré fiel y cabalmente con tales disposiciones.

7. Disposiciones Generales.

(a) Ley Vigente. La validez, interpretación, elaboración y desempeño de este Acuerdo debe regirse según las leyes del Estado de California, sin dar efecto a los principios del conflicto de leyes.

(b) Integridad del Acuerdo. Este Acuerdo establece la integridad del acuerdo y entendimiento entre la Compañía y yo en relación al asunto aquí tratado y combina todas las conversaciones anteriores entre nosotros. Ninguna modificación o enmienda, ni ninguna excepción de ningún tipo realizada a este Acuerdo tendrá efecto a menos que se realice por escrito y sea firmado por ambas partes.

(c) Divisibilidad. Si algún término o disposición de este Acuerdo o la aplicación del mismo se hace inválido o inaplicable en cualquier circunstancia, en cualquier jurisdicción y a cualquier grado, tal término o disposición quedará sin efecto en relación a tal jurisdicción en relación a tal invalidez o inaplicación sin invalidar o dejar sin aplicación los restantes términos y disposiciones de este Acuerdo o la aplicación de tales términos y disposiciones en circunstancias a parte de aquellas en las cuales han sido considerados inválidos o inaplicables, y se debe sustituir el término o disposición por uno apropiado y equivalente que sea válido y aplicable para llevar a cabo la intención y el propósito del término o disposición invalidado o inaplicable. En el caso de que cualquier corte o agencia gubernamental con jurisdicción competente determine que mi disposición de servicios a la Compañía no es como un contratista independiente sino como un empleado bajo las leyes vigentes, hasta el punto que tal determinación sea aplicable, las referencias hechas en este Acuerdo sobre la Relación entre yo y la Compañía deben interpretarse con la inclusión de una relación de empleo, y este Acuerdo no será inválido o inaplicable pero será leído en toda su extensión debido a que puede ser válido o aplicable bajo las leyes vigentes para llevar a cabo el intento y el propósito del Acuerdo.

8. Sucesores y Cesionarios. Este acuerdo será obligatorio entre mi heredero, ejecutores, administradores y otros representantes legales y mis sucesores y cesionarios, incluyendo, en caso de que el Consultor sea una entidad, cualquier entidad sucesora, y será para el beneficio de la Compañía, sus sucesores y cesionarios.

9. Vigencia. Las disposiciones de este Acuerdo permanecerán vigentes después de la terminación de la Relación y la cesión por la Compañía de este Acuerdo a cualquier sucesor en interés u otro cesionario.

ASESORAMIENTO LEGAL. ACEPTO QUE AL EJECUTAR ESTE ACUERDO TUVE LA OPORTUNIDAD DE PEDIR ASESORAMIENTO LEGAL INDEPENDIENTE, Y HE LEÍDO Y COMPRENDIDO TODOS LOS TÉRMINOS Y DISPOSICIONES EN ESTE ACUERDO. ESTE ACUERDO NO DEBE SER INTERPRETADO

Las partes han firmado el presente Convenio en las fechas correspondientes indicadas a continuación:

EMPRESA:

Jennifer Lynne, Porcelynne Lingerie

Firma: _____

Fecha: _____

CONSULTOR:

un individuo, en nombre de_____

Firma: _____

Fecha: _____

LEYES Y REGLAMENTOS

Capítulo 28
Requerimientos de Etiquetado

El acuerdo que muestro a continuación es un ejemplo del tipo de acuerdo que utilizo profesionalmente en el negocio cuando trabajo con consultores independientes.

Revisa tu clóset. ¿La mitad de tus prendas tienen etiquetas que dicen: "Lavado en Seco Solamente"? ¿Cuántas de esas prendas has lavado y has pensado que hubiera sido mejor haberlas dejado en el canasto? ¿Alguna vez te has preguntado cómo es que a alguien se le ocurrió inventar las instrucciones de lavado?

Contestemos primeramente la pregunta sobre el "Lavado en Seco Solamente". Muchas compañías consideran que esta es una vía para protegerse. En realidad no es culpa del fabricante si tú lavaste tu prenda y la arruinaste; él te alertó que solamente la lavaras en seco. Pero, ¿es esta la verdadera causa de porqué lo hacen? Según la Comisión Federal de Comercio, si una prenda puede ser lavada en agua o lavada en seco sin problemas, el fabricante solo tiene que mencionar una de las opciones. Las instrucciones de lavado en seco son más sencillas que las instrucciones de lavado con agua, y para serles sinceras, mientras más texto haya en la etiqueta, mayores los costos. Por lo tanto, para ahorrar 0.0001 centavo por etiqueta, el fabricante eligió utilizar solamente la etiqueta de lavado en seco.

Leyes de Etiquetado

El etiquetado es regulado por la Comisión Federal de Comercio (FTC por sus siglas en inglés) mediante una serie de leyes, nombradas las Leyes de la Tela y la Lana. La FTC exige que cada artículo de vestir que sea vendido en los EE.UU. debe estar acompañado de una etiqueta que mencione el contenido de la tela, instrucciones para su cuidado, país de origen y el número de registro de tu propia compañía.

Recurso Educativo:
Fabriclink.com

Lo más importante del etiquetado es el contenido de la tela. Si estás trabajando con varias telas, necesitas enumerar el contenido de la tela para cada tela de la prenda, comenzando por la tela principal, luego la secundaria, etc. El contenido de la tela puede estar en una etiqueta por separado o aparecer en la misma etiqueta en la que se mencionen las instrucciones de cuidado.

Leyes Textiles:
www.ftc.gov/bcp/edu/
pubs/business/textile/
bus21.shtm

Notas:

Las Leyes de la Tela y la Lana exigen que se muestre el contenido de la tela (en porcentaje) en una etiqueta cosida a la prenda o que cuelgue. La FTC también regula qué telas pueden y no pueden ser utilizadas en mercados específicos. Por ejemplo, se considera que existen varias telas de lana que son inflamables y por lo tanto no son permitidas en las ropas o accesorios de niños. Asegúrate de leer el documento titulado "Threading Your Way Through the Labeling Requirements Under the Textile and Wool Acts" (disponible solamente en inglés) para ver si existen otras restricciones que se apliquen a ti.

¿Otra razón para conocer el contenido de fibras de una prenda? Muchas personas son alérgicas a determinadas fibras de origen animal, tales como la lana y angora.

¿Y si compraste tu tela como sobras o de un intermediario sin saber el origen del contenido de la fibra? ¿Cómo puedes conocer el contenido de la fibra que estás utilizando? La FTC tiene una excepción para la utilización de estos artículos.

"Si un producto textil es elaborado – completamente o en parte – a base de retazos, recortes, trapos, fibras o telas de segunda mano u otros materiales textiles de desecho para un propósito práctico, de un contenido de fibra indeterminado, la información puede mencionar que este es el caso. Por ejemplo:

Hecho de recortes con contenido de fibras desconocidas

100% fibras desconocidas – retazos

Solo fibras indeterminadas – subproductos textiles

100% piezas misceláneas contenido de fibras desconocidas

Materiales de segunda mano – contenido de fibra desconocido

45% Rayón 30% Acetato 25% Contenido de Fibra Desconocido

75% Lana Reciclada 25% Fibras Desconocidas

60% Algodón 40% Fibras Desconocidas – retazos

Hecho a partir de sobras de fibras de contenido y origen desconocido

Notas:

Instrucciones de lavado y cuidado de tela: www.Textilecare.com

Notas:

Instrucciones de Cuidado de la Tela

Las instrucciones de cuidado mostradas en tu etiqueta cosida (o impresa permanentemente sobre la tela) deben incluir los siguientes 5 elementos para el lavado.

1.   Instrucciones de lavado a mano o en lavadora, incluyendo temperatura del agua: "Lavar a mano con agua fría"; "Lavar en lavadora con agua tibia"

2.   Instrucciones sobre el Blanqueador. Si está bien utilizar cualquier blanqueador no hay necesidad de poner nada en relación a este aspecto. Pero si las pruebas demuestran que solo se debe utilizar blanqueador sin cloro, necesitas estas instrucciones: "Solo blanqueador sin cloro, cuando sea necesario." Si no se puede utilizar blanqueador: "No Blanqueador" o "No Utilizar Blanqueador".

3.   Método de Secado. Si está bien cualquier temperatura que se utilice, no hay necesidad de mencionar nada. Pero, si tienes instrucciones especiales para evitar el encogimiento de la tela tales como "Secar Colgado" o "Secar Plano" o "Secar en Secadora Temperatura Baja", entonces sí debes mencionarlas en tu etiqueta.

4.   Instrucciones de Planchado. Si utilizar una plancha no dañará la prenda, no necesitas incluir nada en la etiqueta. Pero, si se necesita planchar ocasionalmente debes indicar la temperatura de la plancha: "Plancha Fresca si se necesita" o "No Planchar".

5.   Cualquier advertencia que ayude al usuario a cuidar exitosamente de la prenda debe ser incluida. Si tiene posibilidades de decolorarse, debes mencionar "Lavar por Separado" o "Lavar con Colores Similares". Si la prenda tiene un zíper y es mejor lavarla con el mismo cerrado, debes indicarlo también "Cerrar Zíper".

O... si tu prenda puede ser lavada en seco, puedes calificar la misma como "Lavado en Seco Solamente". Ahora ya sabes por qué es tan popular "Lavar en Seco Solamente".

Pudieras preguntarte, "¿Cómo saber cuáles son las instrucciones de cuidado para mis prendas?" Debes probar tus telas y prendas terminadas lavándolas, secándolas, planchándolas y secándolas en seco. Cada tela funciona de una forma distinta a la otra, por lo tanto, pudiera ser bastante difícil escribir las instrucciones de cuidado para una prenda que contenga varios componentes. Es posible que, dependiendo de las telas que utilices, tengas alguna prenda con una etiqueta que diga "No Lavar en Lavadora, No Lavar en Seco."

Número de Registro

Junto con las instrucciones de cuidado, debes incluir el país de fabricación y luego tu Número de Registro.

El formulario de aplicación para un Número de Registro posiblemente sea el más sencillo que tengas que completar y lo mejor de todo es que la aplicación es gratis. Puedes aplicar para el Número de Registro en el sitio web de la FTC. Quizás te estés preguntando: "¿Cuál es el propósito de tener un Número de Registro?" Cada compañía que crea ropa se registra en una base de datos nacional, convirtiéndote en rastreable. Entonces, aparte de que es requerido por la ley, ¿por qué querría alguien tener esto?

Por ejemplo, digamos que en tus prendas tienes una etiqueta de marca y otra para el cuidado. Pensemos también que la etiqueta de la marca da un poco de picazón y el cliente decide cortarla. Luego, esa prenda es vendida en una venta de garaje

Notas:

Notes:

o en una tienda de segunda mano. La dueña de una prestigiosa boutique encuentra la mencionada prenda y le encanta. Ella considera que la presencia estética de la prenda es perfecta para sus 15 boutiques. Ahora, ¿qué puede hacer esa persona para saber de dónde proviene la prenda? La etiqueta de la marca no se encuentra pero la del cuidado sí está presente y ahí está el Número de Registro. Aquí es donde la opción de búsqueda de la FTC es beneficiosa para localizar al fabricante. Y ahí está, un contrato de millones de dólares gracias a la persona que puso a la venta tu prenda.

Etiquetado

Nombre del Modelo: .... Modelo # ....

Contenido del Tejido: ....

Limpieza en seco   Sí / No

Lavar   Sí / No   ¿Agua caliente, fría, temperatura?

Usar Blanqueador   Sí / No   ¿Blanqueador a base de cloro, Blanqueador sin cloro?

Secar   Sí / No   ¿Secar completamente, utilizar secadora, poco calor?

Planchar   Sí / No   ¿Planchar en frío, cualquier temperatura?

Advertencias:

¿La tela destiñe?   Sí / No

¿Es necesario lavarla por separado?   Sí / No

¿Es necesario quitar algún adorno antes de lavar o limpiar en seco?   Sí / No

----

Otras Instrucciones:

Estudio de Caso: Etiquetado

Nombre del Modelo: _Vestido de Corte Cruzado_ **Modelo #** _____

Contenido del Tejido: _100% Lino_

Limpieza en seco (Sí) No

Lavar (Sí) / No ¿Agua caliente, fría, temperatura?
Agua Fría

Usar Blanqueador Sí (No) ¿Blanqueador a base de cloro, Blanqueador sin cloro?

Secar (Sí) No ¿Secar completamente, utilizar secadora, poco calor?
Utilizar secadora – cualquier calor

Planchar (Sí) No ¿Planchar en frío, cualquier temperatura?
Cualquier temperatura

Advertencias:
¿La tela destiñe? (Sí) No
Lavar con colores similares y al revés

¿Es necesario lavarla por separado? Sí (No)

¿Es necesario quitar algún adorno antes de lavar o limpiar en seco? Sí (No)

Otras Instrucciones:

Capítulo 29
Leyes Estatales para las Prendas

Para impedir el aumento de las maquilas algunos estados han establecido restricciones laborales para la industria de los productos tejidos. Las leyes son establecidas por los Comisionados de Trabajo del estado y actualmente estas leyes existen en los estados de California, Nueva York y Nueva Jersey. Aunque tengas una empresa en otro estado es posible que se te exija cumplir con estas leyes y registrarte en el estado correspondiente si pretendes hacer negocios con algún contratista de estos estados. Ponte en contacto con la junta laboral del estado para informarte si necesitas registrarte.

Registro de Prendas en California

California puso en práctica sus leyes de prendas en el año 1978 y estas fueron revisadas por última vez en 1999. Las leyes exigen que si tu compañía existe en California o que si haces negocios con un contratista de ese estado, debes registrarte con la junta laboral. Los contratistas y fabricantes se deben registrar. Como diseñadora y empresaria por ley eres considerada una fabricante. Esta clasificación existe si contratas los servicios de cualquier persona que corte, cosa, procese, repare, termine o prepare un producto tejido. Las tarifas asociadas a esta ley varían en dependencia de la ganancia. Las tarifas para una fabricante comienzan en $750 anualmente.

Notas:

Registro de Prendas de California:
www.dir.ca.gov/dlse/howtoobtaingarment registration.htm (solo disponible en inglés)

Para registrarte con la junta laboral primeramente debes completar una aplicación, pegar la tarifa correspondiente a la División de Estándares de Trabajo de California (DLSE por sus siglas en inglés) según tus ganancias, y pasar un examen relacionado con las leyes laborales realizado por el estado.

No registrarse puede traer como resultado ser acusada de delito menor, pagar una considerable multa y que confisquen tu inventario. Los contratistas que estés utilizando también pueden ser multados.

Registro en Nueva Jersey:
www.lwd.dol.state.nj.us/ labor/wagehour/content/ apparel_industry.html

Registro en Nueva Jersey

El registro en el estado de Nueva Jersey tiene un costo de $300 anuales para los fabricantes. No registrarse puede traer consigo una serie de cargos y penalidades. Las leyes de Nueva Jersey parecen ser las más estrictas y vienen acompañadas con las sanciones más severas. Las violaciones de estas leyes pueden resultar en un período de espera de tres años antes de poder fabricar nuevamente. La confiscación del inventario, los atuendos y el equipamiento son también posibles penalidades.

Registro en Nueva York:
www.labor.state.ny.us/ workerprotection/ laborstandards/ workprot/garment.asp (solo disponible en inglés)

Registro en Nueva York

Entre estos tres estados, Nueva York posee las leyes menos estrictas. Las tarifas de registro son de $200 para los fabricantes con una renovación anual de $150. El propósito principal de estas leyes es controlar las fábricas y garantizar que todos los trabajadores de las mismas reciban salarios justos. La junta laboral de Nueva York posee un directorio online de las fábricas registradas. Este pudiera ser un buen punto de inicio cuando estés buscando una fábrica en el estado de Nueva York.

Capítulo 30

Regulaciones para la Seguridad de los Productos

La última ley que te afectaría como fabricante está relacionada con la seguridad de los productos. Esta ley fue aprobada a principios de 2008 y entró en vigor el 6 de noviembre de 2008. La ley recibe el nombre de Ley Mejorada para la Seguridad de los Productos al Consumidor (CPSIA por sus siglas en inglés). La mencionada ley fue aprobada para proteger a los niños de los recientes problemas presentados en productos infantiles.

Desafortunadamente la ley no fue escrita claramente y contiene varios temas confusos. Constantemente se están haciendo revisiones a esta ley, por lo tanto, para cuando este libro esté impreso habrá más información disponible. Te recomiendo revisar el sitio web de la Comisión de Seguridad de los Productos al Consumidor (CPSC por sus siglas en inglés) para mayor información.

La ley trata principalmente sobre los fabricantes de los productos destinados para niños de 12 años o menos. Esta ley afecta a todos los fabricantes de productos y prendas

Comisión de Seguridad de los Productos al Consumidor :
www.cpsc.gov

Notas:

para niños y limita la cantidad de plomo y ftalato utilizada en estos componentes. Todo esto incluye colorantes, botones, cristales de swarovski, zípers y muchos otros adornos. Estos componentes contienen rastros de plomo, por lo tanto los mismos deben ser probados para verificar que cumplen los estándares establecidos.

Y como un detalle interesante que quizás te haga gritar o reírte, te cuento que el rastro de plomo permitido en los productos infantiles es menor que la cantidad permitida por la Agencia de Alimentos y Medicamentos (FDA por sus siglas en inglés) en los caramelos, siendo estos últimos digeridos por esos mismos niños.

FUNCIONAMIENTO DE SU NEGOCIO

Capítulo 31
Empleados y Contratistas

Tu negocio ya está funcionando, ha aumentado la demanda de tus productos y te das cuenta que ya no puedes hacer todo el trabajo tú sola y necesitas ayuda. Felicidades. Aceptar que no puedes hacer todo tu sola y que necesitas contratar alguien que te ayude es la primera clave para alcanzar el éxito. ¿Cuál es el momento indicado para contratar empleados y cómo hacerlo? Primeramente veamos qué tipo de ayuda necesitas; ¿necesitas un empleado o un contratista independiente? ¿Cuáles son tus responsabilidades para contratar un empleado o un contratista?

Empleados: Debes retener impuestos federales, estatales y de la ciudad (si aplica), impuestos de seguridad social y Medicare, coincidir con seguridad social, pagar seguro de compensación de trabajadores (si aplica), y pagar impuestos de desempleo. Debes hacer todo esto es las fechas indicadas y cumplir con cierta cantidad de regulaciones laborales estatales y federales. También debes enviar un formulario W-2 anualmente.

Contratistas Independientes: Los contratistas independientes pagan sus propios impuestos. Por lo general, estos trabajadores son contratados para una tarea específica y se les paga una

Notas:

Instrucciones para el Servicio de Rentas Internas de negocios:
irs.gov/businesses

Notas:

tarifa determinada, comúnmente por hora. Tú informas sobre tus pagos a estos contratistas en un formulario 1099 (para pagos de más de $600 por año).

Por supuesto, te debes estar preguntando: "¿por qué debería contratar a un empleado con todo el trabajo de impuestos que debo hacer?" El IRS tiene ciertas reglas sobre quién califica como un contratista independiente y quién como empleado.

Según la definición del IRS:

"La regla general es que una persona es un contratista independiente si (la persona para cual realiza los servicios) tiene el derecho de controlar o dirigir solamente el resultado del trabajo y no lo que se hará, ni cómo se hará, o el método para lograr el resultado."

"Los abogados, contratistas, subcontratistas, taquígrafo público y subastadores que siguen un comercio independiente, negocio o profesión en la cual ofrecen sus servicios el público, generalmente no son empleados. Sin embargo, si esas personas son o no son empleados o contratistas independientes depende de las características de cada caso."

Como puedes ver, el criterio que utiliza el IRS se basa en "si puedes o no controlar el trabajo de la persona que trabaja para ti." Si la respuesta es afirmativa, entonces la persona es un empleado; si es negativa, estás relacionada con un contratista independiente. Existen severas sanciones por tratar empleados como contratistas independientes, por lo tanto debes ser honesta con tu evaluación.

En la industria de la moda es más probable que te relaciones con contratistas independientes que con empleados. La persona que hayas contratado por sus habilidades comerciales, sea un fabricante de patrones, un creador de muestras o un diseñador web, es generalmente un contratista. Se consideraría empleado a alguien que contrates como asistente administrativa para las operaciones diarias.

Si no eres capaz de determinar si una persona debe ser considerada contratista o empleado, el IRS tiene un útil formulario, el SS-8, "Determinación de la Situación del Trabajador con Fines de Impuestos Federales de Impuestos y la Retención de Impuestos sobre la Renta."

Como los contratistas independientes son empleados por cuenta propia y requieres poca obligación para trabajar, sus pagos son más elevados que los salarios de un empleado. Esto es cierto por dos razones. 1. Deben pagar impuestos por trabajo por cuenta propia. 2. Ellos te ahorran tiempo y dinero porque no tienes que recolectar y declarar impuestos federales, de seguridad social y demás, ni pagar compensaciones al trabajador o impuestos de desempleo, como tendrías que hacerlo con los empleados.

Si contratas un contratista independiente que gana más de $600 trabajando contigo, se te exige que le entregues un formulario 1099 al terminar el año informando la cantidad que le pagaste. Luego, el contratista tendrá que informar esa cantidad y pagar impuestos en relación a esa cantidad.

Supongamos que después de leer todo esto decides que deseas tener total control sobre cómo y cuándo es realizado el

Notas:

trabajo y elijes contratar un empleado. Aquí tienes una serie de pasos que debes seguir para garantizar que hagas todo como es debido.

• Tu empleado debe completar el formulario W-4 (Certificado de Autorización de Retención del Empleado), Formulario I-9 (Verificación de Elegibilidad para Empleo), y Formulario W-5 (Certificado de Pago Adelantado de Crédito de Ingresos Obtenidos) si aplica. En algunos estados debes enviar copias de estos formularios a las oficinas estatales, y en otros los conservarás. Utilizarás esta información para retirar correctamente los impuestos aplicables.

• Regístrate en tu estado con el nuevo programa de contratación dentro de los 20 días de contratar o recontratar. Verifica directamente en tu estado por algún requisito específico.

• Aplica para el Seguro de Compensación del Trabajador

• Regístrate para comenzar a pagar el Impuesto de Seguro por Desempleo (en el Departamento de Trabajo de los EE.UU.)

• En caso de ser exigido por tu estado, solicita el seguro por incapacidad

• Publica anuncios de trabajo

• Presenta el Formulario 941 del IRS para elegir entre presentar los informes y realizar los pagos mensual, trimestral, o anualmente.

Para informarte más sobre los requisitos específicos de tu estado con relación a los empleadores, visita el sitio web de la secretaría de tu estado y busca en pequeños negocios. El IRS y el Departamento de Trabajo también tienen excelentes recursos y formularios que jamás pensaste que existirían.

Quizás desees contratar una compañía pagadora para facilitarte tu vida, pero asegúrate de controlar los pagos y la retención de impuestos. Tú eres personalmente responsable por el depósito de estos impuestos.

Prácticas

Sé que has escuchado con frecuencia esta palabra y parece que todas las compañías están ofreciendo prácticas para ayudarte a dar el primer paso que necesitas. Si alguna vez hablas con alguna diseñadora experimentada la escucharás decir que las prácticas son claves para el aprendizaje en esta industria. El problema es que la mayoría de estas prácticas en la industria de la moda son sin salario. Quizás escuches decir a la experimentada diseñadora que necesitas pasar un poco de trabajo y tomar unas prácticas sin salario; pero, ¿es esto legal?

En el estado de California puedes ofrecer prácticas con tu compañía si trabajas con una escuela y la estudiante a realizar las prácticas tiene créditos para la universidad. El Departamento del Trabajo de los EE.UU. (DOL por sus siglas en inglés) tiene otro concepto al respecto. Este ente ha establecido 6 requisitos que debes cumplir para poder ofrecer prácticas sin salario. Lo mostrado a continuación ha sido tomado textualmente del sitio web del Departamento de Trabajo.

Notas:

"Aunque la práctica involucra la utilización operacional de las instalaciones del empleador, la misma es similar al entrenamiento ofrecido en una institución educativa;

"La experiencia de la práctica es para el beneficio del practicante;

"El practicante no desplaza de su posición a los empleados regulares, pero trabaja bajo la directa supervisión del personal;

"El empleador que ofrece las prácticas no obtiene beneficio inmediato de las actividades realizadas por el practicante; y en algunas ocasiones las funciones de este último pueden verse limitadas;

"El practicante no tiene necesariamente derecho a un empleo una vez terminadas las prácticas; y

"El empleador y el practicante comprenden que el primero no tiene derecho a percibir un salario durante el tiempo de duración de las prácticas."

Como puedes ver en estos fragmentos, contratar practicantes puede ser algo complicado; por lo tanto, ándate con pies de plomo cuando ofrezcas prácticas. Quizás necesites contratarlos.

Capítulo 32
Fundamentos del Presupuesto

Presupuestar tus finanzas puede parecer algo desalentador, pero tomar los pasos correctos te ayudará a obtener ganancias en el futuro. Déjame darte algunas palabras de ánimo antes de llegar al meollo de la cuestión. Ten fe en tu crecimiento. Si planificas bien tus finanzas y tu tiempo, al cabo del segundo año podrás ver crecer tu negocio considerablemente. Estás comenzando con $0 de ganancia, por lo tanto el crecimiento debe ser enorme.

Durante el primer año de tu negocio estarás ocupada creando tus colecciones, elaborando tu campaña de mercadeo y aprendiendo de tus errores. Pero en tu segundo año tu negocio debe haber crecido considerablemente en cuanto a bienes, inventario y estatus. Esto no quiere decir que en dos años tus números serán positivos (o sea, que los ingresos superan los gastos); es posible que no obtengas ganancias reales hasta el tercer año. Pero si inviertes bien tu tiempo, sigues los consejos en este libro y te mantienes fiel a tu visión, llegará el momento en que obtengas ganancias.

Nunca me cansaré de decir lo importante que es mantenerse dentro del presupuesto. Es fácil racionalizar gastando solo

Notas:

Notas:

un poco más, pero esto puede convertirse en una costumbre rápidamente. Pon límites a tus gastos. En otras palabras, un presupuesto es planificar la forma de cubrir tus gastos. Tu primer año en el negocio traerá consigo muchos gastos que generalmente no tendrás que hacer anualmente. Estos gastos son tus costos iniciales. Los gastos que tendrás regularmente se dividen en dos grandes grupos: variables y fijos. Tu costo variable es determinado por lo que tú produces realmente. Tus costos fijos son aquellos en los cuales incurres para mantener tu negocio funcionando.

Los costos fijos pueden ser divididos en dos categorías: directos e indirectos. Los gastos fijos directos incluyen desarrollo del producto, fotografía y gastos de ferias comerciales. Los gastos fijos indirectos son tus gastos mensuales o generales. En los capítulos subsiguientes ahondaré más en cada uno de estos costos.

Capítulo 33
Costos Iniciales

Para poder iniciar correctamente necesitamos determinar cuáles serán tus gastos de inicio. Tus costos iniciales son aquellos que se realizan una sola vez durante el primer año de tu negocio. Estos pueden incluir el establecimiento de tu entidad comercial, tarifas legales, desarrollo del logotipo, y la lista puede continuar.

He destacado algunos gastos que pueden aplicar para tu negocio, pero no te limites a esta lista solamente. Tú necesitarás crear una lista detallada con los gastos de inicio de tu propio plan de actividades empresariales.

Entidad Comercial – Establecer legalmente tu entidad comercial.

Creación de Marca, Identidad y Logotipo – Si planeas contratar a un profesional para que cree la imagen de tu compañía, debes incluir el costo en los gastos de inicio.

Licencias y Permisos – Esto incluye el costo de registrar tu negocio, obtener tu número de venta y otros permisos que puedas necesitar. Regístrate con la junta de trabajo de tu estado, en caso que sea requerido.

Notas:

Tarifas Legales - Si planeas operar como una entidad en vez de una propiedad unipersonal, debes presupuestarte para el establecimiento legal del negocio. Si vas a tener una marca registrada o una patente, vas a necesitar la ayuda de un profesional de la ley de la propiedad. Todas estas tarifas variarán considerablemente dependiendo de lo que estés buscando.

Depósito de Seguridad de Renta - Si estás planeando rentar un espacio como oficina o estudio, debes incluir el depósito de seguridad en tus gastos de inicio.

Tecnología - Analiza la posibilidad de comprar un programa de contabilidad (recomiendo la utilización de QuickBooks o el Software de Moda al Descubierto), algún programa gráfico, así como cualquier otro software que necesites para administrar correctamente tu negocio.

Depósitos de Seguridad de Servicios - Si estás rentando el espacio, es posible que tengas que enviar depósitos de seguridad para la electricidad, el gas, el agua y el teléfono.

Sitio Web - Un sitio web bien diseñado puede costar entre $500 a $5,000 dependiendo de tus exigencias.

Después de haber calculado tus costos iniciales, aparta una reserva monetaria equivalente al menos a una mitad de tu inversión de inicio para fondos de emergencia. Siempre tendrás gastos inesperados. Es mejor estar preparada, a que te sorprenda cualquier eventualidad en el menos oportuno de los momentos con la guardia baja.

Equipamiento

Es posible que el equipamiento que compres para administrar
tu negocio no sea del todo deducible como un gasto de inicio
cuando estás comenzando. Tu contadora puede asesorarte
al respecto, pero el valor del equipamiento que compres y
el valor de equipamiento que utilices será desglosado en
varios años. Este es todo el equipamiento que necesitas
para administrar exitosamente tu negocio: máquinas de
coser, computadoras, impresoras, teléfonos y fax. Elabora un
inventario detallado de tus contribuciones. Este inventario será
de utilidad cuando estés trabajando con tu contadora, al igual
que cuando quieras vender tu negocio o asociarte con alguien.

Notes:

Gastos Iniciales

	Costo
Entidad Comercial	
Desarrollo de la Marca, la Identidad y el Logo	
Licencias y Permisos	
Cuotas Legales	
Depósito para Garantizar la Renta	
Tecnología	
Depósito para Garantizar los Servicios Públicos	
Sitio Web	
Costo Inicial Total	$

Adquisición de Equipos e Inventario

Artículo en Inventario	Fecha de Adquisición	Precio
Inversión Total en Inventario		$

Estudio de Caso: Gastos Iniciales

	Costo
Entidad Comercial	$150
Desarrollo de la Marca, la Identidad y el Logo	0
Licencias y Permisos	$50
Cuotas Legales	$150
Depósito para Garantizar la Renta	0
Tecnología	$200
Depósito para Garantizar los Servicios Públicos	0
Sitio Web	0
Costo Inicial Total	$550

Adquisición de Equipos e Inventario

Artículo en Inventario	Fecha de Adquisición	Precio
Máquina de Vapor	2003	$75
Percheros	2003	$50
Percha con Ruedas	2003	$75
Maniquí	2003	$50
Máquina de Costura Recta Industrial	2005	$250
Máquina de Remallar (Overlock) Industrial	2010	$600
Remalladora (Serger) Casera	2010	$50
Máquina de Coser Casera	2003	$25
Computadora	2003	$1000
Inversión Total en Inventario		$2175

Capítulo 34
Costos Variables

Después de determinar tus costos iniciales, el siguiente paso en la elaboración de tu presupuesto es calcular la base de tus costos variables. Estos son tus costos de producción. Para determinar los mismos, primeramente necesitas determinar tus costos en materiales. En la industria de la moda, este proceso es conocido generalmente como cálculo del costo.

Cálculo del Costo

Para conocer el verdadero costo de tu prenda, en cuanto a materiales se refiere, necesitas conocer el costo por yarda de tela y cuántas necesitas para crear tu producto. Tu confeccionista de patrones debería ser capaz de ayudarte a determinar la cantidad exacta.

También necesitarás conocer el costo del corte y el cosido de las prendas. Para tu primera producción deberías buscar al fabricante adecuado para tu producto. Algunos contratistas tienen cantidades mínimas algo elevadas (por ejemplo, 1000 piezas), mientras las de otros son más bajas (unas 25). Obtén estimados de costura en ambos casos.

Si vas a comenzar con una pequeña producción, quizás

Notas:

debas averiguar cuánto costaría contratar una costurera independiente. Recuerda, ¡se debe analizar cada posibilidad y cada costo! Este último estimado pudiera ser muy importante si tienes un pedido lo bastante grande como para encargarte tú sola de él, pero lo suficientemente pequeño para ser ignorado por un contratista.

Cuando estés estableciendo tus costos utiliza los estimados más elevados y pon precios a tus prendas en correspondencia con estos estimados. Como una compañía de diseño, siempre será más fácil bajar tus precios una vez que te hayas establecido, que subirlos y mantener tu clientela. Comienza alto y baja después. A la larga esto te puede beneficiar. Siempre aparecen gastos inesperados y emergencias en el momento menos oportuno, por lo tanto es mejor tener cierto margen financiero para poderlos cubrir.

Aparte de tus costos de telas y costura existen algunos otros gastos que necesitar tener en cuenta cuando estés poniendo precio a tus prendas. Estos gastos pueden incluir tus etiquetas, costos de coloración, costos de serigrafía, costos de perchas y empaques, al igual que tus artículos de mercería como zípers, elásticos y botones. Los estimados de costura que obtengas deben incluir estos artículos, aunque hay algunas excepciones que aplican cuando se añaden ojales plásticos o de metal, o los ojales tradicionales; por lo tanto debes obtener estimados que los incluyan.

Las etiquetas cosidas son más costosas y muchas personas las cortan. Las etiquetas impresas son más suaves y es menos probable que las corten, pero quizás no luzcan muy profesionales. Elige la etiqueta que se ajuste más a tu línea.

Hoja de Costo

Modelo #: ....   **Nombre del Modelo:** ....

Temporada: ....

Ficha Técnica

Costo de los Materiales

Tela/Corte	Costo por Unidad	Cantidad	Costo Total

Costo Total de los Materiales	$
Costo de Costura	$
Costo de Corte	$
Costo de Tintura	$
Costo de Serigrafiado	$
Embalaje	$
Percheros	$
Costo Total	**$**

Estudio de Caso: Hoja de Costo

Modelo #: Vestido Swing   **Nombre del Modelo:**

Temporada: Primavera 2011

Ficha Técnica

Costo de los Materiales

Tela/Corte	Costo por Unidad	Cantidad	Costo Total
Algodón Satín	12	1.25	15
Cremallera Invisible	,55	1	1,25
Etiqueta	,25	1	,25

Costo Total de los Materiales	$16,50
Costo de Costura	$12,00
Costo de Corte	$2,00
Costo de Tintura	$0
Costo de Serigrafiado	$0
Embalaje	$0
Percheros	$0
Costo Total	$30,50

Costo de Producción

El cálculo de tu presupuesto para la producción está relacionado directamente con la cantidad de ventas que esperas tener. Si estás pensando vender 100 unidades al por mayor a vendedores al detalle, entonces tendrás que producir 100 unidades, ¿cierto? Casi cierto. Necesitas comprender que hasta el 5% de las piezas producidas pueden quedar con desperfectos y por lo tanto son invendibles. Debes añadir ese porcentaje a los números de tu producción.

Si estás pensando en venderle directamente al cliente mediante ferias o algún sitio web, tendrás que producir un inventario suficiente que cubra los pedidos y las ventas directas. Algo más a tener en cuenta es que si tu producto es muy solicitado, ¿tendrás el inventario necesario para los pedidos repetidos? Agrupemos estas dos situaciones y asumamos que deseas producir un 10% adicional de tu inventario.

Ahora veamos nuestro primer cálculo de producción. Calculemos los costos de producción de una prenda de tu colección. Tendrás que crear hojas de cálculo de producción independientes para cada prenda que estás produciendo – al terminar esta sección se incluye un ejemplo de muestra.

Pretendamos que vas a producir 100 piezas de una prenda para completar los pedidos que fueron hechos, y un 5% adicional para los daños más otro 10% para las ventas directas a través de tu sitio web.

100 piezas x 5% = 5 (Ajuste por Daños)
100 piezas x 10% = 10 (Ajuste para ventas directas y pedidos repetidos)

Notas:

Notes:

La cantidad de tu producción es 115 piezas. Anota los costos de esta prenda (tela, arreglos, costura y corte) en tu hoja de costos y multiplícalo por tu cantidad (115). El resultado es el costo de producción por esta prenda.

Hoja de Trabajo para el Costo de Producción de las Prendas

Modelo #:
Nombre del Modelo:
Temporada:

Cantidad de artículos pedidos	
__% Asignación para mercancía dañada	
__% Asignación para ventas directas	
Total de artículos a producir	

Costo de Producción

Costo de la Mercancía por piezas	
Cantidad Total Producida	X
Costo Total de Producción	

Hoja de Trabajo para el Costo de Producción de las Prendas

Modelo #:
Nombre del Modelo:
Temporada:

Cantidad de artículos pedidos	
__% Asignación para mercancía dañada	
__% Asignación para ventas directas	
Total de artículos a producir	

Costo de Producción

Costo de la Mercancía por piezas	
Cantidad Total Producida	X
Costo Total de Producción	

Estudio de Caso: Hoja de Trabajo para el Costo de Producción de las Prendas

Modelo #:
Nombre del Modelo: *Vestido Swing*
Temporada: *Primavera 2011*

Cantidad de artículos pedidos	75
__% Asignación para mercancía dañada	4
__% Asignación para ventas directas	19
Total de artículos a producir	98

Costo de Producción

Costo de la Mercancía por piezas	29,80
Cantidad Total Producida	x 98
Costo Total de Producción	2920,40

Estudio de Caso: Hoja de Trabajo para el Costo de Producción de las Prendas

Modelo #:
Nombre del Modelo: *Vestido de Corte Cruzado*
Temporada: *Primavera 2011*

Cantidad de artículos pedidos	65
__% Asignación para mercancía dañada	3
__% Asignación para ventas directas	17
Total de artículos a producir	85

Costo de Producción

Costo de la Mercancía por piezas	48,5
Cantidad Total Producida	x 85
Costo Total de Producción	4122,50

Hoja de Trabajo para el Costo de Producción de la Colección

Temporada: ....

# del Modelo/ Nombre del Modelo	Costo de Producción
Costo Total de Producción por Temporada	

Estudio de Caso: Hoja de Trabajo para el Costo de Producción de la Colección

Temporada: Primavera 2011

# del Modelo/ Nombre del Modelo	Costo de Producción
Vestido Baby Doll	1601,60
Pantalones Tubo o Pitillo	2277,60
Vestido con Fajín (tipo obi)	1320,00
Bata de Seda	957,00
Blusa de Tirantes	1548,40
Vestido Swing	2920,40
Pantalones Bombaches Urbanos	1700,16
Vestido de Corte Cruzado (Wrap Dress)	4122,50
Costo Total de Producción por Temporada	$16,447,66

Capítulo 35
Costos Fijos Directos

A simple vista quizás pienses que desarrollo, ferias comerciales y fotografía son elementos considerados como costos variables. En la práctica, estos elementos son ejemplos de costos fijos relacionados directamente con cada colección que produces. Los costos fijos directos están relacionados con tus ciclos de producción. Estos costos variarán de un año a otro dependiendo de la cantidad de colecciones que produzcas. Desglosemos todo para crear un presupuesto por colección.

Costo de Desarrollo

El costo fijo directo más complejo es tu costo de desarrollo. Tu primera colección será la más costosa de desarrollar. En esta etapa estarás creando tus bloques analizando las cuestiones de las tallas con tu fabricante de patrones.

Los bloques son tus patrones básicos para tu talla y tipo de prenda de muestra. Por lo general crearás un patrón básico de saya, de corpiño, de torso, de manga y de pantalón que será utilizado en la elaboración del boceto de cada uno de los patrones en tu colección.

En tu segunda, tercera y cuarta colección deberás notar una disminución en tus costos de desarrollo. No deberías tener que

Notas:

Notas:

desarrollar nuevamente tus bloques a menos que hayas tenido serios problemas en tu primera colección.

Es muy común que las diseñadoras relancen nuevamente el mismo diseño en más de una colección pero una tela y color diferentes. En este caso no necesitarás calcular nuevamente los costos de la elaboración del patrón y el desarrollo de la muestra, sino de la muestra solamente. A continuación se encuentra un desglose de los costos de desarrollo de cada pieza.

Costo de tela para crear todas las muestras de esa prenda. Realiza tus cálculos según la cantidad de muestras que esperas crear, incluyendo las muestras de trabajo y de producción.

Costo de adornos para las muestras. Calcula este aspecto de la misma forma en que calculas los costos de tela.

Cosido de muestra - Decide cuánto gastarás en cada muestra y la cantidad de muestras. Si has gastado tu presupuesto y no tienes una buena muestra, analiza la posibilidad de cancelar el diseño o buscar una nueva fabricante de patrones y/o muestras.

Patrones - Si tienes un contratista que haga ambas tareas quizás quieras combinar la costura de las muestras con tu trabajo de patrón en tus costos de desarrollo.

Servicios de clasificación - Incluye los costos de digitalización, clasificación y marca.

Medidas - Es obligatorio utilizar un modelo de medidas que

Costo de Desarrollo

Modelo #:

Nombre del Modelo:

	Costo
Tejido	
Corte	
Desarrollo del patrón	
Costura de la Muestra	
Corrección del Patrón	
Serigrafiado	
Pruebas	
Costo Total de Desarrollo	

Costo de Desarrollo

Modelo #:

Nombre del Modelo:

	Costo
Tejido	
Corte	
Desarrollo del patrón	
Costura de la Muestra	
Corrección del Patrón	
Serigrafiado	
Pruebas	
Costo Total de Desarrollo	

Estudio de Caso: Costo de Desarrollo

Modelo #:

Nombre del Modelo: *Baby Doll Dress*

	Costo
Tejido	$18,00
Corte	$0,55
Desarrollo del patrón	$0
Costura de la Muestra	$0
Corrección del Patrón	$45,00
Serigrafiado	$0
Pruebas	$0
Costo Total de Desarrollo	$63,55

Estudio de Caso: Costo de Desarrollo

Modelo #:

Nombre del Modelo: *Urban Knickers*

	Costo
Tejido	$23,00
Corte	$0,55
Desarrollo del patrón	$75,00
Costura de la Muestra	$75,00
Corrección del Patrón	$45,00
Serigrafiado	$0
Pruebas	$0
Costo Total de Desarrollo	$219,65

cumpla con el criterio establecido en tu cliente objetivo.

Configuración de Serigrafiado – Si vas a tener diseños de serigrafía en tus prendas, debes incluir el costo de creación del serigrafiado.

Coloración de la tela – Obtener el color deseado en la tela a través de la coloración de la misma conlleva un costo inicial.

Fabric Dying Set-up – Color matching and dying samples of your fabrics will need to be developed for your collection prior to production. The set-up fees for this are generally not free.

Costo de Fotografía

Antes de comenzar a vender tu colección necesitarás tomarle fotografías. Estas fotos pueden ser utilizadas para crear un libro de muestra, mejorar tu sitio web y darle publicidad a tu negocio. Este aspecto debe ser incluido en el presupuesto con cada colección que crees.

Es obvio que tendrás que considerar el gasto de contratar un fotógrafo y una modelo. Como dueños de pequeños de negocios, tenemos que tener determinación y utilizar los servicios que tengamos disponibles. Una vía para obtener fotos profesionales es estableciendo un acuerdo de Imágenes Impresas (TFP por sus siglas en inglés) o Imágenes en CD (TFCD por sus siglas en inglés). Varias modelos y fotógrafos están dispuestos a crear sus portafolios y aprovechar la oportunidad de ropa original. Este acuerdo le ofrece a todos los involucrados en el mismo el derecho de utilizar las fotos con

Notas:

una cantidad limitada de gastos. Tú obtienes tus fotos para lo que las necesitas y los demás también las pueden utilizar para su propia conveniencia.

Tienes que obtener permisos firmados de todas las personas involucradas en las fotos para poderlas utilizar legalmente en impresiones o en internet. Algunos permisos exigen que aparezcan los nombres de todas las partes involucradas en las fotos. Para ti sería beneficioso que exigieras que el nombre de tu compañía aparezca relacionado con todas las fotos de tus diseños.

No siempre obtendrás las imágenes que necesitas de una sesión de fotos de TFP/TFCD, por lo tanto es posible que valga la pena realizar una inversión para contratar un fotógrafo y una modelo exclusivos para la sesión. Es posible que necesites contratar también una maquillista y una peluquera profesional para lograr ese look que buscas en tu línea. Otros gastos que pueden aparecer relacionados con la fotografía son la renta de local y equipamiento, al igual que cualquier trabajo de Photoshop realizado por el fotógrafo.

Muestra de Autorización Fotográfica

Por medio de la presente, otorgo permiso a [Nombre de la Compañía] para utilizar mi imagen en una fotografía, en una y todas sus publicaciones, incluyendo sitios web, sin pago alguno o alguna otra consideración. Yo entiendo y acepto que estos materiales serán propiedad de [Nombre de la Compañía] para editarlos, alterarlos, copiarlos, mostrarlos, publicarlos o distribuirlos con el propósito de publicitar los programas de [Nombre de la Compañía] o para cualquier otro fin legal. Además, renuncio al derecho de inspeccionar o aprobar el producto final, incluyendo copias escritas o electrónicas, en el cual aparezca mi imagen. También renuncio al derecho de autor o cualquier otra compensación proveniente o relacionada con la utilización de la fotografía. Por consiguiente, atestiguo que [Nombre de la Compañía] no será culpable y quedará exenta de todas las reclamaciones, demandas y causas de acción que yo, mis sucesores, representantes, testamentarios, administradores, o cualquier otra persona que actúe en nombre mío o de mi estado presente por motivo de esta autorización.

Tengo 21 años de edad y soy competente para realizar contratos bajo mi nombre. He leído esta autorización antes de firmar y comprendo totalmente los contenidos, significados e impacto de esta autorización.

_____ (Firma)

_____ (Nombre Impreso)

_____ (Fecha)

Si la persona que firma tiene menos de 21 años, debe mostrarse a continuación el consentimiento de alguno de los padres o tutor.

Yo atestiguo que soy el padre o tutor de _____, y otorgo mi total consentimiento según lo antes mencionado en beneficio de esta persona

_____ (Firma de Padre/Tutor)

_____ (Nombre Impreso de Padre/Tutor)

_____ (Fecha)

Notes:

Ferias comerciales

Las ferias comerciales conllevan más gastos además de las tarifas de rentas de espacio. Debes considerar los gastos de carga y descarga, hospedaje, alimentación y transportación. Tampoco olvides tus gastos de exhibición.

Tarifa de Exhibición – Varias ferias tienen medio stand que pueden ser utilizados por las vendedoras primerizas, por lo tanto asegúrate de preguntar por esta posibilidad - no siempre son publicadas.

Carga y Descarga – Verifica las regulaciones de la feria comercial. Muchas de estas ferias exigen que todo el material y contenido sea trasladado por el transportador de su preferencia y que esto sea realizado en un período específico de tiempo.

Exposición – Todas las ferias comerciales más importantes te rentarán muebles para que sean utilizados en tu espacio, esto incluye mesas, perchas, estantes, sillas y cestos de basura. En algunas ocasiones, estas tarifas de renta pueden ser tan elevadas como la compra misma de estos artículos, pero cuando añades los costos de carga y descarga puede ser más costoso. Planifica cómo harás la instalación y prepara un espacio de muestra en tu casa para probarlo con todos los materiales de exposición. Invita a algunas amigas a que te visiten y te den su opinión sobre lo que para ellos debe resaltar más. Cuando hayas obtenido la configuración de espacio deseada toma algunas fotos y utilízalas de referencia el día de la instalación.

Hospedaje – Por lo general, las ferias comerciales tienen acuerdos con hoteles del área para que estos puedan ser utilizados por los participantes. Date una vuelta por el vecindario, es posible que puedas encontrar una habitación económica justo en la esquina, la cual puede satisfacer tus necesidades de alojamiento.

Alimentación – Varias de las ferias ofrecen de uno a dos almuerzos en sus tarifas. Lleva contigo algunas bolsitas de semillas, frutas y agua para que pases el día. En una feria el agua te puede costar $4, pero será mucho más económica si la compras en el Target de la esquina.

Vuelo/Transportación – Obtén tus boletos temprano para que no tenga que pagar los precios de último minuto. ¡No gastes todas tus millas en esto! También vale la pena tomarse unas vacaciones.

Renta de Auto – Obtén un auto que sea apropiado para tus viajes. Si te estás hospedando en el hotel donde está teniendo lugar la feria y puedes obtener todos tus artículos en sitios a los cuales puedes ir caminando, ¿en realidad necesitas un auto para ir y venir del aeropuerto solamente?

Otros Costos

Muchos otros costos pueden presentarse conjuntamente con el lanzamiento de una colección. Aquí tienes algunos ejemplos de otros costos fijos directos.

Impresiones – Es necesario tener una buena cantidad de tu libro de modelos, muestrarios de colección, tarjetas de negocios y postales en una feria comercial. También puedes ofrecer un libro digital de modelos y los muestrarios de

Notes:

Notes:

colección en formato PDF. Pudieras ofrecer todo esto en un CD o quizás en una memoria flash promocional que tenga el nombre de tu compañía.

Impresión de Diseño y Formato – Los libros de modelos y los muestrarios de colección deben tener un aspecto profesional. Considera la posibilidad de contratar un profesional que diseñe el formato de cada uno de estos artículos.

Sitio Web – Tu sitio web debe ser actualizado con cada colección que lances.

Costo Fijo Directo por Colección

Temporada:

Costo de Desarrollo para la Colección Completa

# / Nombre del Modelo	Costo
Costo Total de Desarrollo	$

Costo de Fotografía

Fotógrafo	
Modelo	
Maquillador	
Peluquero	
Alquiler del Espacio	
Photoshop	
Impresiones	
Costo Total de Fotografía	$

Costo de la Feria Comercial

Cuota de la Feria	
Carga/Descarga	
Exhibición	
Hotel	
Comida	
Pasaje de Avión/Viaje	
Alquiler de Auto	
Costo Total de la Feria Comercial	$

Otros Costos de Colección

Impresión	
Diseño y Distribución de Materiales Impresos	
Sitio Web	
Otros Costos Totales de Colección	$

Costo Fijo Directo Total	$

Estudio de Caso: Costo Fijo Directo por Colección

Temporada: *Spring 2011*

Costo de Desarrollo para la Colección Completa

# / Nombre del Modelo	Costo
Vestido Baby Doll	$63,55
Pantalones Tubo o Pitillo	$301,65
Vestido con Fajín (Tipo Obi)	$62,00
Bata de Seda	$8,00
Blusa de Tirantes	$7,55
Vestido Swing	$400,30
Pantalones Bombachos Urbanos	$219,65
Vestido de Corte Cruzado (Wrap Dress)	$306,25
Costo Total de Desarrollo	**$1368,95**

Costo de Fotografía

Fotógrafo	$300,00
Modelo	$0
Maquillador	$50,00
Peluquero	$50,00
Alquiler del Espacio	$0
Photoshop	$0
Impresiones	$50,00
Costo Total de Fotografía	**$450,00**

Costo de la Feria Comercial

Cuota de la Feria	
Carga/Descarga	
Exhibición	
Hotel	
Comida	
Pasaje de Avión/Viaje	
Alquiler de Auto	
Costo Total de la Feria Comercial	*No disponible, las ferias comienzan en febrero de 2011*

Otros Costos de Colección

Impresión	$50,00
Diseño y Distribución de Materiales Impresos	$0
Sitio Web	$0
Otros Costos Totales de Colección	$50,00

Costo Fijo Directo Total	**$1868,95**

Capítulo 36
Gastos Fijos Indirectos

Los gastos fijos directos son todo en lo que se gasta dinero para que tu negocio siga funcionando cada mes: renta, tarifas de hospedaje del sitio web, salarios, y cosas por el estilo. Estos gastos también son conocidos como gastos generales. Estos son gastos fijos indirectos porque no se relacionan directamente con la cantidad de colecciones que produces o las ganancias que obtienes.

A continuación se encuentran varios gastos fijos indirectos típicos de un negocio de moda. Es posible que estos ejemplos no se ajusten específicamente a tus gastos, pero te ayudarán a determinar tus costos fijos. He desglosado los gastos fijos en administrativos, mercadeo y ventas y trabajo.

Administrativo

Contabilidad – El costo de los servicios de contabilidad puede variar considerablemente dependiendo del área donde vivas. En las grandes ciudades un buen contador puede cobrar aproximadamente $600 por completar los impuestos anuales. Pide a los amigos y colegas referencias sobre un buen contador. Existen contadores que se especializan en los negocios de la moda, pero cualquier buen contador puede hacer el trabajo.

Notas:

No escatimes recursos en el servicio de contabilidad. Si alguna vez tú misma has preparado tus impuestos, entonces ya sabes que lleva tiempo y dedicación. Al ya tener tu propio negocio, tu tiempo es valioso y gastar unos dólares extra para completar correctamente tus impuestos te librará de esta tediosa tarea y te permitirá concentrarte en otros trabajos.

Tenedor de Libros – El costo de un tenedor de libros puede variar, pero uno que realice su trabajo con calidad actualizará tus libros mensualmente. Puedes analizar la posibilidad de contratar a un tenedor de libros que te enseñe cómo llevar el control de los mismos. Si deseas ser tu propia tenedora de libros, también puedes invertir en un programa como QuickBooks, pero asegúrate de que tienes el tiempo disponible para aprender a utilizar este programa. Si tú misma llevas el control de tus libros tendrás la posibilidad de obtener informes en cualquier momento y seguir bien de cerca el progreso de tu negocio.

Licencia Comercial y Renovación – Por lo general, el registro y la renovación de la licencia son costos fijos que debes incluir en tu presupuesto anual. Aunque es posible que estos gastos no sean mensuales, sí son gastos anuales recurrentes que no varían en dependencia de tus ganancias.

Cargos Bancarios – Algunos bancos cobran unas tarifas mensuales por las cuentas de negocio y es posible que limiten la cantidad de transacciones que puedes realizar con la cuenta. Asegúrate de leer la letra pequeña. Quizás desees analizar la posibilidad de abrir tu cuenta con una unión de crédito. Es común que este tipo de institución tenga comisiones más bajas y su base es la sociedad, por lo tanto aunque sí ganan comisiones, sabes que los grandes ejecutivos no se estarán embolsillando esos dólares.

Comisiones por Procesamiento de Tarjetas de Crédito – Si aceptas tarjetas de crédito, lo cual es muy probable, existen tarifas mensuales asociadas al procesamiento de las mismas. Por lo general esta es una tarifa fija mensual, además de un porcentaje de la cantidad procesada. Es muy probable que el mismo banco donde abriste tu cuenta corriente ofrezca servicios a comercios, por lo tanto considéralos como tu primera opción. Algunas preguntas que debes hacerte antes de obtener servicios de tarjetas de crédito son: 1. ¿Estarás procesando los pedidos online? 2. ¿Tu servicio de internet ofrece el procesamiento de tarjetas online? 3. ¿Puedes utilizar un terminal virtual o necesitas uno real? No necesitas un terminal si solamente vas a estar tomando pedidos al por mayor o vendiendo por internet. Un terminal virtual es un servicio de procesamiento de tarjetas de crédito que no requiere un terminal físico, pero sí una conexión a internet.

Un terminal virtual te funcionará excelentemente si necesitas procesar pedidos en eventos, ferias populares o ventas de baúl. En esta situación tomarías manualmente la información de los clientes y posteriormente harías el cargo a la tarjeta. Habrán ventas que no saldrán debido a tarjetas utilizadas hasta el límite o por información mal copiada.

Para ayudar a garantizar que todas tus ventas salgan bien, debes tomar los números telefónicos y cargar las tarjetas tan pronto llegues a la casa. Algunas veces los compradores se sobregiran y utilizan al límite sus tarjetas en los eventos de compras. Si una tarjeta no pasa y tú llamas al cliente, en

Notas:

nueve de cada diez veces el cliente te llamará de vuelta.

Renta de Equipamiento – Incluye en tu presupuesto los pagos de renta de equipamiento si estás arrendando o pagando a plazos. Esto puede incluir un terminal de tarjeta de crédito, una máquina de copias o una máquina franqueadora.

Seguro – Llama a a compañía aseguradora de tu casa o auto y pregúntales si ellos pueden cubrir tu negocio. En caso que no, es posible que ellos te puedan recomendar alguien.

Artículos de Oficina – En mi caso, unos $100 mensuales alcanzan para cubrir mis gastos de insumos de oficina, incluyendo los cartuchos de tinta que mi impresora devora en pocos días. Tú conoces tus propios gastos, por lo tanto, prepara un presupuesto que se corresponda.

Franqueo y Envío – Incluye en tu presupuesto el envío de tus productos, así como cualquier correo de oficina. Si estás vendiendo por internet, es posible que debas cobrarle al cliente una pequeña tarifa por concepto de manejo para cubrir tus gastos de envío y muchos de los costos relacionados con los servicios. Cuando se envía mercancía a vendedores al detalle, es normal que se les cobre el costo de envío.

Renta – Si estás rentando un estudio, este será tu primer elemento a tomar en cuenta en el presupuesto. En algunos sitios, rentar un espacio decente para utilizar como estudio te costará solamente unos cientos de dólares. No rentes un espacio mayor al que necesitas. La ubicación de este estudio no es tan importante como si fuera una tienda, por lo tanto no pagues de más pensando solamente en la ubicación. Trata de evitar la firma de contratos a largo plazo debido a que no sabes a ciencia cierta qué rumbo tomará tu negocio.

Servicios – Toma en cuenta este aspecto para cualquier espacio que pienses rentar, al igual que si tienes una oficina en casa. Deberás analizar el porcentaje que tu oficina representa en tu casa y calcular los costos basada en ello. Estos servicios incluyen el gas, la electricidad, el agua, el teléfono y el internet. Incluye en el presupuesto cualquier línea de teléfono o fax exclusiva para el negocio, además de tu teléfono celular. En este aspecto puedes reducir los costos grandemente si trabajas en la oscuridad (solo una broma).

Mercadeo y Ventas
Mercadeo por Correo Postal – Aquí se incluyen las tarjetas promocionales o los envíos de correo a ciegas, los cuales recibirán los vendedores al detalles o informarán a otros sobre tu presencia en ferias comerciales.

Mercadeo por Email – Establecer una campaña de mercadeo por email puede hacerse a través de la utilización de un servicio de pago mensual. Existen algunos servicios, como Vertical Response, que ofrecen la opción de pago por mensaje. Si tienes una lista relativamente pequeña, es mejor que consideres la opción de configurarla como "pago por mensaje" hasta que llegues a tener una cantidad de suscriptores por email que valga la pena pagar una tarifa mensual.

Tarifas de Eventos - ¿Planeas participar en ferias de calle o ventas de muestras? Incluye todos los eventos en los cuales estás planeando vender. En esta sección no incluyas las ferias comerciales.

Notas:

Notas:

Mercadeo por Internet – Incluye las tarifas relacionadas con las ventas por internet en sitios como Etsy.com y eBay.com. Aquí también puedes incluir tu presupuesto para la publicidad en el blog, Google Adwords y otros elementos de mercadeo por internet.

Publicidad Impresa – Es posible que quieras probar distintos métodos de publicidad, incluyendo la opción de publicidad compartida con las boutiques. También es una opción los pequeños anuncios de revistas como Bust y Ready Made.

Materiales Impresos – Aquí encontramos las tarjetas de negocios que por lo general necesitas imprimir una o dos veces al año. Otros materiales impresos a considerar pueden ser las postales, los muestrarios de colección y libros de modelos.

Firma de Relaciones Públicas – Las firmas de relaciones públicas pueden cobrar una tarifa mensual de unos $2000 o más, por lo tanto es posible que quieras esperar a lanzar tu colección para contactar con una de estas compañías. Quizás no logres ver un ingreso monetario inmediatamente, pero obtendrás atención de la prensa y reconocimientos, los cuales pueden devenir en pedidos cuando te presentes en ferias comerciales.

Gastos de Salones de Exhibición – Si obtienes un salón de exhibición tendrás que incluir en el presupuesto las tarifas asociadas para ser incluida en la selección. Las comisiones pueden incluirse en este gasto.

Viajes – Ten presente el kilometraje recorrido a causa de tu negocio y el consumo de combustible. No olvides tu seguro de auto. Si de verdad quieres reducir los costos de tu vehículo y vives en una gran área metropolitana, es posible que puedas utilizar un programa de auto compartido. En este programa solo pagas una tarifa fija por hora por el vehículo y el combustible y el seguro están incluidos. Para presupuestarte en este aspecto, es necesario que conozcas la tarifa por hora y la cantidad de horas que utilizarías el vehículo para tu negocio. Revisa CityCar Share y Zip Car.

Si puedes, utiliza un servicio de vehículo compartido cuando realices un viaje para comprar telas. Es más barato y mucho más divertido. Si rentas un auto en vez de utilizar el tuyo, es posible que puedas evitarte el seguro. Lo que la mayoría de las compañías de tarjetas de crédito no te dicen es que ellas aseguran el auto que tú rentaste con su tarjeta para que no tengas que comprar un seguro adicional. Asegúrate de que tu compañía de tarjeta de crédito ofrece esta posibilidad antes de rentar un auto y renunciar al seguro.

Sitio Web – En tu presupuesto debes incluir tu costo mensual de hospedaje del sitio web, renovación anual del nombre del dominio y cualquier otro costo relacionado con el mantenimiento de tu sitio web.

Ahora que ya tienes una idea sobre cuáles pueden ser tus costos fijos, ya puedes comenzar a preparar tu presupuesto para el primer año. (No te olvides de multiplicar tus costos mensuales por 12 para obtener tu presupuesto anual.) La mayoría de las cantidades involucradas en este presupuesto aumentarán para el segundo y tercer año. Tomando en cuenta la inflación, puedes decir que tus gastos aumentarán un promedio de un 10% anual.

Notas:

Costos Fijos Indirectos

	Estimado Mensual
Administrativo	
Contabilidad	
Honorarios Bancarios	
Teneduría de los Libros	
Renovación de Licencia Comercial	
Tarifas Mercantes de la Tarjeta de Crédito	
Alquiler de Equipos	
Seguro	
Insumos de Oficina	
Franqueo y Envío	
Alquiler	
Servicios Públicos	
Total de Costos Administrativos	$
Marketing y Ventas	
Marketing por Correo Postal	
Marketing por Correo Electrónico	
Cuotas de Eventos	
Marketing Online	
Publicidad Impresa	
Materiales Impresos	
Empresa de Relaciones Públicas	
Gastos en Salón de Exposiciones y Venta	
Viaje	
Gastos de Transportación	
Sitio Web	
Total de Costos de Marketing y Ventas	$
Mano de Obra	
Principal	
Asistente	
Total de Costos de Mano de Obra	$
Total de Costos Fijos Indirectos	$

Estudio de Caso: Costos Fijos Indirectos

	Estimado Mensual
Administrativo	
Contabilidad	$150 Anualmente
Honorarios Bancarios	0
Teneduría de los Libros	Lo hago yo
Renovación de Licencia Comercial	$55 Anualmente
Tarifas Mercantes de la Tarjeta de Crédito	0
Alquiler de Equipos	0
Seguro	$300 al año
Insumos de Oficina	$35 al año
Franqueo y Envío	$25 al mes (aparte de las ventas en Internet)
Alquiler	0
Servicios Públicos	0
Total de Costos Administrativos	$102,06 mensualmente/ $1225 anualmente
Marketing y Ventas	
Marketing por Correo Postal	$20
Marketing por Correo Electrónico	$15
Cuotas de Eventos	$100 – 6 6 veces al año
Marketing Online	$45
Publicidad Impresa	0
Materiales Impresos	0
Empresa de Relaciones Públicas	0
Gastos en Salón de Exposiciones y Venta	0
Viaje	0
Gastos de Transportación	0
Sitio Web	$5
Total de Costos de Marketing y Ventas	$135 mensualmente / $1620 anualmente
Mano de Obra	
Principal	Nada en el primer año, $20,000 en el segundo
Asistente	0
Total de Costos de Mano de Obra	$0
Total de Costos Fijos Indirectos	$237,06 mensualmente / $2845 Anual

Trabajo

El gasto de trabajo es el más importante de todos los gastos, pero el mismo es ignorado con mucha frecuencia. Uno de los errores más comunes que cometen los dueños de pequeños negocios es pensar que nuestro salario es la ganancia de nuestro negocio. Verdaderamente este es un concepto muy realista, pero ¿qué sucedería si no obtenemos ganancias hasta el tercer año? ¿Cómo piensas mantenerte? Si consideras este negocio como un trabajo a medio tiempo o como un pasatiempo, entonces sí tienes razón. Pero, a la mayoría de nosotros nos gustaría obtener ganancias de nuestros esfuerzos. Dentro de tus costos fijos indirectos debes crear un salario para ti misma.

Salario Principal - ¿Trabajarías 80 horas semanales por unos simples $25,000 al año? Lo dudo. Ofrécete un salario que refleje el trabajo que haces. Si dedicas solamente 10 horas a la semana a tu negocio, es posible que tenga sentido un salario de $25,000; pero si estás decidida a que tu negocio tenga éxito debes considerar un salario de $40,000 a $50,000 anual.

Asistentes – Sigue las instrucciones que analizamos en el Capítulo 38: Empleados y Contratistas.

Capítulo 37
Contabilidad

La contabilidad es el proceso de cotejar los "gastos" con las ventas que realizas. Este proceso te informa si eres rentable o si estás perdiendo dinero. La contabilidad es más que solo mirar tus recibos de extracciones y depósitos.

Trabajando con un contador

Yo recomiendo grandemente que antes de gastar un solo dólar te reúnas y converses con un contador. En el Capítulo 23 analizamos brevemente las distintas estructuras de negocios disponibles para ti. Ese tipo de decisión debe ser consultada con un contador. Ahora trataremos el tema de cómo seleccionar un "buen" contador, pues para esto existen una serie de elementos que influyen en esta decisión.

Primero que todo, debes tener presente que la mayoría de los estados permiten que cualquier persona que pueda escribir su nombre se autodenomine "contador". Yo recuerdo que mientras iba camino a casa, de regreso de la escuela, vi un cartel escrito a mano que se encontraba colgado en la cerca de un patio, el cual decía: "¡Preparamos declaraciones de Impuestos!"; preparado posiblemente por alguien que se auto nombró contador. Puede ser bastante difícil evaluar la competencia y conocimientos de un contador que acabas de

Notas:

Notas:

conocer, a menos que él o ella cumplan ciertos parámetros identificables a simple vista.

El primer paso aquí debería ser buscar recomendaciones de otras personas que tengan sus negocios sobre el contador que utilizan. Asegúrate de que esas personas hayan trabajado con ese contador por más de un año. Si las personas a las que les pides recomendaciones no han estado durante la temporada de preparación de impuestos (1ro de febrero hasta el 15 de abril), las mismas no saben exactamente cómo trabaja su contador bajo límites de tiempo. Si no puedes obtener una recomendación con la cual te sientas cómoda, intenta buscar un Contador Público (CPA por sus siglas en inglés). Estos contadores son personas que han pasado un examen nacional sobre impuestos, contabilidad y leyes comerciales. Estas personas están avaladas por el estado y se les exige que cumplan determinadas normas éticas. Estos profesionales también deben cumplir con los requisitos anuales de continuación de estudios establecidos por el departamento estatal de regulaciones.

Lo primero que debes pedirle a un contador es que te aconseje sobre la estructura de negocios, te guíe en la configuración y utilización de tu programa de contabilidad y que prepare declaraciones de impuestos sobre la renta y nómina. Debes dar por sentado que tú estarás a cargo de la "rutina" de mantener los libros por ti sola.

Lo que tú debes aprender de un contador público es su experiencia en la toma de decisiones difíciles relacionadas con el negocio, no solamente las cuestiones básicas. Por último, te recomiendo que consigas a alguien que sea de tu misma edad. De esta forma tú y tu contador pueden planificarse para tener una larga relación profesional por varios años. Si el contador es nuevo en su profesión, de seguro te hará una oferta muy buena.

No tocaré el tema sobre cómo utilizar un programa de actualización de contabilidad; los mismos son bastante explicativos en ese aspecto. Lo que sí puedes hacer es preguntarle al contador si existe algo que puedas hacer para facilitar la creación de informes a final de año. Debes saber que en la mayoría de las ocasiones, los contadores y los contadores públicos utilizan un solo tipo de programa en su oficina, pero el mismo aceptará ficheros de datos de la mayoría de los programas más conocidos que son utilizados por los negocios. Pídele a tu contador que te confirme que su programa puede aceptar ficheros de datos del programa que tú utilizas, o si necesitas imprimirlos para entregárselos.

Informes Empresariales

Hay dos tipos de informes que debes preparar mensualmente: un Estado de Ganancias o Pérdidas y un Balance General. Estos dos informes te permitirán posteriormente analizar tus gastos anuales generales y cómo puedes mejorar tus ingresos. Estos informes pueden ser preparados desde la mayoría de los programas de contabilidad.

Si tú eres de las que hacen las cosas a la antigua, con un papel y un lápiz, necesitas calcular todos los gastos mensuales del negocio y luego calcular el ingreso recibido. Este registro de ingresos y gastos se compila en el Estado de Ganancias o Pérdidas. Es importante estar consciente de lo que estás gastando mensualmente y qué parte de todo eso es realmente ganancia o pérdida. Puedes utilizar este informe cuando estés decidiendo qué gastos reducir y qué presupuesto debes

Notas:

aumentar.

Un Balance General muestra los bienes de la empresa, sus responsabilidades y tu capital invertido. En otras palabras, se puede decir que detalla el valor de la empresa. Este informe calcula el valor de la empresa sustrayendo todo el dinero que tu negocio debe de todo lo que posee. La mayoría de los balances generales muestran algunas propiedades como bienes actuales y otros como bienes a largo plazo.

Los bienes actuales son las cosas que esperas utilizar en el año corriente para administrar tu negocio. En este grupo se encuentra el total de dinero en el banco, las cuentas por cobrar (el dinero que te deben de las ventas al por mayor) y bienes de inventario (el costo de los productos por mercancía en mano, el cual es creado pero no vendido).

Los bienes a largo plazo son las propiedades del negocio que serán utilizadas por un largo período de tiempo, las cuales pueden ser maquinarias y camiones de entregas. Estos bienes a largo plazo son devaluados cada año para reflejar su impacto en los gastos empresariales anuales. Sin embargo, si un camión tiene un tiempo de vida útil de 3 años, tú incluyes en tus gastos un tercio del costo del camión cada año como un gasto de devaluación (tu contador te ayudará a determinar la devaluación). (Para mantenerlo todo sencillo y continuar con un grado de complejidad mínimo, no he incluido en los formularios los bienes a largo plazo y he agrupado todos bienes actuales y los a largo plazo.)

Las responsabilidades especifican el balance del préstamo, las tarjetas de crédito y las cuentas a pagar (dinero que se te ha facturado pero no has pagado). El capital (también llamado

Declaración de Ganancias y Pérdidas

Mes: _____ Año: _____

	Cantidad
Ingresos	
Venta al Por Mayor	
Venta al Por Menor	
Ingresos Totales	
Costo Variable	
Costo de Producción	
Gastos Fijos Directos	
Desarrollo	
Fotografía	
Feria Comercial	
Gastos Fijos Indirectos	
Administrativo	
Marketing y Ventas	
Mano de Obra	
Amortización por Valor Extrínseco	
Depreciación de Equipos	
Interés sobre el Préstamo	
Gastos Totales	
Ganancia/Pérdida Neta	
Nota de Pago	-
Efectivo Neto para la Explotación	

Estudio de Caso: Declaración de Ganancias y Pérdidas

Mes: _enero_   Año: _2011_

	Cantidad
Ingresos	
Venta al Por Mayor	$11,050,00
Venta al Por Menor	$381,83
Ingresos Totales	$11,431,83
Costo Variable	
Costo de Producción	0
Gastos Fijos Directos	
Desarrollo	$376,46
Fotografía	0
Feria Comercial	0
Gastos Fijos Indirectos	
Administrativo	$102,08
Marketing y Ventas	$135,00
Mano de Obra	0
Amortización por Valor Extrínseco	$1,25
Depreciación de Equipos	$12,08
Interés sobre el Préstamo	0
Gastos Totales	$626,87
Ganancia/Pérdida Neta	$10,804,96
Nota de Pago	–0
Efectivo Neto para la Explotación	$10,804,96

Balance

Mes: _____   Año: _____

	Cantidad
Activos	
Cuenta en Efectivo/Bancaria	
Activos Fijos	
Cuentas por Cobrar	
Activos en Inventario	
Activos totales	
Responsabilidades y Capital	
Responsabilidades	
Balance del Préstamo	
Cuentas por Pagar	
Tarjetas de Crédito	
Total de Responsabilidades	
Capital	
Participación	
Ganancia Neta	
Capital Total	
Total de Responsabilidades y Capital	

Estudio de Caso: Balance

Mes: _enero_   Año: _2011_

	Cantidad
Activos	
Cuenta en Efectivo/Bancaria	$10,590,99
Activos Fijos	$2175,00
Cuentas por Cobrar	
Activos en Inventario	
Activos totales	$12765,99
Responsabilidades y Capital	
Responsabilidades	
Balance del Préstamo	0
Cuentas por Pagar	0
Tarjetas de Crédito	0
Total de Responsabilidades	0
Capital	
Participación	$1,961,03
Ganancia Neta	$10,804,96
Capital Total	$12,765,99
Total de Responsabilidades y Capital	$12,765,99

valor de renta variable) es básicamente lo que has invertido como dueña y las ganancias netas que dejas cada año en el negocio. El valor de renta variable es el valor de tu negocio. El mismo puede ser calculado con la siguiente ecuación:

Valor de Renta Variable = Total de Bienes - Total Responsabilidades - Ganancias Netas

Este informe recibe el nombre de balance general debido a que tus bienes actuales son iguales a tus responsabilidades y capital. Este informe tiene un gran valor para las operaciones cuando se tienen socios o accionistas. Este informe ayuda a otorgarle un valor al negocio.

El balance general tiende a tener menor importancia para la mayoría de los negocios pequeños que recién comienzan, a menos que el mismo necesite una considerable inversión en equipamiento y propiedades. Si estás operando tu negocio con poco dinero, entonces estarás mejor si prestas atención solamente al balance de tu cuenta bancaria. Pero tarde o temprano necesitarás preparar un balance general y un estado de ganancia o pérdida para verificar si eres rentable.

Conciliación de Cuenta Bancaria

Al final de cada mes los registros de tus libros financieros necesitan ser conciliados con los informes de tu banco. Este procedimiento se realiza para garantizar que has registrado correctamente cada una de las transacciones que han tenido lugar en tu negocio y que las mismas se encuentran en tus Estados de Ganancia y Pérdida.

Ambos balances deben coincidir una vez que se hayan tomado en cuenta todos los cheques y depósitos en tránsito. Cualquier

Notas:

diferencia entre los dos balances, aparte de las transacciones en tránsito, necesita ser investigada. Cualquier diferencia entre los balances puede ser indicador de la ocurrencia de algún robo. Mantener estos balances correctamente aumenta la probabilidad de detectar un robo tempranamente.

¿Por cuánto tiempo debes conservar los registros empresariales?

Solamente hemos tocado por arriba el tema de lo que se debe hacer para mantener un registro empresarial adecuado. Ahora veamos qué tan rápido puedes deshacerte de estos registros. El período de tiempo por el cual debes conservan un documento empresarial dependerá del tipo de documento y lo que el mismo contiene. Pero, en sentido general, debes conservar tus registros que demuestren la ganancia de algo, o la deducción por impuestos hasta el final de la ley de prescripción.

El término ley de prescripción se refiere al período después del cual no puedes ser encausada por un error en tu declaración de impuestos sobre la renta. El período de limitación estándar para una persona cuando esta presenta su declaración de impuestos termina tres años después que la aplicación relacionada con el registro es presentada. Esto es a menos que la aplicación contenga un error mayúsculo de tu declaración sobre la renta – por lo general un error mayor al 25% del ingreso bruto declarado en la aplicación – o que la misma fue fraudulenta, entonces la ley de prescripción se extiende hasta los 7 años. Por lo tanto, 7 años es el período límite para la mayoría de los negocios. Si tú eres de aquellas que nunca presenta su declaración de impuestos, entonces iguarda tus registros para toda la vida!

Controles internos

Antes de terminar el análisis dedicado a la contabilidad, quiero mostrarte algo de gran valor para ayudarte a mejorar tu resultado final. Se trata de establecer "controles internos" adecuados.

Los controles internos son creados para proteger tus bienes y que estos no sean mal utilizados por empleados o clientes. Por lo general estos controles comienzan con revisiones a caja, o sea, conciliar las ventas con los recibos obtenidos cada día. Cada persona involucrada en la venta registra todos los elementos de la misma y tú concilias el dinero reportado por esas ventas contra los recibos. Un detalle obvio es que la persona que realiza las ventas no debe ser la misma que realiza la conciliación.

Estos controles no tienen que ser procesos complicados; los mismos deben ser implementados solamente cuando te preocupe que varias transacciones puedan ser alteradas en tu contra. Por ejemplo, la mayoría de los dueños de negocios piden que les envíen sus informes bancarios a su casa en vez de al trabajo. De esta forma ellos se aseguran de que si alguien más aparte de ellos mismos tiene acceso a la chequera, a la cuenta de banco por internet o a los depósitos diarios, desde el banco mismo puedan detectarlo.

También se deben implementar controles para supervisar los niveles de inventario. Necesitas tener una vía para saber y registrar cuáles son los artículos vendidos contra los que todavía tienes.

El objetivo final de los controles internos es asegurarse de que

Notas:

tu negocio reciba todas las ganancias sin que exista desvío de dinero, sea por despilfarro, fraude, empleados deshonestos o simplemente por descuido. Esta es un área en la cual tu contador puede ofrecer valiosos consejos sobre los controles apropiados para tu negocio.

El último control a utilizar es la regla de un viejo contador: (este proviene directamente de mi padre) – haz que todas las personas que trabajan en tu negocio tomen al menos una semana de descanso cada 6 meses aproximadamente. Por lo general, una semana es más que suficiente para detectar cualquier sistema que se esté utilizando en contra del negocio. ¡Alguien que nunca toma vacaciones representa un problema potencial!

Calculando la Rentabilidad

¿Cómo puedes calcular tu rentabilidad? Resta los "gastos" y las "tarifas de tus servicios" del total de "ventas". Muchos de los nuevos negocios calculan sus "ganancias" restando los "gastos" de las "ventas". Algunas personas pueden creer que están ganando dinero mientras tengan suficiente para pagar la renta al final de mes.

Si esta es la manera en la que piensas y solo quieres "ganancias" suficientes como para no morirte de hambre, entonces lo que has hecho es "conseguirte un empleo". No existe la seguridad de tener un empleo y esa seguridad tiene el potencial de una gran responsabilidad. ¿Cómo pagarás la renta su estás enferma por uno o dos meses? ¿Cuánto necesitarías para pagarle a alguien que se encargue de administrar tu negocio? Intenta "ponerle precio" a cada transacción comercial que realices para permitirte un salario y también una ganancia. Si siempre tienes presente estos dos elementos, llegará el momento en que lo hagas de forma natural.

Aquí tienes un ejemplo de cómo comprarte un empleo. Supongamos que tú valoras tu tiempo en unos $25 la hora. Una colega diseñadora te pidió que la ayudes a buscar una tela y tú sabes dónde conseguirla. Para esto es necesario que conduzcas por 8 horas, unas 360 millas, y recojas el material para entregarlo. El material te costará $400 y tú sabes que la diseñadora pagará $800 por el mismo. ¿Obtienes suficiente ganancia como para que conduzcas esa distancia a buscar el material? No. La ganancia obtenida aquí es solamente de unos $20.

$800 - [(8 hrs x $25 por tu tiempo= $200) + (combustible & desgaste del auto $.50 por milla x 360= $180) + la tela $400] = $20

Aunque te pagaron $200 por tu tiempo y $180 por el desgaste del auto, tu ganancia no es más que $20. El margen de ganancia es menos que el 1% de las ventas ($20/$800). ¿Es esta una ganancia aceptable? No. Si necesitas los $220 para pagar algunas cuentas, es posible que consideres hacerlo, pero ten presente que no es rentable.

La mayoría de los negocios establecidos ponen sus precios en niveles que garanticen la ganancia y el salario del gerente dedicando un porcentaje de las ventas para cubrir sus salarios y otro porcentaje para las ganancias. Si esperas tener $300,000 en ventas brutas, debes dedicar al menos $75,000 (25% de las ventas) para pagar tus ganancias y seguro médico, además de la ganancia. Esta última será analizada en el capítulo siguiente cuando desarrollemos nuestro modelo de precios.

Control de Inventario

Mes: _____   Año: _____

Número del Artículo	Nombre del Artículo	Talla	Cantidad Inicial	Cantidad Adquirida	Cantidad Vendida	Cantidad Restante	Volver a pedir el umbral

Capítulo 38
Precios

Hemos llegado al momento en el que tenemos que establecer los precios al por mayor para que empiecen a llegar las ganancias. El método más común utilizado por la vieja escuela para determinar el precio era simplemente duplicando el costo al por mayor. Este método consiste en la duplicación del costo de los artículos. Hay varias razones por las cuales yo no estoy de acuerdo en ningún sentido con esta práctica. Al ser pequeños negocios nosotros no producimos las cantidades necesarias para obtener ganancias a través de este método.

Establecer tus precios al por mayor no es tan sencillo como duplicar tu costo. Permíteme explicar por qué. ¿Has pensado de dónde proviene el dinero que utilizas para cubrir tus gastos generales, tu salario y esos costos fijos directos? Sí, dije salario. No debes olvidar la primera razón por la cual decidiste tener tu propio negocio: ganarte la vida.

Si ya comenzaste a sacar cuentas, habrás notado que es posible que necesites vender mucho más de 5,000 artículos para recuperar tus costos; pero, no nos adelantemos a las cosas.

Notas:

Notas:

Precio al Por Mayor

Comencemos con lo más sencillo y dejemos lo más complicado para más tarde. Necesitamos utilizar la información que recopilados en los capítulos dedicados a los gastos:

Capítulo 33: Costos iniciales y Bienes Actuales
¿Por qué deberías calcular esto en tu costo al por mayor? Cuando estés estableciendo precios se deben tomar en cuenta todos los gastos. Esto garantizará que tus ganancias no sean consumidas por esa impresora chupa tinta. La pregunta de orden sería: "¿Cómo es que se calcula esto?" Esto es un poco complicado, pero puedes tomar los resultados y colocarlos directamente en tus proyecciones a cinco años.

En el mundo de las finanzas, los costos iniciales también son conocidos como "Inversión de Buena Voluntad". A pesar de que estos gastos tienen lugar en el inicio de tu negocio, el gasto real es amortizado generalmente en 30 años, lo cual significa que el mismo es dividido equitativamente en 30 años. Con tus bienes aportados sucede un proceso similar. Tus bienes son devaluados entre 3 a 15 años. Esto también significa que no lo podrás reclamar en tus impuestos como una suma total. En este caso necesitarás consultar con tu contador para determinar cómo lidiar con estos elementos. Con el fin de realizar los cálculos de muestra, utilizaremos 15 años para la devaluación y 30 años para los costos iniciales. Estos gastos se convierten en parte de tus gastos fijos indirectos.

_____ (Costos iniciales) / 30 años / 12 meses = _____ mensualmente

_____ (Bienes en Inventario) / 15 años / 12 meses = _____ mensualmente

Capítulo 34: Costos Variables

Necesitarás tener calculados los costos de los materiales para cada artículo de tu colección, así como tus cálculos estimados de producción. La cantidad de producción será utilizada en los pasos siguientes.

Capítulo 35: Costo Fijo Directo

Necesitas tener calculado el total de los costos fijos directos. Realiza estimados basándote en tu investigación para completar totalmente esta sección. Para conocer la cantidad que necesitas tener en cuenta para tu precio al por mayor, debes dividir el total de tus costos fijos directos entre la cantidad planificada por producción, menos la cantidad reservada para daños.

___ Costos Directos / (___ Cantidad - ___ Daños)

Capítulo 36: Costo Fijo Indirecto

Para estos gastos también tendrás que realizar estimados de buena fe. No te olvides de tu salario (nunca me cansaré de repetirlo). Toma tus gastos fijos indirectos anuales y divídelos entre la cantidad menos los daños.

(___ Costo Indirecto Mensual x 12 Meses) / (___ Cantidad - ___ Daños)

Si planeas producir más de una colección al año, puedes alterar esta cantidad para reflejar un ciclo de producción, pero siempre recuerda que tu primer año será el más costoso, por lo tanto tomar como base un año en vez de un ciclo de producción, puede garantizar un margen para los precios futuros. Es más fácil reducir tus precios después que el negocio

Notas:

Costo de Explotación por Prenda

Costo Fijo Directo

(Basado en los costos de la colección)

Costo Fijo Directo Total	
Dividido entre la Cantidad Total (menos los daños)	$
Costo Fijo Directo Total por Prenda	

Costo Fijo Indirecto

(Basado en los costos anuales)

Costo Fijo Indirecto (mensual)	
Costo Inicial Amortizado (mensual)	
Activos Depreciados (mensual)	
Costo Fijo Directo Total Mensualmente	
Multiplicar por 12 para el anual	
Divido entre la Cantidad Total (menos los daños)	$
Costo Fijo Indirecto Total por Prenda	

Costo Total de Explotación

Costo Directo Total por Prenda	
Costo Indirecto Fijo Total por Prenda	
Costo Total de Explotación por Prenda	$

Estudio de Caso: Costo de Explotación por Prenda

Costo Fijo Directo
(Basado en los costos de la colección)

Costo Fijo Directo Total	1868,95
Dividido entre la Cantidad Total (menos los daños)	559
Costo Fijo Directo Total por Prenda	$3,35

Costo Fijo Indirecto
(Basado en los costos anuales)

Costo Fijo Indirecto (mensual)	237,06 mensual / 2840 anual
Costo Inicial Amortizado (mensual)	1,25 mensual / 15 anual
Activos Depreciados (mensual)	12,08 mensual / 145 anual
Costo Fijo Directo Total Mensualmente	250,39 mensual / 3005 anual
Multiplicar por 12 para el anual	3005
Divido entre la Cantidad Total (menos los daños)	559
Costo Fijo Indirecto Total por Prenda	$5,38

Costo Total de Explotación

Costo Directo Total por Prenda	3,35
Costo Indirecto Fijo Total por Prenda	5,38
Costo Total de Explotación por Prenda	$8,73

está establecido, que subirlos. La subida de precios puede traer como resultado pérdida de clientes y compradores al detalle.

En estos momentos ya tienes toda la información necesaria para calcular tu precio al por mayor; solo te resta un factor importante, la ganancia.

Suma el costo de tus productos con tus gastos por pieza, directos e indirectos. Al total obtenido le sumas tu ganancia deseada. Se considera que una ganancia razonable en esta industria es un 35%, pero juega con los porcentajes para ver qué ganancias puedes obtener. El último paso es sumar todos estos totales, lo cual dará como resultado tu precio al por mayor.

(__ Costo de Productos + __ Costo Directo + __ Costo Indirecto) x __% = Ganancia

__ Ganancia + __ Costo de Productos + __ Costo Directo + __ Costo Indirecto = Por Mayor

¿Es todo esto prueba suficiente de porqué no me gusta el sistema de duplicación de costos? Demuéstrame que estoy equivocada, toma el costo de tus productos y duplícalo. ¿Acaso la cantidad resultante se acerca siquiera a la cantidad necesaria para cubrir tus gastos? Utilizando la estrategia mencionada anteriormente podrás garantizarte ganancias, ofrecerte un salario y cubrir todos tus gastos.

Para calcular correctamente todas estas fórmulas, recomiendo preparar una hoja de cálculo en Excel que actualice automáticamente tus cantidades o puedes utilizar la que yo preparé. Aun mejor, el programa que desarrollé hará eso y mucho más por ti. Visita www.fashionunraveled.com para obtener más información sobre estos productos.

Precio al Detalle

Aquí está tu próxima tarea. El margen de ganancia al detalle será entre dos o tres veces la cantidad que el comprador pagó por tu producto al por mayor. El vendedor al detalle necesita garantizar que podrá cubrir con su margen de ganancia todos sus gastos operativos, tal y como lo hiciste tú.

A mis tiendas al detalle, yo les recomiendo un precio de venta 2.5 veces mayor que mi precio al por mayor. También puedes utilizar esta cantidad como base si estás planeando vender tu colección directamente al público. Es importante asumir un margen de ganancia correcto. Tu mayor desplome puede suceder si menosprecias a tus minoristas y vendes tu mercancía online a un precio más bajo. Esto alentará a las tiendas a no realizar más pedidos y no comprar colecciones futuras.

Notas:

Hoja de Trabajo para los Precios

Modelo #	Nombre del Modelo	Costo de los Productos	Costo de Explotación	Ganancia ____ %	Precio Mayorista	Precio Minorista Sugerido ____ % margen de beneficio

Estudio de Caso: Hoja de Trabajo para los Precios

Modelo #	Nombre del Modelo	Costo de los Productos	Costo de Explotación	Ganancia _____%	Precio Mayorista	Precio Minorista Sugerido _____% margen de beneficio
	Baby Doll Dress	30,80	8,63	13,57	53	106
	Cigarette Pants	43,80	8,63	17,57	70	140
	Obi Dress	20,00	8,63	10,37	39	78
	Silk Cover Up	14,50	8,63	7,87	31	62
	Strap Top	15,80	8,63	8,57	33	66
	Swing Dress	29,80	8,63	13,57	52	104
	Urban Knickers	25,76	8,63	11,61	46	92
	Wrap Dress	48,50	8,63	19,87	77	154

Punto de Control del Mercado y Cliente Objetivo

Al revisar las metas originales que tenías al comenzar a leer este libro, ¿todavía ves que tu producto se ajusta al punto de precio y al cliente que habías definido? Si tu respuesta es no, entones tienes que hacer una revaluación.

¿Dónde puedes reducir costos? La respuesta para esto se encuentra generalmente en la tela y en tu patrón. Si tu producto tienes 10 piezas de patrón, ¿pudieras cambiarlo a 7 piezas sin arriesgar tu visión? Tus costos de corte y costura serán reducidos. Si tienes una buena relación con tu fabricante de patrones pídele algún consejo sobre cómo puedes reducir costos en la producción. Una buena fabricante de patrones generalmente tiene buenas ideas para cambiar los patrones.

Si ya has revaluado tus costos, has realizado algunos cambios y el precio minorista todavía es demasiado elevado para tu mercado o cliente, es posible que entonces sea el momento de revaluar quién es tu cliente. ¿Puede ser posible que el cliente que habías planeado como objetivo no sea el cliente al cual estás llegando?

La flexibilidad para cambiar tu cliente es obligatoria, en especial si no estás dispuesta a limitarte en cuanto a tu diseño. Si este es el caso, entonces será necesario regresar el comienzo, revisar tu cliente y mercado objetivo, y realizar algunos ajustes. Si no haces esto ahora, terminarás pagando a la larga con tiempo y dinero. Todo esto puede afectar la feria comercial a la que estás pensando asistir, las tiendas en las cuales estás pensando vender y toda tu campaña de mercadeo.

Evaluación del Cliente y el Mercado

¿Cambió su mercado luego de que estableciera sus precios? Explique

---

¿Ha cambiado el cliente al que va dirigido su trabajo debido a sus precios? Explique

---

¿Sus precios minoristas son más altos de lo que esperaba o van de acuerdo con lo previsto?

¿Cómo pudiera ajustar sus gastos para disminuir sus precios?

¿Qué cambios necesita hacer luego de evaluar sus precios y todos sus gastos?

Estudio de Caso: Evaluación del Cliente y el Mercado

¿Cambió su mercado luego de que estableciera sus precios? Explique

No, mis precios son acordes al mercado

¿Ha cambiado el cliente al que va dirigido su trabajo debido a sus precios? Explique

No ha cambiado

¿Sus precios minoristas son más altos de lo que esperaba o van de acuerdo con lo previsto?

No son más altos de lo que esperaba.

¿Cómo pudiera ajustar sus gastos para disminuir sus precios?

Pudiera disminuir mis precios si encontrara nuevas fuentes de suministro.

¿Qué cambios necesita hacer luego de evaluar sus precios y todos sus gastos?

No es necesario ningún cambio.

Capítulo 39
Proyecciones Financieras

¿Ya te sientes abrumada?

La proyección del futuro financiero de tu negocio es un buen estimado de fe y para ello necesitas ser realista. Necesitas proyectar tus finanzas, no solamente para tu plan de actividades empresariales sino también para tus propias metas empresariales. Si eres demasiado modesta en tus proyecciones, ningún financiero te hará caso. Lo mismo sucederá si tus estimados son poco realistas. Cada dólar presente en tus proyecciones necesita estar respaldado por tus planes para el futuro. Si no planeas realizar publicidad alguna, participar en ferias comerciales, o desarrollar un sistema de mercadeo adecuado, y estás calculando que tendrás un millón de dólares en ventas al cabo del tercer año, lo más probable es que estés equivocada.

Para realizar una proyección financiera necesitas basarte en suposiciones razonables sobre cuántas ventas tendrás, cuántas tiendas tendrán tu mercancía y cómo planeas alcanzar estas metas. Crea una línea de tiempo para alcanzar tus metas

Notas:

Planificación de los Objetivos

Año: _____

Mencione sus objetivos para cada mes del año.

Enero	Febrero

Marzo	Abril

Mayo	Junio

Julio	Agosto

Septiembre	Octubre

Noviembre	Diciembre

Estudio de Caso: Planificación de los Objetivos

Año: 2011

Mencione sus objetivos para cada mes del año.

Enero	Febrero
Inventario listo para el lanzamiento de primavera en la tienda. Publicar comunicado de prensa	Fiesta de Lanzamiento, venta promocional de Etsy, venta, desarrollo de las ventas para el otoño de 2011
Marzo	Abril
Muestras para el otoño de 2011. Prepararme para la Feria Comercial. Finalizar la fábrica/los contratistas	Feria Comercial y seguimiento
Mayo	Junio
Continuar con pedidos, proveedores de tejidos, fábrica. Dejar listos los pedidos para la producción y el tejido	Ir de vacaciones a Disney con la familia. Control de la calidad del inventario.
Julio	Agosto
Muestras para la primavera de 2012. Comenzar a enviar los pedidos.	Prepararme para la Feria Comercial de la primavera de 2012
Septiembre	Octubre
Feria Comercial y seguimiento	Semana de la Moda de Portland
Noviembre	Diciembre
Pedidos de Navidad de última hora para la tienda y pedidos que se repiten	!Síí! Un año vencido. Vacaciones con la familia

para que estas sean realistas y alcanzables. Establece metas de mercadeo, publicidad y ferias comerciales. Todo esto te ayudará a lograr una visión más práctica para saber de dónde vendrán tus ingresos.

Una forma de determinar tu proyección de ventas para cada año es a través de la planificación de las expectativas de tu primera colección. Calcula un porcentaje de crecimiento para los años subsiguientes y relaciónalo directamente con tu primera colección y los costos de producción. Esta parte puede complicarse bastante, rápidamente. Si eres hábil con las matemáticas y sabes utilizar Excel, no debes tener problemas para elaborar esto. Pero si estás leyendo este libro y tienes tu mente en blanco porque no sabes qué hacer, entonces es posible que pueda tener una herramienta para ti.

En mi anterior carrera profesional trabajé en programación de sistemas de computadoras y automatización de documentos. Dediqué mis habilidades analíticas, matemáticas y de resolución de problemas a la creación de mi propia una hoja de cálculo de proyección financiera en Excel, y de un programa online que lo hace todo. Conecté todo lo que he mencionado en esta sección y lo convertí en una útil hoja de cálculo muy fácil de utilizar. Si estás interesada en obtener una copia para ti, visita nuestro sitio web FashionUnraveled.com y encontrarás más información al respecto.

Aquí se incluyen hojas de cálculo para proyecciones financieras de un año y cinco años. Prepárate para explicar cómo y por qué llegaste a establecer en tu plan de actividades empresariales esas cantidades de dinero.

Proyección Financiera para un Año

	Enero	Febrero	Marzo	Abril	Mayo	Junio
Ingresos						
Venta al por mayor						
Venta al por menor						
Ingresos Totales						
Gastos Variables						
Producción						
Gastos Fijos Directos						
Desarrollo						
Fotografía						
Impresión						
Diseño y Distribución de Materiales Impresos						
Feria Comercial						
Sitio Web						
Gastos Fijos Indirectos						
Administrativo						
Amortización por Valor Extrínseco						
Depreciación de Equipos						
Marketing y Ventas						
Mano de Obra						
Salario Principal						
Asistente						
Gastos Totales						
Ingreso Neto						

Proyección Financiera para un Año

	July	August	September	October	November	December
Ingresos						
Venta al por mayor						
Venta al por menor						
Ingresos Totales						
Gastos Variables						
Producción						
Gastos Fijos Directos						
Desarrollo						
Fotografía						
Impresión						
Diseño y Distribución de Materiales Impresos						
Feria Comercial						
Sitio Web						
Gastos Fijos Indirectos						
Administrativo						
Amortización por Valor Extrínseco						
Depreciación de Equipos						
Marketing y Ventas						
Mano de Obra						
Salario Principal						
Asistente						
Gastos Totales						
Ingreso Neto						

Estudio de Caso: Proyección Financiera para un Año

	Enero	Febrero	Marzo	Abril	Mayo	Junio
Ingresos						
Venta al por mayor	11,335,00	11,355,00	561,83	561,83	561,83	561,83
Venta al por menor	381,83	381,83	381,83	381,83	381,83	381,83
Ingresos Totales	11,431,83	11.431,83	943,66	943,66	943,66	943,66
Gastos Variables						
Producción				6,579,06	6,579,06	6,579,06
Gastos Fijos Directos						
Desarrollo	376,46			376,46	376,46	376,46
Fotografía		495,00				
Impresión						
Diseño y Distribución de Materiales Impresos						
Feria Comercial				1,750,00		
Sitio Web						
Gastos Fijos Indirectos						
Administrativo	102,08	102,08	102,08	102,08	102,08	102,08
Amortización por Valor Extrínseco	1,25	1,25	1,25	1,25	1,25	1,25
Depreciación de Equipos	12,08	12,08	12,08	12,08	12,08	12,08
Marketing y Ventas	135,00	135,00	135,00	135,00	135,00	135,00
Mano de Obra						
Salario Principal						
Asistente						
Gastos Totales	611,54	732,08	237,08	8,942,60	7,192,60	7,192,60
Ingreso Neto	10,804,96	10,686,42	693,25	-8,012,27	-6,262,27	-6,285,98

Estudio de Caso: Proyección Financiera para un Año

	July	August	September	October	November	December
Ingresos						
Venta al por mayor	14,280,03	14,280,03	674,20	674,20	674,20	674,20
Venta al por menor	381,83	840,03	840,03	840,03	840,03	840,03
Ingresos Totales	14,661,86	14,661,86	1,514,23	1,514,23	1,514,23	1,514,23
Gastos Variables						
Producción				6,579,06	6,579,06	6,579,06
Gastos Fijos Directos						
Desarrollo	376,46			414,11	414,11	414,11
Fotografía		495,00				
Impresión						
Diseño y Distribución de Materiales Impresos						
Feria Comercial			1,925,00			
Sitio Web						
Gastos Fijos Indirectos						
Administrativo	102,08	102,08	102,08	102,08	102,08	102,08
Amortización por Valor Extrínseco	1,25	1,25	1,25	1,25	1,25	1,25
Depreciación de Equipos	12,08	12,08	12,08	12,08	12,08	12,08
Marketing y Ventas	135,00	135,00	135,00	135,00	135,00	135,00
Mano de Obra						
Salario Principal						
Asistente						
Gastos Totales	613,54	732,08	2,162,08	7,230,25	7,230,25	7,230,25
Ingreso Neto	14,011,28	13,892,74	-684,89	-5,753,06	-5,753,06	-5,753,06

Proyección Financiera para Cinco Años

	Year 1	Year 2	Year 3	Year 4	Year 5
Ingresos					
Venta al por mayor					
Venta al por menor					
Ingresos Totales					
Gastos Variables					
Producción					
Gastos Fijos Directos					
Desarrollo					
Fotografía					
Impresión					
Diseño y Distribución de Materiales Impresos					
Feria Comercial					
Sitio Web					
Gastos Fijos Indirectos					
Administrativo					
Amortización por Valor Extrínseco					
Depreciación de Equipos					
Marketing y Ventas					
Mano de Obra					
Salario Principal					
Asistente					
Gastos Totales					
Ingreso Neto					

Estudio de Caso: Proyección Financiera para Cinco Años

	2010	2011	2012	2013	2014
Ingresos					
Venta al por mayor	22,100,00	53,040,00	63,648,00	76,377,60	91,653,12
Reordena	1,685,49	7,753,29	9,303,96	11,164,77	13,397,73
Venta al por menor	1,909,15	10,004,01	12,463,04	14,955,68	17,946,80
Ingresos Totales	25,694.,64	70,797,30	85,415,00	102,498,05	122,997,65
Gastos Variables					
Producción	29,605,77	42,106,00	50,527,22	60,632,64	72,802,36
Gastos Fijos Directos					
Desarrollo	3,627,72	3,237,58	3,561,34	3,917,46	4,309,22
Fotografía	945,00	1,039,50	1,143,45	1,257,80	1,383,58
Impresión					
Diseño y Distribución de Materiales Impresos					
Feria Comercial	1,750,00	3,850,00	4,235,00	4,658,50	5,124,36
Sitio Web					
Gastos Fijos Indirectos					
Administrativo	1,24,96	1,347,48	1,482,24	1,630,44	1,793,52
Amortización por Valor Extrínseco	15,00	15,00	15,00	15,00	15,00
Depreciación de Equipos	144,96	144,96	144,96	144,96	144,96
Marketing y Ventas	1,620,00	1,782,00	1,960,20	2,156,28	2,371,80
Mano de Obra					
Salario Principal	0,00	10,416,65	27,083,31	32,500,00	38,400,00
Asistente					
Gastos Totales	3,004,92	13,706,09	30,685,71	36,446,68	42,890,28
Ingreso Neto	-13,238,77	6,858,13	-4,737,72	-4,415,03	-3,512,15

Capítulo 40
Punto de Equilibrio

¿Qué es el punto de equilibrio? Es el punto en el cual tus ventas son iguales a tus gastos. "Estar a mano" no significa que estás obteniendo ganancias, sino que no estás perdiendo dinero.

Para conocer cuál es tu punto de equilibrio, debes calcular cuánto te cuesta mantenerte en el negocio cada mes (tus costos fijos directos e indirectos). Digamos, por ejemplo, que esa cantidad es $200. Si crees que para estar a mano o llegar a tu punto de equilibrio necesitas vender $2000, estás equivocada.

Si haces este tipo de suposiciones, caerás en bancarrota más rápido que una compradora compulsiva viendo el canal de Ventas desde Casa. Es posible que te hayas olvidado de incluir los costos de los materiales que compraste para elaborar la mercancía que vendiste. Para facilitar este ejemplo, digamos que de esos $2000 en ventas, tus costos de materiales representan $1000. ¿Tiene sentido decir que es necesario vender $3000 todos los meses para llegar al punto de equilibrio? No.

Notas:

Cómo Calcular tu Punto de Equilibrio

En lugar de pasar varias horas rompiéndote la cabeza para saber cuánto necesitas vender para estar a mano, vamos a crear una fórmula matemática que haga este trabajo por nosotros. Primeramente tenemos que calcular nuestro Margen de Utilidad Bruta (MUB).

Tu MUB es el porcentaje de aumento entre el costo de materiales y el precio al por mayor. Este porcentaje puede ser calculado una vez conozcas el costo de tu prenda y hayas establecido tu precio al por mayor. Según el método de precios que yo utilizo, este porcentaje variará con cada artículo. Para llegar a un punto más exacto, puedes calcular el promedio de las cantidades proyectadas, pero entonces se convertiría en un proceso muy complicado. Yo recomiendo que establezcas tu MUB para cada producto y que utilices el porciento más bajo del lote para calcular tu Punto de Equilibrio. Esto dará como resultado unos números bastante conservadores.

Divide tu costo de materiales entre tu Precio al Mayor. Luego resta ese porcentaje del que hablábamos del 100% y el número resultante es tu Margen de Utilidad Bruta.

Ejemplo: el Costo de Materiales para una falda es $12.50 y se valoró en $25 para venta al por mayor.

$12.50 costo de materiales/$25 precio por mayor = .5 o 50%

100% – 50% = 50% Margen de Utilidad Bruta

Calculemos ahora el Punto de Equilibrio. Toma el promedio mensual de tus costos fijos directos e indirectos (supongamos que es $2000) y divídelo por el MUB (convierte el porcentaje en un punto decimal).

Ejemplo: $2000 Costo Fijo / .5 Margen de Utilidad Bruta (en forma decimal) = $4,000 Punto de Equilibrio

Regresamos a la pregunta que hicimos al principio. ¿Cuándo es que obtienes ganancias? Cuando superas tu Punto de Equilibrio. Para conocer cuándo es que tu negocio está a mano, suma las pérdidas de cada mes y réstalas de tus ingresos. Cuando el resultado sea cero, entonces estás a mano. Tu punto de equilibrio real no debe llegar hasta el segundo año de tu negocio, o después.

Notas:

Punto de Equilibrio

Modelo #:

Costo de la Mercancía	
Precio Mayorista	/
Costo Total del Porcentaje de Productos	

	100%
Costo del Porcentaje de Productos	-
Margen Total de Ingresos Brutos	

Modelo #:

Costo de la Mercancía	
Precio Mayorista	/
Costo Total del Porcentaje de Productos	

	100%
Costo del Porcentaje de Productos	-
Margen Total de Ingresos Brutos	

Modelo #:

Costo de la Mercancía	
Precio Mayorista	/
Costo Total del Porcentaje de Productos	

	100%
Costo del Porcentaje de Productos	-
Margen Total de Ingresos Brutos	

Utilice el menor porcentaje del Margen de Ingresos Brutos calculado anteriormente en el siguiente cálculo

Costo Mensual Variable Promedio	
Costo Mensual Fijo Promedio	
Margen de Ingresos Brutos (notación decimal)	/
Punto de Equilibrio Total	

Estudio de Caso: Punto de Equilibrio

Modelo #: *Baby Doll Dress*

Costo de la Mercancía	30,80
Precio Mayorista	/ 53,00
Costo Total del Porcentaje de Productos	58%

	100%
Costo del Porcentaje de Productos	− 58%
Margen Total de Ingresos Brutos	42% 0 ,42

Modelo #: *Cigarette Pant*

Costo de la Mercancía	43,80
Precio Mayorista	/ 70,00
Costo Total del Porcentaje de Productos	63%

	100%
Costo del Porcentaje de Productos	− 63%
Margen Total de Ingresos Brutos	37% 0 ,37

Modelo #: *Obi Dress*

Costo de la Mercancía	20,00
Precio Mayorista	/ 39,00
Costo Total del Porcentaje de Productos	51%

	100%
Costo del Porcentaje de Productos	− 51%
Margen Total de Ingresos Brutos	49% 0 ,49

Utilice el menor porcentaje del Margen de Ingresos Brutos calculado anteriormente en el siguiente cálculo

Costo Mensual Variable Promedio	2.467,15
Costo Mensual Fijo Promedio	777,30
Margen de Ingresos Brutos (notación decimal)	/ ,37
Punto de Equilibrio Total	8,768,78

Capítulo 41
Estrategia de Salida

Las estrategias de salida no existen para desanimarte, sino para ayudarte a planificar lo que puedes necesitar hacer en 2, 5, 10 o 20 años. Tu plan de actividades empresariales necesita tener una estrategia de salida para mostrarle al prestamista lo que planeas hacer en el futuro.

Planificar tu estrategia de salida cuando estás planificando el lanzamiento de tu negocio puede parecer un poco loco, pero sí analizar quién se hará cargo de tu negocio cuando llegue el momento de retirarte. ¿Tienes planes de establecer tu negocio en 3 años y luego venderlo? ¿Quieres venderlo cuando alcances una cantidad determinada de ganancias? ¿Quieres que tus hijos continúen con la tradición que tú has creado? Los inversionistas, los socios y los financieros están interesados en conocer tus planes.

Aquí tienes algunas opciones para salir de un compromiso empresarial:

- Vender tu negocio
- Dejarlo en manos de la familia
- Lanzar tu negocio al mercado y vender acciones
- Disolver tu negocio

Desafortunadamente, la estrategia de salida de muchos negocios de diseño es la última; pero yo confío en que tú serás diferente y escogerás una de las tres primeras opciones.

Notas:

Estrategia de Salida

¿Cómo pretende abandonar su negocio?

¿Cuándo piensa abandonar su negocio?

¿Quién estaría al frente de su negocio en caso de que usted se enfermara? ¿Las cosas pueden esperar o usted tiene a un administrador que pueda hacerse caso de todo?

¿Qué sucedería con su negocio si usted o su pareja quedara incapacitada o muriera? ¿Continuaría con el/la esposo(a) que esté en condiciones o pasaría a otro miembro de la familia?

Mencione todos los escenarios que pudieran afectar su negocio al punto de tener que cerrarlo y diga cómo los manejaría.

Estudio de Caso: Estrategia de Salida

¿Cómo pretende abandonar su negocio?

Dejarlo a mi familia

¿Cuándo piensa abandonar su negocio?

Aproximadamente dentro de 15 años.

¿Quién estaría al frente de su negocio en caso de que usted se enfermara? ¿Las cosas pueden esperar o usted tiene a un administrador que pueda hacerse caso de todo?

Voy a tener que contratar a un administrador. Si en algún momento tuviese un personal de apoyo, espero ser capaz de delegar en ellos.

¿Qué sucedería con su negocio si usted o su pareja quedara incapacitada o muriera? ¿Continuaría con el/la esposo(a) que esté en condiciones o pasaría a otro miembro de la familia?

Si ocurriera durante los primeros años es posible que el negocio desaparezca. Dentro de 5 años contrataré a un administrador para que se haga cargo. Dentro de 10 años, espero que mi hijo se encargue del negocio.

Mencione todos los escenarios que pudieran afectar su negocio al punto de tener que cerrarlo y diga cómo los manejaría.

Si alguien robara mis diseños tendría que reinventar todo el negocio.
Si ocurriera un desastre natural, es probable que su reconstrucción se demore alrededor de un año.
Si fuera demasiado severo tendría que vender mis existencias y mis equipos.

ELABORACIÓN DE UN PLAN DE ACTIVIDADES EMPRESARIALES

Capítulo 42
Introducción a tu Plan de Actividades Empresariales

Cada formulario que se ofrece en este libro te ayudará en la elaboración de un exitoso plan de actividades empresariales. En este capítulo ofrezco una noción general para la creación de un plan de actividades empresariales. En el capítulo siguiente he incluido como referencia el plan de actividades empresariales de nuestro estudio de caso de A.C. Baker Apparel. Utiliza estas guías y todo lo demás que has aprendido en este libro para elaborar tu propio plan de actividades empresariales.

El plan de actividades empresariales incluido de A.C. Baker ha sufrido algunos cambios en comparación con el original. Del mismo fue eliminado cierta información personal, datos financieros personales y contratos. Aparte de esos cambios, este es el plan utilizado en nuestro estudio de caso. Esto es para ser utilizado solo como referencia. Utiliza tu propio lenguaje y redacción para preparar tu plan de actividades empresariales. Todo variará según tu propio negocio, por lo tanto sé específica en tus descripciones y adáptalas a tu propia

Notas:

Notas:

línea.

A pesar de que muchos negocios de diseño pocas veces crean un plan de actividades empresariales, el mismo es una parte de suma importancia en el establecimiento de tu negocio. Comúnmente se comete el error de pensar que el plan de actividades empresariales es para utilizarlo solamente cuando se estén buscando fondos. Pero, la realidad es que el plan de actividades empresariales es solamente para ti y nadie más.

En un plan de actividades empresariales se reflejan los valores de tu compañía, la misión, el crecimiento esperado y las proyecciones financieras. Tu plan de actividades empresariales debe estar cambiando constantemente según va creciendo tu negocio. Te recomiendo que actualices tu plan de actividades empresariales cada 6 meses para añadir todos los cambios que has realizado a la par del crecimiento de tu negocio. El objetivo de un plan de actividades empresariales es ayudarte a planificar el futuro, presupuestar tus gastos y seguir de cerca tu crecimiento.

Portada
Debes comenzar la presentación de tu plan de actividades empresariales con un formato claro en tu portada. Es importante ir directo al punto e incluir toda la información relevante. Esta información debe definir:

* Nombre del Negocio
* Dirección del Negocio
* Número de Teléfono del Negocio
* Logotipo
* Dueños/socios del negocio (nombre,

Notas:

dirección y teléfono de cada socio)
- Mes y año en que fue elaborado el plan
- Nombre de la persona que lo preparó

Resumen

La primera sección escrita de tu plan de actividades empresariales debe ser el resumen. Por lo general, esta sección contiene un resumen de todo lo que se trata en el resto del plan de actividades empresariales y comúnmente es lo último que se redacta. Otro nombre que se le da al resumen es declaración de propósitos. Aquí debes incluir:

- La respuesta a las cuatro preguntas (quién, qué, dónde y por qué)
- Los objetivos del negocio (por qué tendrás éxito)
- Cantidad de capital que estás solicitando (incluyendo por qué necesitas un préstamo y cuándo lo devolverás)

Tabla de Contenidos

La tabla de contenidos puede colocarse antes o después del resumen. Aunque la tabla de contenidos no es un requisito obligatorio, la misma es útil cuando se está trabajando con un plan de actividades empresariales extenso. Utiliza esta sección para destacar los temas más importantes, las referencias y los anexos encontrados en tu plan de actividades empresariales.

Objetivos

La sección de los objetivos describe en detalle tu negocio y tus metas. Aquí debes explicar la historia de tu compañía y las expectativas de planes futuros. Analiza lo que tiene disponible actualmente tu mercado y qué ofrece tu producto para entrar al mismo.

Utiliza esta sección para ofrecer los datos de tu propia investigación, incluyendo el tamaño actual de tu mercado y la dirección futura que prevés para el mismo. Incluye una descripción detallada de tu cliente objetivo..

Producto

La sección del producto debe contener una descripción detallada de cada uno de tus productos, las telas y los materiales utilizados en la producción de tu línea. Esta descripción detallada también debe incluir los costos de estos artículos, junto con los costos de desarrollo.

Tu modelo de precios es explicado en esta sección. Se hace un desglose del modelo de precios para cada estilo, incluyendo el costo operacional por pieza, el porcentaje de ganancia y el aumento de precio recomendado de por mayor a minorista.

Mercadeo

En el apartado de mercadeo debes describir dónde se encuentra geográficamente tu mercado y en qué tiendas esperas vender tus productos. Para los inversionistas es importante que menciones quién es tu competencia, tu nicho de mercado y una estrategia detallada. Explica cómo planeas darle publicidad tu negocio, que campañas de promoción prevés realizar y establece un presupuesto para cada uno de estos aspectos. También incluye las respuestas a estas preguntas:

- ¿Cómo esperas vender tus productos?
- ¿Utilizarás representantes de ventas o harás exhibiciones en las ferias comerciales?
- ¿Planeas vender online o tener tu propio

establecimiento de ventas al detalle?

Notas:

Operaciones

Aquí se describen las operaciones de tu negocio. Menciona la ubicación de tu negocio, salón de exhibición y fabricantes.

En esta sección puedes ofrecer una línea de tiempo operacional para cada segmento de desarrollo de tu negocio. Ten presente contestar estas preguntas:

- ¿Dónde tendrá lugar la fabricación?
- ¿Tendrás un encargado de producción?
- ¿Qué servicios planeas tener en tus propias instalaciones y cuáles planeas subcontratar? (patrones, muestras, cortes, costura, clasificación)
- ¿Contratarás más personal? (menciona cuándo lo harás si ya tienes determinadas fechas)
- ¿Cuánto pagarás a tu personal y con qué frecuencia?

Administración y Organización

En la sección dedicada a la organización en tu plan de actividades empresariales detallarás la opción que seleccionaste para tu entidad comercial y por qué la escogiste. Menciona quién conforma tu equipo. Incluye una biografía de cada persona involucrada en tu negocio, incluyendo qué cargo desempeñan en el mismo.

También puedes incluir en un apéndice el resumé de cada persona. No olvides incluir a tu personal, los consultores y tus contratistas independientes. Crea una descripción de la posición de cada uno: asistentes, prácticas, tenedores de libros, diseñadores gráficos, diseñadores web, representantes de ventas, fabricantes de patrones, etc. También puede ser útil incluir una tabla organizacional.

Plan Financiero

En el plan financiero se detallan todas las cifras. Aquí debes mencionar tus metas intermedias más importantes para el primer año, incluyendo tu proyección de ventas para este período. Menciona también tus proyecciones de crecimiento a largo plazo, las expectativas de gastos y ventas para los próximos cinco años. Detalla los planes de expansión de tu negocio.

Si solamente estás comenzando tu negocio, menciona tus costos iniciales, tus balances generales proyectados y las declaraciones de ingresos para el siguiente año. Si ya tienes un negocio en funcionamiento y tan solo estás actualizando tu plan de actividades empresariales, entonces debes incluir las declaraciones de los últimos tres años. Si estás buscando obtener capital, es posible que necesites incluir los reportes financieros personales de cada uno de los dueños principales.

Anexo

El anexo incluye cualquier tipo de documento que forme parte del plan de actividades empresariales. Aquí se pueden incluir muestrarios de colección, resumés de los dueños, copias de pedidos anteriores o actuales, cobertura de prensa que has tenido, fotos, volantes, libros de modelos, contratos, documentos legales y cartas de referencia.

Capítulo 43
Ejemplo de Plan de Actividades Empresariales

Plan de Actividades Empresariales

A.C. Baker Apparel
426 3rd Street
Eureka, California 95501
United States of America
707-834-6911

Propietaria
Andrea Baker
707-834-6911

Fecha de Elaboración del Plan de Actividades Empresariales: 23 de octubre de 2010
Fecha de Inicio del Negocio: 1ro de junio de 2010

Elaborado por Andrea Baker utilizando Fashion Unraveled Software

A.C. Baker Apparel

Resumen

A.C. Baker Apparel, empresa productora de ropa casual y contemporánea para damas, se encuentra en Eureka, California y opera como una propiedad unipersonal a nombre de Andrea Baker. A.C. Baker Apparel está posicionado estratégicamente para lanzar nuevamente su línea de ropa y expandirla mediante la distribución en Internet y en boutiques. La reputación de A.C. Baker Apparel en la producción de ropa con estilo, cómoda e inocua para el medio ambiente será la piedra angular del crecimiento futuro de esta compañía.

El plan de actividades empresariales de A.C. Baker Apparel ofrece detalles acerca de la creación y confección de sus productos y de los esfuerzos de distribución mayorista y minorista de los mismos. La unión exclusiva de productos, materiales y confección sustenta un umbral de rentabilidad luego del primer año y la recuperación de todos los costos de producción a finales del segundo año. Las proyecciones con relación a las ganancias se muestran con un crecimiento anticipado del 20% en la producción y las ventas

A.C. Baker Apparel

Índice de Materias

A.C. Baker Apparel

Objetivos

Declaración sobre la Misión

A.C. Baker Apparel valora la comunidad, los principios fundamentales de diseño y la sostenibilidad. Estos son los valores esenciales que mueven a la compañía, la cual surgió en una comunidad rural donde todo está interconectado de forma muy visible. Ofrecer servicios de diseño y prácticas empresariales a la comunidad ha posibilitado que A.C. Baker Apparel produzca diseños que sean ejemplos de las personas, no de las tendencias. A.C. Baker Apparel confecciona ropa que responde al mercado, no a los medios de comunicación masiva.

Mercado Objetivo

Nuestro moderado punto de precios enfoca nuestro mercado hacia las boutiques para diseñadores independientes y las cadenas minoristas de menor envergadura. Los precios minoristas están entre 35 y 200 dólares. Los estudios muestran que las mujeres que conforman nuestro público objetivo suelen gastar 2 000 o 3 000 dólares anualmente en ropa que usan aproximadamente durante 3 o 5 años y se preocupan especialmente por la forma en que lucen las prendas de vestir.

Crecimiento de Mercado

La ropa de mujer representa el 60% de la industria del vestir, el mayor sector de la industria según marketresearch.com. En el año 2009 hubo una disminución de los ingresos en la industria pero hasta la actualidad en el 2010, los ingresos han aumentado un 1,5% y se espera que crezcan un 11% en los próximos dos años. El salario promedio de los diseñadores de moda que trabajan en la industria es de $44 000 al año mientras que el salario promedio de un empresario es de $111 000.

Historia de la Compañía

A.C. Baker Apparel se inició en el año 2003 y luego de un año de desarrollo, marketing y ventas cambió su centro de atención de la ropa a los bolsos de mano. Durante los 7 años que siguieron A.C. Baker Apparel diseñó y vendió una variedad de bolsos de mano y accesorios. En este tiempo, la propietaria realizó labores de marketing y promoción, comenzó su propio servicio de creación para la industria de la moda y ha estado educando una familia. Los últimos 7 años le ofrecieron la oportunidad de ver cómo debe enfocar apropiadamente la clientela y el mercado, cómo manejar las demandas del público y cómo establecer relaciones con instalaciones de producción.

En 2009, la señora Baker decidió utilizar su conocimiento para lanzar una vez más su negocio. Buscó la ayuda de su amiga Jennifer Matthews, instructora, escritora y mentora empresarial. A principios de 2010, las señoras Matthews y Baker aunaron sus fuerzas para colaborar en el lanzamiento por segunda vez de A.C. Baker Apparel y utilizarlo como estudio de caso para el segundo libro de la señora Matthews acerca de la industria de la moda. El relanzamiento oficial de A.C. Baker comenzó en junio de 2010.

A.C. Baker Apparel

En septiembre de 2010, la señora Baker se asoció con un empresario de Eureka para inaugurar el Origin Design Lab como plataforma donde los diseñadores y artesanos pudieran lanzar sus negocios. El Origin Design Lab abrirá sus puertas a mediados de noviembre y esperará con ansias tener éxito al establecer una clientela leal a la línea de A. C. Baker Apparel.

Futuro de la Compañía

El objetivo fundamental de A. C. Baker Apparel para los próximos cinco años es extenderse a mercados más grandes, observando escasos principales que protegerán la integridad de la compañía y sus operaciones. Nuestro plan es utilizar el éxito de nuestro establecimiento de venta al por menor y el apoyo de la prensa como nuestras características principales para la venta a nuevos minoristas de afuera, haciendo valer nuestra marca. Nuestro primer paso hacia mercados más grandes está programado para la primavera de 2012 pero comenzará en el otoño de 2011. Vamos a presentarnos en la Feria Comercial Focus en Los Ángeles en abril de 2011 y octubre de 2012. También pretendemos exhibir nuestra próxima colección de primavera durante la Semana de la Moda de Portland, el evento de moda más importante para los diseñadores ecológicos.

Mediante estos esfuerzos concertados pretendemos crecer de manera significativa durante los próximos cinco años.

A.C. Baker Apparel

Productos

A.C. Baker Apparel confecciona ropa casual de mujer descrita como blusas, vestidos y pantalones.

Costo del Producto

El costo del producto lo conforman todos los materiales, artículos de mercería, cortes y costuras. Los siguientes productos fueron desarrollados para colección Primavera 2011. Esta colección está compuesta por 8 productos y será lanzada a finales de enero. La fecha de inicio de los envíos será el 15 de enero de 2011 y la fecha de terminación de los mismos será el 28 de febrero de 2011. La segunda colección del año 2011 (Otoño 2011) planeamos lanzarla en julio e incluirá entre 8 y 10 piezas.

Nombre	Número del Modelo	Costo Total
Vestido Baby Doll	10000	$30.80

Vista Delantera	Vista Trasera

Costo de Costura	Costo de Corte	Costo de Tintura	Costo de Impresión
$16.00	$2.00	-	-

Material	Cantidad	Costo	Costo Total del Material
Satín de algodón orgánico	1	$12,00	$12,00
Etiqueta	1	$0,25	$0,25
Cremallera Invisible 8"	1	$0,55	$0,55

A.C. Baker Apparel

Nombre	Número del Modelo	Costo Total
Pantalones Tubo o Pitillo	7000	$43,80
Vista Delantera		Vista Trasera

Costo de Costura	Costo de Corte	Costo de Tintura	Costo de Impresión
$14,00	$2,00	-	-
Material	Cantidad	Costo	Costo Total del Material
Lino más pesado	2,25	$12,00	$27,00
Etiqueta	1	$0,25	$0,25
Cremallera Invisible 8"	1	$0,55	$0,55

Nombre	Número del Modelo	Costo Total
Vestido con Fajín (Tipo Obi)	9000	$20,00
Vista Delantera		Vista Trasera

Costo de Costura	Costo de Corte	Costo de Tintura	Costo de Impresión
$7,50	$1,25	-	-
Material	Cantidad	Costo	Costo Total del Material
Lino más ligero	1	$11,00	$11,00
Etiqueta	1	$0,25	$0,25

A.C. Baker Apparel

Materiales

Los materiales utilizados en esta colección son lino, seda y algodón orgánico. Todos los materiales utilizados son un 100% de combinaciones. El satín de algodón orgánico se utiliza en blusas y vestidos selectos. Hay dos pesos de lino, uno que se utiliza para los pantalones y otro para los vestidos. La organza de seda se utiliza para los vestidos de corte cruzado y en algunos adornos añadidos a las otras prendas. Las cremalleras invisibles se utilizan para todos los cierres que las necesiten. Cada prenda tiene un costura en la etiqueta que muestra el logo de A.C Baker Apparel.

Nombre del Artículo	Lino más ligero	Costo por Unidad	$11,00
Número del Artículo	twlin3	Pedido Mínimo	50
Ancho	60"	Proveedor	Linen Suppliers*
Talla		Peso	3 oz
Colores	Hongo, blanco, orquídea	Contenido	100% Lino
Instrucciones para el Cuidado		Imagen del Artículo	
Lavar en ciclo suave en agua fría Utilizar secadora Plancha caliente			

Nombre del Artículo	Lino más pesado	Costo por Unidad	$12,00
Número del Artículo	bwlin7	Pedido Mínimo	50
Ancho	60"	Proveedor	Linen Suppliers*
Talla		Peso	7 oz
Colores	Hongo, blanco, orquídea	Contenido	100% Lino
Instrucciones para el Cuidado		Imagen del Artículo	
Lavar en ciclo suave en agua fría Utilizar secadora Plancha caliente			

A.C. Baker Apparel

Nombre del Artículo	Satín de algodón orgánico	Costo por Unidad	$12,00
Número del Artículo	cotsat4	Pedido Mínimo	25
Ancho	110"	Proveedor	Cotton Suppliers*
Talla		Peso	4 oz
Colores	Hongo, blanco, orquídea	Contenido	100% Algodón Orgánico
Instrucciones para el Cuidado		Imagen del Artículo	

Lavar con colores similares
Secar Colgado o con calor medio
Plancha caliente

Nombre del Artículo	Organza de Seda	Costo por Unidad	$3,00
Número del Artículo	siorg	Pedido Mínimo	25
Ancho	110"	Proveedor	Silk Suppliers*
Talla		Peso	3 oz
Colores	45"	Contenido	100% Seda
Instrucciones para el Cuidado		Imagen del Artículo	

Lavar a mano
Secar Colgado

Nombre del Artículo	Cremallera Invisible	Costo por Unidad	$12,00
Número del Artículo	IZ	Pedido Mínimo	50
Ancho		Proveedor	Zipper Suppliers*
Talla	Varias - 4" a 24"	Peso	

Nombre del Artículo	Etiqueta	Costo por Unidad	$0,25
Número del Artículo	labacb	Pedido Mínimo	1000
Ancho		Proveedor	Label Suppliers*
Talla	1" x 1/2"	Peso	
Instrucciones para el Cuidado		Imagen del Artículo	

A.C. Baker Apparel

Gasto de Desarrollo

Los gastos de desarrollo para cada producto serán asignados en la primera temporada de su lanzamiento. Si un diseño vuelve a lanzarse en una segunda temporada, la fijación de los precios será la misma aunque no se haya incurrido en gastos de desarrollo para ese artículo. Por esta razón el relanzamiento va a arrojar un margen más elevado de ganancias. Los gastos de desarrollo son desglosados por pieza según la cantidad en producción que se estime.

Por ejemplo, si mi gasto de desarrollo es de $1 000 y espero producir 5 000 artículos, mi gasto de desarrollo es desglosado en 5 000 para obtener un costo de 20 centavos cada pieza.

Para la colección inicial (Primavera 2011) el desarrollo de algunos artículos se contrató con otra entidad y se creó una serie de patrones de bloque para el desarrollo futuro de patrones en nuestra compañía. Se estima que el trabajo de desarrollo será incorporado al salario de la propietaria para colecciones futuras, aunque debido a proyecciones financieras, los gastos de desarrollo han permanecido como si tuvieran un gasto de inflación de un 10% cada año. Se espera que estos gastos disminuyan para las colecciones que se realicen en los próximos años.

Estos son los gastos de desarrollo para Primavera 2011.

Nombre	Número del Modelo		Costo Total
Vestido Baby Doll	10000		$63,55
Creación del Patrón	Costura de la Muestra	Escalador de Patrones	Talle
-	-	$45,00	-
Material	Cantidad	Costo	Costo Total del Material
Satín de Algodón orgánico	1	$12,00	$12,00
Muselina	6	$1,00	$6,00
Cremallera Invisible 14"	1	$0,55	$0,55

Nombre	Número del Modelo		Costo Total
Pantalón Tubo o Pitillo	7000		$301,65
Creación del Patrón	Costura de la Muestra	Escalador de Patrones	Talle
$75,00	$125,00	$65,00	-
Material	Cantidad	Costo	Costo Total del Material
Lino más pesado	2,5	$12,00	$30,00
Muselina	5	$1,00	$5,00
Cremallera 8"	3	$1,65	$1,65

A.C. Baker Apparel

Fijación de Precios

El precio al por mayor en el modelo consiste de 6 variables: costo del producto, costos fijos indirectos (asignación de gastos generales), costos fijos directos (desarrollo, ferias comerciales y fotografía que tienen lugar para cada colección), depreciación de equipos, amortización por valor extrínseco y ganancias del 30%. El costo de explotación por pieza para esta colección es de $8,63. Esto se explica en detalle en el Plan Financiero.

El precio al por menor que sugerimos es 2,5 veces el precio al por mayor. Cualquier mercancía que vendamos en internet o directamente al consumidor se venderá al precio minorista que sugerimos.

Margen de Ganancia Minorista Sugerido		Porcentaje de Ganancias Esperadas		Gasto de Explotación por Pieza	
2,5		30		$8,63	
Nombre del Modelo	Costo del Modelo	Gastos de Explotación por Pieza	Ganancia	Venta al por Mayor	Venta al por menor Sugerida
Vestido Baby Doll	$30,80	$8,63	$17,57	$57,00	$143,00
Pantalones Tubo o Pitillo	$43,80	$8,63	$22,57	$75,00	$188,00
Vestido con Fajín (tipo obi)	$20,00	$8,63	$12,37	$41,00	$103,00
Chaquetilla de Seda	$14,50	$8,63	$10,87	$34,00	$85,00
Blusa de Tirantes	$15,80	$8,63	$10,57	$35,00	$88,00
Vestido Swing	$29,80	$8,63	$16,57	$55,00	$138,00
Pantalones Bombachos Urbanos	$25,76	$8,63	$14,61	$50,00	$125,00
Vestido de Corte Cruzado	$48,50	$8,63	$24,87	$82,00	$205,00

A.C. Baker Apparel

Marketing

Clientela y Mercado

Nuestra clientela objetivo está conformada por mujeres mayores de 20 y menores de 50 años cuyos ingresos anuales están entre $50 000 y $60 000. Nuestras clientas tienen conciencia ambiental y se preocupan por su salud y bienestar y por el de su familia. Gasta gran parte de sus ingresos en su familia y en su hogar. Nuestra clientela prefiere ropa cómoda y que luzca bien a las marcas con nombres de lujo. Compra principalmente en boutiques locales y apoya las artes locales y la comunidad del fabricante. Por lo general son mujeres casadas o con pareja y viven en la costa occidental de los estados Unidos.

Canales de Distribución

Ventas Directas y Ventas Minoristas

Nuestra mercancía puede colocarse en pequeños distritos comerciales en vecindarios suburbanos. La colección puede clasificarse como una colección de ropa casual y contemporánea para damas.

El lanzamiento inicial de A.C. Baker Apparel tendrá lugar en el Origin Design lab, en Eureka, California. Andrea Baker es cofundadora de Origin Design Lab que es el salón de exposición y venta minorista para la colección de A.C. Baker Apparel y para otras líneas de ropa en Eureka.

Ventas Mayoristas

Beautiful People Boutique será el canal principal de venta al por mayor para la primera colección. La colección será comercializada mediante ferias comerciales, venta de muestras y correo directo para todas las colecciones.

A.C. Baker Apparel

Competencia

Tres de los competidores nacionales de A.C. Baker Apparel son Stewart and Brown, Marrika Nakk y Isda & Co. La siguiente tabla ofrece detalles acerca de cada compañía y especifica si cada uno de los factores analizados representa una fortaleza o una debilidad para A.C. Baker Apparel.

	Empresa de Andrea	Fortaleza o Debilidad	Stewart and Brown	Marrika Nakk	Isda & Co.
Breve Descripción del Diseños	Contemporáneo hecho a la medida y romántico	F	Contemporáneo casual de alta calidad	Contemporáneo romántico estilo de vaquero	Ropa contemporánea de oficina
Observación General			Crea varias líneas diferentes	Mucho tiempo en el negocio, aproximadamente desde la década del 80	Competidor más cercano, un poquito anticuado
Productos	Vestidos, pantalones, blusas y sayas	F	Suéteres, pantalones, vestidos, ropa de punto	Sayas, vestidos, chaquetas, blusas	Blusas, algunas sayas y vestidos
Tejidos	Seda de cáñamo, organza de seda, telas de bambú	F	Tejidos ecológicos: cáñamo, algodón orgánico	Terciopelo de seda del rayón, encaje elástico	Sedas, cachemires, lino, tejidos de alta calidad
Precio	Sayas 60-150, Pantalones 80-125, Blusas y vestidos 85-350	F	Blusas, sayas y pantalones 100-150, vestidos 150-300, pulóveres 60-80	Sayas 150, chaquetas 700 Vestidos de Boda	Pantalones, vestidos y chaquetas 100-150, blusas 50-150
Calidad	Alta calidad	F	Alta calidad	Alta calidad	Alta calidad
Selección y Tallas	Pequeño 7-10 piezas, 2 colores	D	Grande - 100 piezas, ropa de punto talla XS-L, ropa tejida talla 2-10	Mediano 20 piezas, S/M/L/XL	De mediano a grande, 50 piezas, XS-XL
Fiabilidad del Talle	Talla promedio 6-8, talla de muestra 8, madres, personas muy a la moda	F	Ropa ajustada, no apropiada para mujeres con curvas	Más apropiada para las mujeres con curvas pero no para las bajitas o menudas	La mejor ropa para mujeres con curvas
Lugar	California del Norte	F	California del Norte	California del Sur	California del Norte
Métodos de Venta	Al por mayor, en Internet mediante etsy	F	Al por mayor, tienda online	Al por mayor, por encargo	Al por mayor tienda online
Publicidad	Ferias comerciales, listas de correo electrónico	F	Ferias comerciales, Blog, listas de correo electrónico	Ferias comerciales, anuncios impresos	Ferias comerciales, listas de correo electrónico, blog
Prensa		D	Buen lugar entre las celebridades, mucha prensa	Prensa editorial en revistas occidentales	Limitado a las noticias locales

A.C. Baker Apparel

Publicidad y Promoción

A.C. Baker Apparel ha investigado cada una de estas estrategias promocionales o de publicidad. La vía de promoción más eficaz (y más barata) resultó ser el uso de blogs, el marketing a través de los medios de comunicación masiva y el marketing a través de correo electrónico. Luego de investigar y asistir a varias ferias comerciales para ropa casual de mujer, A.C. Baker Apparel está bien preparada para exhibir en estas ferias.

Marketing o Promoción	Descripción	Frecuencia	Costo Proyectado	Ingresos Proyectados
Publicidad en Facebook	Mantener la página de negocios y hacer publicidad para el público objetivo	En curso	$50 al mes	$100 al mes
Listados Patrocinados	Marketing que se basa en palabras claves para la búsqueda en adwords, yahoo, bing, ask y youtube	En curso	$100 al mes	$300 al mes
Twitter	Mantener las actualizaciones de la empresa para los clientes objetivo	En curso	Solo tiempo – 2 horas a la semana	$100 al mes
Uso de Blogs	Enviar información a los blogueros sobre productos actuales y promociones. Mantener un blog personal del diseñador	Enviar información trimestralmente – en curso personal	Solo tiempo – 2 horas a la semana	$500 al mes
Marketing por correo electrónico	Enviar anuncios por correo electrónico a clientes que se inscriban en listas de correo relacionadas con sucesos empresariales, nuevas mercancías y ventas	Mensualmente o luego del lanzamiento de una colección	$20 al mes	$1000 por correo enviado
Sitio Web	Actualizar el sitio web con nuevas mercancías, eventos, opinión de la prensa y premios	Trimestral	Solo tiempo – 3 horas a la semana	No disponible
Venta de Muestras	Promover el conocimiento de la marca, desarrollar el seguimiento a los clientes, vender muestras y artículos con defectos de fábrica	Trimestral	$200 en un trimestre – solo tiempo	$2000 con cada venta
Promociones con postales enviadas por correo directo	Enviarlas a compradores minoristas, dar seguimiento mediante llamadas telefónicas	Antes de ferias comerciales	$100 dos veces al año	Conseguir de 1 a 3 tiendas con cada envío postal
Carpetas de Prensa	Muestras, comunicados de prensa y materiales de marketing dirigidos a ciertos medios de comunicación masiva para incentivar el uso editorial y de ofertas	Comienzo del lanzamiento de la colección	$200 dos veces al año	$2000 con cada cobertura periodística
Ferias Comerciales	Exhibir en Ferias Comerciales en Los Ángeles y Las Vegas	2 veces al año	$3500 dos veces al año	$40,000

A.C. Baker Apparel

Operaciones

A.C. Baker Apparel opera como una propiedad unipersonal cuya única propietaria es Andrea Baker. La intención es administrar el negocio como una propiedad unipersonal durante el tiempo de vigencia del mismo. No se espera incorporar ningún socio, no obstante, se espera que miembros de la familia se hagan cargo del negocio cuando Andrea deje de administrarlo. La señora Baker no pretende obtener un salario durante el primer año y aportará una parte de sus ingresos a la empresa durante ese tiempo.

Todas las operaciones de negocio se llevarán a cabo desde el estudio de diseño y salón de exposición y ventas en el Origin Design Lab en Eureka, California. La señora Baker administrará la empresa incluida la contabilidad, la producción y las ventas. En la segunda temporada se contratará un representante de ventas.

Muestras, Patrones y Escalado

La mayoría de las muestras y de los patrones serán creados en la empresa en el estudio de diseño por la propietaria.

Para la primera colección se le encargó a un dibujante de patrones que creara los bloques estándares para la confección de patrones y de diseños exclusivos. Para este trabajo se contrató a LA Fashion Resource, compañía que se contratará para desarrollar cualquier muestra y patrón cuya creación requiera ayuda en el futuro. Las escalas de los patrones pueden realizarse mediante este mismo recurso. Los precios por estos servicios varían entre $45 y $75 en dependencia de la tarea que se realice.

El tiempo necesario para este servicio es aproximadamente de 2 semanas para cada muestra. Todos los mecanismos de pago por confección de muestras son pagos contra reembolso. Para proyectos urgentes se establece una cuota adicional de $100 por muestra.

Producción

La primera colección será creada por contratistas locales en Eureka, california. Para la segunda colección se producirá una mayor cantidad por lo tanto, la producción se trasladará a una fábrica en Los Ángeles y le será encargada a LA Fashion Resource quien se hará cargo del control de la calidad en la fábrica de forma limitada.

El tiempo necesario para tener productos cosidos y terminados en el área local es de 4 a 6 semanas. Todos los mecanismos de pago para la producción son pagos contra reembolso. En la instalación productiva de Los Ángeles se estima que el tiempo necesario para terminar el servicio sea de 6 a 8 semanas.

Proveedores

Para la obtención de cada material fue necesario recurrir a una fuente diferente.

******* Esta información se ha omitido de este plan de actividades empresariales por motivos relacionados con los derechos de propiedad industrial

A.C. Baker Apparel

Inventario

Cantidades limitadas de suministros incluidos los tejidos y los artículos de mercería estarán in situ para utilizarlos durante la creación de las muestras. Todos los suministros para la producción serán entregados directamente en la fábrica donde se confeccionarán las prendas.

Inicialmente todos los inventarios serán almacenados in situ para someterlos a un control de la calidad riguroso. Cuando la producción sobrepase nuestra capacidad de almacenamiento vamos a adquirir una instalación de almacenamiento para el control de la calidad. En este momento, mantendremos una cantidad razonable in situ para las ventas directas a los clientes y segundos pedidos de urgencia.

El inventario sin vender al final de cada temporada de ventas será ofertado con descuentos al por mayor sin establecer requisitos de venta mínima o se venderán con rebajas al precio minorista en Internet o directamente al consumidor.

Políticas de Crédito

Todos los pedidos al por mayor con cuentas nuevas requerirán un pago contra reembolso o mecanismos de pago mediante tarjeta de crédito. Luego de que A.C. Baker Apparel haya operado durante 3 temporadas completas, se podrá ofrecer un crédito net 30 a clientes dignos de crédito que hayan sido clientes constantes durante al menos 2 temporadas anteriores.

Si se ha extendido el crédito y no se recibe pago en el transcurso de 60 días, la cuenta será llevada a cobro con la correspondiente agencia de cobro y todos los pedidos quedarán congelados hasta que se reciba el pago total. Además, la cuenta será revertida solamente a tarjeta de crédito o pago contra reembolso para cualquier pedido futuro.

Plan de Trabajo

	Jun-10	Jul-10	Ago-10	Sep-10	Oct-10	Nov-10	Dic-10	Ene-11	Feb-11	Mar-11	Abr-11	May-11	Jun-11	Jul-11	Ago-11	Sep-11	Oct-11	Nov-11	Dic-11	Ene-12	Feb-12	Mar-12	Abr-12	May-12
Venta al por mayor								▒	▒					▓	▓					▒	▒			
Segundos Pedidos										▒	▒	▒	▒	▓	▓	▓	▓	▓	▓	▒	▒	▒	▒	▒
Venta al por Menor								▒	▒	▒	▒	▒	▒	▓	▓	▒	▒	▒	▒	▒	▒	▒	▒	▒
Producción					▒	▒	▒				▒	▒	▒	▓	▓									
Desarrollo	▒	▒			▒	▒	▒			▒	▒			▓	▓	▓	▓	▓	▒	▒				
Fotografía								▓								▒						▓		
Feria Comercial				▒						▓													▒	

	Jun-12	Jul-12	Ago-12	Sep-12	Oct-12	Nov-12	Dic-12	Ene-13	Feb-13	Mar-13	Abr-13	May-13	Jun-13	Jul-13	Ago-13	Sep-13	Oct-13	Nov-13	Dic-13	Ene-14	Feb-14	Mar-14	Abr-14	May-14
Venta al por mayor		▓	▓					▒	▒					▓	▓					▒	▒			
Segundos Pedidos	▒	▓	▓	▓	▒	▒	▒	▒	▒	▒	▒	▒	▒	▓	▓	▒	▒	▒	▒	▒	▒	▒	▒	▒
Venta al por Menor	▒	▓	▓	▒	▒	▒	▒	▒	▒	▒	▒	▒	▒	▓	▓	▒	▒	▒	▒	▒	▒	▒	▒	▒
Producción	▓				▒	▒	▒			▒	▒			▓	▓	▒	▒						▒	▒
Desarrollo	▒	▒			▒	▒	▒			▒	▒			▓	▓	▒	▒	▒	▒	▒				
Fotografía			▒					▓								▒						▓		
Feria Comercial				▒						▓													▒	

	Jun-14	Jul-14	Ago-14	Sep-14	Oct-14	Nov-14	Dic-14	Ene-15	Feb-15	Mar-15	Abr-15	May-15
Venta al por mayor		▓	▓									
Segundos Pedidos	▒	▓	▓	▒	▒	▒	▒	▒	▒			
Venta al por Menor	▒	▓	▓	▒	▒	▒	▒	▒	▒	▒	▒	▒
Producción	▓											
Desarrollo												
Fotografía												
Feria Comercial												

A.C. Baker Apparel

Administración y Organización

Andrea Baker, Propietaria y Diseñadora

Andrea Baker es la única propietaria de A.C. Baker Apparel. Sus responsabilidades incluyen la contabilidad diaria y el mantenimiento de registros. Las operaciones de marketing serán planificadas por la señora Baker y llevadas a cabo mediante esfuerzos personales y por medio de contratistas independientes selectos. La creación de los diseños será administrada por la señora Baker, al igual que la creación de muestras, incluidos el talle, el color y los pedidos de los clientes. Las ventas se seguirán mediante un software de contabilidad y el control de calidad se llevará a cabo en la empresa.

Apoyo Profesional y Consultivo

Jennifer Matthews, Asesora para el Desarrollo Empresarial

Jennifer Matthews es la autora de Fashion Unraveled, libro y software sobre planificación empresarial. La señora Matthews trabaja como asesora empresarial para A.C. Baker Apparel y ayudará en la adquisición de una fábrica en Los Ángeles. La señora Matthews es instructora del Instituto de Diseño y Comercialización de Moda de Los Ángeles y también contribuye en la creación de patrones y muestras para A.C. Baker Apparel.

A.C. Baker Apparel

Plan Financiero

Costos de Producción

Los costos de producción que se esperan para Primavera 2011 suman un total de $16 447,66. Estos costos se basan en pedidos de 40-75 piezas por modelo. Las cifras surgieron a partir de la investigación de mercado y la respuesta a los modelos individuales. Se ofrecen cantidades adicionales con motivo de daños, ventas directas y segundos pedidos. Los daños representan un 5% adicional, las ventas directas un 10% adicional y los segundos pedidos un 15% adicional.

Complemento por Mercancías Dañadas		Complemento por Ventas Directas		Complemento por Segundaos Pedidos		Costo Total de Producción	
5%		10%		15%		$16 447,66	
Nombre del Modelo	Costo del Modelo	Cantidad Solicitada	Daños	Ventas Directas	Segundos Pedidos	Costo Total
Vestido Baby Doll	$30,80	40	2	4	6	$1 601,60
Pantalones Tubo o Pitillo	$43,80	40	2	4	6	$2 277,60
Vestido con Fajín (tipo obi)	$20,00	50	3	5	8	$1 320,00
Chaquetilla de Seda	$14,50	50	3	5	8	$957,00
Blusa de Tirantes	$15,80	75	4	8	11	$1 548,40
Vestido Swing	$29,80	75	4	8	11	$2 920,40
Pantalones Bombachos Urbanos	$25,76	50	3	5	8	$1 700,16
Vestido de Corte Cruzado	$48,50	65	3	7	10	$4 122,50

A.C. Baker Apparel

Costo Fijo Directo

Los costos fijos directos para primavera 2011 son los siguientes, incluidos los gastos de desarrollo y fotografía para esta colección.

Gastos de Desarrollo	
Modelo	Costo
Vestido Baby Doll	$63,55
Pantalones Tubo o Pitillo	$301,65
Vestido con Fajín (tipo obi)	$62,00
Chaquetilla de Seda	$8,00
Blusa de Tirantes	$7,55
Vestido Swing	$400,30
Pantalones Bombachos Urbanos	$219,65
Vestido de Corte Cruzado	$306,25
Total	$1 368,95

Costo de Fotografía			
Nombre de la Sesión	Lugar	Fecha	Costo Total
Sesión Fotográfica de Octubre	James' Studio	Octubre 2010	$450,00
Costo del Fotógrafo	Costo de la Modelo	Costo de la Modelo	Costo del Maquillador
$300			$50
Costo del Lugar	Costode Photoshop	Costo de Impresión	Costo del Peluquero
		$50	$50

El costo directo fijo para Otoño 2011 incluirá los gastos de desarrollo y el costo de la fotografía, así como una feria comercial. No se planificó ninguna feria comercial para Primavera 2011.

Costo de la Feria Comercial			
Nombre de la Feria	Lugar	Fecha	Costo Total
Feria Comercial Focus	Los Ángeles	Abril 2011	$1750,00
Cuota para la Feria Comercial	Costo de Carga	Costo de Descarga	Gastos de Exhibición
$900	$75	$75	$200
Pasaje de Avión	Alquiler de Auto	Alimentación	Hotel
$300		$200	

A.C. Baker Apparel

Costo Fijo Indirecto

Los costos fijos indirectos son los gastos de explotación mensuales de la empresa que incluyen todos los gastos administrativos, de marketing y mano de obra. La propietaria eligió no tener ingresos hasta el año 2012 con el objetivo de consolidar el negocio. En 2012, la propietaria tiene planes de recibir un salario básico de 25 000. En caso de que el crecimiento del negocio sobrepase el 20% de crecimiento estimado que se planificó, la propietaria recibirá una prima anual por fin de año a partir del por ciento de ganancias obtenidas.

Costo Administrativo	Mensual	Anual
Contabilidad	$12,50	$150,00
Renovación de Licencias Locales	$4,58	$55,00
Seguro	$25,00	$300,00
Suministro de Oficina	$35,00	$420,00
Franqueo y Envío	$25,00	$300,00
Costo Administrativo Total	$102,08	$1 225,00

Marketing y Ventas	Mensual	Anual
Marketing por Correo Directo	$20,00	$240,00
Marketing por Correo Electrónico	$15,00	$180,00
Eventos	$50,00	$600,00
Marketing Online	$50,00	$600,00
Costo Total de Marketing y Ventas	$135,00	$1 620,00

A.C. Baker Apparel

Costos Iniciales

Estos costos iniciales son gastos que tuvieron lugar durante el lanzamiento inicial del negocio en 2002.

Costos Iniciales	Estimado
Entidad Comercial	$50,00
Licencias y Permisos	
Licencia Comercial	$50,00
Cuotas Legales	$150,00
Tecnología y Software de Computación	
Software de Contabilidad	$200,00
Total de Costos Iniciales	$450,00

Los costos iniciales se amortizan por un período de 30 años y los equipos de deprecian en un período de 15 años. Este desglose es un factor que incide en la fijación de los precios, así como en la Declaración de Ganancias y Pérdidas y en las Proyecciones Financieras.

	Mensual	Anual
Amortización por Valor Extrínseco	$1,25	$15,00
Depreciación de los Equipos	$12,08	$145,00

A.C. Baker Apparel

Capital Aportado

La propietaria ha aportado $20 000 de su propiedad para lanzar nuevamente el negocio. A.C. Baker Apparel no tiene planes de pedir un préstamo para infundir los activos de la empresa. Se han aportado equipos para este negocio. El total de capital aportado para este negocio hasta junio de 2010 es de $22 175. La propietaria pretende infundir este capital con sus propios ingresos cuando sea necesario.

Aporte en Efectivo	$20 000,00
Activos Fijos	$2 175,00
Total de Activos	$22 175,00

Activos Fijos

Máquina de Vapor	$75,00
Percheros	$50,00
Percha con Ruedas	$75,00
Maniquí	$50,00
Máquina de Costura Recta Industrial	$250,00
Máquina de Remallar Industrial(Overlock)	$600,00
Remalladora Casera (Serger)	$50,00
Máquina de Coser Casera	$25,00
Computadora	$1 000,00
Total de Activos Fijos	$2 175,00

A.C. Baker Apparel

Proyección Quinquenal de Ganancias y Pérdidas

La fecha de inicio del negocio para estas proyecciones es el 1ro de junio de 2010. Esta proyección de ganancias y pérdidas asume un aumento del 10% por inflación y un crecimiento de la compañía del 20%. Debido a la naturaleza de esta industria, las ventas y los ingresos se reciben luego de un período de hasta nueve meses posteriores a la ocurrencia de los gastos iniciales.

Resumen

	2010	2011	2012	2013	2014
Ingresos provenientes de las ventas					
Venta Mayorista	$23 610,00	$56 664,00	$65 822,40	$81 596,16	$97 915,40
Segundos Pedidos	$1 800,99	$8 284,59	$9 941,52	$11 929,86	$14 315,79
Venta Minorista	$2 555,00	$13 387,20	$16 679,04	$20 014,88	$23 134,84
Ingresos Brutos	$27 965,99	$78 335,79	$92 442,96	$113 540,90	$135 366,03
Costo Variable de Producción					
Costos de Producción	$29 605,77	$42 106,00	$50 527,22	$60 632,64	$72 802,36
Costo Variable Total	$29 605,77	$42 106,00	$50 527,22	$60 632,64	$72 802,36
Costo Fijo Directo					
Gastos de Desarrollo	$3 627,72	$3 237,58	$3 561,34	$3 917,46	$4 309,22
Costos de Fotografía	$945,00	$1 039,50	$1 143,45	$1 257,80	$1 383,58
Costos de Feria Comercial	$1 750,00	$3 850,00	$4 235,00	$4 658,50	$5 124,36
Total de Costos Fijos	$6 322,72	$8 127,08	$8 939,79	$9 833,76	$10 817,16
Ingresos provenientes de la producción	($10 233,85)	$20 564,22	$25 947,99	$32 031,65	$39 378,13
Costos Fijos Indirectos					
Administrativo	$1 224,96	$1 347,48	$1 482,24	$1 630,44	$1 793,52
Amortización por Valor Extrínseco	$15,00	$15,00	$15,00	$15,00	$180,00
Depreciación de Equipos	$144,96	$144,96	$144,96	$144,96	$144,96
Marketing y Ventas	$1 620,00	$1 782,00	$1 960,20	$2 156,28	$2 371,80
Trabajo Administrativo	$0,00	$10 416,65	$27 083,31	$32 500,00	$38 400,00
Total de Costos Fijos	$3 004,92	$13 706,09	$30 685,71	$36 446,68	$42 890,28
Beneficio Neto	($10 967,42)	$14 396,62	$2 290,24	$6 627,82	$8 856,23
Nota de Pago	$0,00	$0,00	$0,00	$0,00	$0,00
Análisis de Rentabilidad	($72 631,11)	$83 132,35	$172 506,05	$246 046,01	$369 104,06

A.C. Baker Apparel

Detalles

	10-Jun	10-Jul	10-Ago	10-Sep	10-Oct	10-Nov	10-Dic	11-Ene	11-Feb	11-Mar	11-Abr	11-May
Ingreso proveniente de las Ventas												
Venta Mayorista	0	0	0	0	0	0	0	$11 805,00	$11 805,00	0	0	0
Segundos Pedidos	0	0	0	0	0	0	0	0	0	$600,33	$600,33	$600,33
Venta Minorista	0	0	0	0	0	0	0	$511,00	$511,00	$511,00	$511,00	$511,00
Ingresos Brutos	0	0	0	0	0	0	0	$12 316,00	$12 316,00	$1 111,33	$1 111,33	$1 111,33
Costo Variable de Producción												
Costos de Producción	0	0	0	0	$5 482,55	$5 482,55	$5 482,55			0	$6 579,06	$6 579,06
Costo Variable Total	0	0	0	0	$5 482,55	$5 482,55	$5 482,55	0	0	0	$6 579,06	$6 579,06
Costo Fijo Directo												
Gastos de Desarrollo	$684,48	$684,48	0	0	$376,46	$376,46	$376,46	$376,46	0	0	$376,46	$376,46
Costos de Fotografía	0	0	0	0	$450,00	0	0	0	$495,00	0	0	0
Costos de Feria Comercial	0	0	0	0	0	0	0	0	0	0	$1 750,00	0
Total de Costos Fijos	$684,48	$684,48	$0,00	$0,00	$826,46	$376,46	$376,46	$376,46	$495,00	$0,00	$2 126,46	$376,46
Ingreso proveniente de la producción	($684,48)	($684,48)	$0,00	$0,00	($6 309,01)	($5 859,01)	($5 859,01)	$11 939,54	$11 821,00	$1 111,33	($7 594,19)	($5 844,19)
Costos Fijos Indirectos												
Administrativo	$102,08	$102,08	$102,08	$102,08	$102,08	$102,08	$102,08	$102,08	$102,08	$102,08	$102,08	$102,08
Amortización por Valor Extrínseco	$1,25	$1,25	$1,25	$1,25	$1,25	$1,25	$1,25	$1,25	$1,25	$1,25	$1,25	$1,25
Depreciación de Equipos	$12,08	$12,08	$12,08	$12,08	$12,08	$12,08	$12,08	$12,08	$12,08	$12,08	$12,08	$12,08
Marketing y Ventas	$135,00	$135,00	$135,00	$135,00	$135,00	$135,00	$135,00	$135,00	$135,00	$135,00	$135,00	$135,00
Trabajo Administrativo	$0,00	$0,00	$0,00	$0,00	$0,00	$0,00	$0,00	$0,00	$0,00	$0,00	$0,00	$0,00
Total de Costos Fijos	$250,41	$250,41	$250,41	$250,41	$250,41	$250,41	$250,41	$250,41	$250,41	$250,41	$250,41	$250,41
Beneficio Neto	($934,89)	($934,89)	($250,41)	($250,41)	($6 559,42)	($6 109,42)	($6 109,42)	$11 689,13	$11 570,59	$860,92	($7 844,60)	($6 094,60)
Nota de Pago	0	0	0	0	0	0	0	0	0	0	0	0
Análisis de Rentabilidad	($934,89)	($1 869,78)	($2 120,19)	($2 370,60)	($8 930,02)	($15 039,44)	($21 148,86)	($9 459,73)	$2 110,86	$2 971,78	($4 872,82)	($10 967,42)

A.C. Baker Apparel

	11-Jun	11-Jul	11-Ago	11-Sep	11-Oct	11-Nov	11-Dic	12-Ene	12-Feb	12-Mar	12-Abr	12-May
Ingreso proveniente de las Ventas												
Venta Mayorista	0	$14 166,00	$14 166,00	0	0	0	0	$14 166,00	$14 166,00	0	0	0
Segundos Pedidos	$600,33	$600,33	$600,33	$720,40	$720,40	$720,40	$720,40	$720,40	$720,40	$720,40	$720,40	$720,40
Venta Minorista	$511,00	$1 124,20	$1 124,20	$1 123,20	$1 124,20	$1 124,20	$1 124,20	$1 226,40	$1 226,40	$1 226,40	$1 226,40	$1 226,40
Ingresos Brutos	$1 111,33	$15 890,53	$15 890,53	$1 843,60	$1 844,60	$1 844,60	$1 844,60	$16 112,80	$16 112,80	$1 946,80	$1 946,80	$1 946,80
Costo Variable de Producción												
Costos de Producción	$6 579,06	0	0	0	$6 579,06	$6 579,06	$6 579,06	0	0	0	$7 894,88	$7 894,88
Costo Variable Total	$6 579,06	0	0	0	$6 579,06	$6 579,06	$6 579,06	0	0	0	$7 894,88	$7 894,88
Costo Fijo Directo												
Gastos de Desarrollo	$376,46	$376,46	0	0	$414,11	$414,11	$414,11	$414,11	0	0	$414,11	$414,11
Costos de Fotografía	0	0	$495,00	0	0	0	0	0	$544,50	0	0	0
Costos de Feria Comercial	0	0	0	$1 925,00	0	0	0	0	0	$1 925,00	0	0
Total de Costos Fijos	$376,46	$376,46	$495,00	$1 925,00	$414,11	$414,11	$414,11	$414,11	$544,50	$1 925,00	$414,11	$414,11
Ingreso proveniente de la producción	($5 844,19)	$15 514,07	$15 395,53	($81,40)	($5 148,57)	($5 148,57)	($5 148,57)	$15 698,69	$15 568,30	$21,80	($6 362,19)	($6 362,19)
Costos Fijos Indirectos												
Administrativo	$112,29	$112,29	$112,29	$112,29	$112,29	$112,29	$112,29	$112,29	$112,29	$112,29	$112,29	$112,29
Amortización por Valor Extrínseco	$1,25	$1,25	$1,25	$1,25	$1,25	$1,25	$1,25	$1,25	$1,25	$1,25	$1,25	$1,25
Depreciación de Equipos	$12,08	$12,08	$12,08	$12,08	$12,08	$12,08	$12,08	$12,08	$12,08	$12,08	$12,08	$12,08
Marketing y Ventas	$148,50	$148,50	$148,50	$148,50	$148,50	$148,50	$148,50	$148,50	$148,50	$148,50	$148,50	$148,50
Trabajo Administrativo	$0,00	$0,00	$0,00	$0,00	$0,00	$0,00	$0,00	$2 083,33	$2 083,33	$2 083,33	$2 083,33	$2 083,33
Total de Costos Fijos	$274,12	$274,12	$274,12	$274,12	$274,12	$274,12	$274,12	$2 357,45	$2 357,45	$2 357,45	$2 357,45	$2 357,45
Beneficio Neto	($6 118,31)	$15 239,95	$15 121,41	($355,52)	($5 422,69)	($5 422,69)	($5 422,69)	$13 341,24	$13 210,85	($2 335,65)	($8 719,64)	($8 719,64)
Nota de Pago	0	0	0	0	0	0	0	0	0	0	0	0
Análisis de Rentabilidad	($17 085,73)	($1 845,78)	$13 275,63	$12 920,11	$7 497,42	$2 074,73	($3 347,96)	$9 993,28	$23 204,13	$20 868,48	$12 148,84	$3 429,20

A.C. Baker Apparel

	12-Jun	12-Jul	12-Ago	12-Sep	12-Oct	12-Nov	12-Dic	13-Ene	13-Feb	13-Mar	13-Abr	13-May
Ingreso proveniente de las Ventas												
Venta Mayorista	0	$16 999,20	$16 999,20	0	0	0	0	$15 912,00	$15 912,00	0	0	0
Segundos Pedidos	$720,40	$720,40	$720,40	$864,48	$864,48	$864,48	$864,48	$864,48	$864,48	$864,48	$864,48	$864,48
Venta Minorista	$1 226,40	$1 349,04	$1 349,04	$1 349,04	$1 349,04	$1 349,04	$1 349,04	$1 471,68	$1 471,68	$1 471,68	$1 471,68	$1 471,68
Ingresos Brutos	$1 946,80	$19 068,64	$19 068,64	$2 213,52	$2 213,52	$2 213,52	$2 213,52	$18 248,16	$18 248,16	$2 336,16	$2 336,16	$2 336,16
Costo Variable de Producción												
Costos de Producción	$7 894,88	0	0	0	$7 894,88	$7 894,88	$7 894,88	0	0	0	$9 473,85	$9 473,85
Costo Variable Total	$7 894,88	0	0	0	$7 894,88	$7 894,88	$7 894,88	0	0	0	$9 473,85	$9 473,85
Costo Fijo Directo												
Gastos de Desarrollo	$414,11	$414,11	0	0	$455,52	$455,52	$455,52	$455,52	0	0	$455,52	$455,52
Costos de Fotografía	0	0	$544,50	0	0	0	0	0	$598,95	0	0	0
Costos de Feria Comercial	0	0	0	$2 117,50	0	0	0	0	0	$2 117,50	0	0
Total de Costos Fijos	$414,11	$414,11	$544,50	$2 117,50	$455,52	$455,52	$455,52	$455,52	$598,95	$2 117,50	$455,52	$455,52
Ingreso proveniente de la producción	($6 362,19)	$18 654,53	$18 524,14	$96,02	($6 136,88)	($6 136,88)	($6 136,88)	$17 792,64	$17 649,21	$218,66	($7 593,21)	($7 593,21)
Costos Fijos Indirectos												
Administrativo	$123,52	$123,52	$123,52	$123,52	$123,52	$123,52	$123,52	$123,52	$123,52	$123,52	$123,52	$123,52
Amortización por Valor Extrínseco	$1,25	$1,25	$1,25	$1,25	$1,25	$1,25	$1,25	$1,25	$1,25	$1,25	$1,25	$1,25
Depreciación de Equipos	$12,08	$12,08	$12,08	$12,08	$12,08	$12,08	$12,08	$12,08	$12,08	$12,08	$12,08	$12,08
Marketing y Ventas	$163,35	$163,35	$163,35	$163,35	$163,35	$163,35	$163,35	$163,35	$163,35	$163,35	$163,35	$163,35
Trabajo Administrativo	$2 083,33	$2 083,33	$2 083,33	$2 083,33	$2 083,33	$2 083,33	$2 083,33	$2 500,00	$2 500,00	$2 500,00	$2 500,00	$2 500,00
Total de Costos Fijos	$2 383,53	$2 383,53	$2 383,53	$2 383,53	$2 383,53	$2 383,53	$2 383,53	$2 800,20	$2 800,20	$2 800,20	$2 800,20	$2 800,20
Beneficio Neto	($8 745,72)	$16 271,00	$16 140,61	($2 287,51)	($8 520,41)	($8 520,41)	($8 520,41)	$14 992,44	$14 849,01	($2 581,54)	($10 393,41)	($10 393,41)
Nota de Pago	0	0	0	0	0	0	0	0	0	0	0	0
Análisis de Rentabilidad	($5 316,52)	$10 954,48	$27 095,09	$24 807,58	$16 287,17	$7 766,76	($753,65)	$14 238,79	$29 087,80	$26 506,26	$16 112,85	$5 719,44

A.C. Baker Apparel

	13-Jun	13-Jul	13-Ago	13-Sep	13-Oct	13-Nov	13-Dic	14-Ene	14-Feb	14-Mar	14-Abr	14-May
Ingreso proveniente de las Ventas												
Venta Mayorista	0	$20 399,04	$20 399,04	0	0	0	0	$20 399,04	$20 399,04	0	0	0
Segundos Pedidos	$864,48	$864,48	$864,48	$1 037,38	$1 037,38	$1 037,38	$1 037,38	$1 037,38	$1 037,38	$1 037,38	$1 037,38	$1 037,38
Venta Minorista	$1 471,68	$1 618,85	$1 618,85	$1 618,85	$1 618,85	$1 618,85	$1 618,85	$1 766,02	$1 766,02	$1 766,02	$1 766,02	$1 766,02
Ingresos Brutos	$2 336,16	$22 882,37	$22 882,37	$2 656,23	$2 656,23	$2 656,23	$2 656,23	$23 202,44	$23 202,44	$2 803,40	$2 803,40	$2 803,40
Costo Variable de Producción												
Costos de Producción	$9 473,85	0	0	0	$9 473,85	$9 473,85	$9 473,85	0	0	0	$11 368,62	$11 368,62
Costo Variable Total	$9 473,85	0	0	0	$9 473,85	$9 473,85	$9 473,85	0	0	0	$11 368,62	$11 368,62
Costo Fijo Directo												
Gastos de Desarrollo	$455,52	$455,52	0	0	$501,07	$501,07	$501,07	$501,07	0	0	$501,07	$501,07
Costos de Fotografía	0	0	$598,95	0	0	0	0	0	$658,85	0	0	0
Costos de Feria Comercial	0	0	0	$2 329,25	0	0	0	0	0	$2 329,25	0	0
Total de Costos Fijos	$455,52	$455,52	$598,95	$2 329,25	$501,07	$501,07	$501,07	$501,07	$658,85	$2 329,25	$501,07	$501,07
Ingreso proveniente de la producción	($7 593,21)	$22 426,85	$22 283,42	$326,98	($7 318,69)	($7 318,69)	($7 318,69)	$22 701,37	$22 543,59	$474,15	($9 066,29)	($9 066,29)
Costos Fijos Indirectos												
Administrativo	$135,87	$135,87	$135,87	$135,87	$135,87	$135,87	$135,87	$135,87	$135,87	$135,87	$135,87	$135,87
Amortización por Valor Extrínseco	$1,25	$1,25	$1,25	$1,25	$1,25	$1,25	$1,25	$1,25	$1,25	$1,25	$1,25	$1,25
Depreciación de Equipos	$12,08	$12,08	$12,08	$12,08	$12,08	$12,08	$12,08	$12,08	$12,08	$12,08	$12,08	$12,08
Marketing y Ventas	$179,69	$179,69	$179,69	$179,69	$179,69	$179,69	$179,69	$179,69	$179,69	$179,69	$179,69	$179,69
Trabajo Administrativo	$2 500,00	$2 500,00	$2 500,00	$2 500,00	$2 500,00	$2 500,00	$2 500,00	$3 000,00	$3 000,00	$3 000,00	$3 000,00	$3 000,00
Total de Costos Fijos	$2 828,89	$2 828,89	$2 828,89	$2 828,89	$2 828,89	$2 828,89	$2 828,89	$3 328,89	$3 328,89	$3 328,89	$3 328,89	$3 328,89
Beneficio Neto	($10 422,10)	$19 597,96	$19 454,53	($2 501,91)	($10 147,58)	($10 147,58)	($10 147,58)	$19 372,48	$19 214,70	($2 854,74)	($12 395,18)	($12 395,18)
Nota de Pago	0	0	0	0	0	0	0	0	0	0	0	0
Análisis de Rentabilidad	($4 702,66)	$14 895,30	$34 349,83	$31 847,92	$21 700,34	$11 552,76	$1 405,18	$20 777,66	$39 992,36	$37 137,62	$24 742,44	$12 347,26

A.C. Baker Apparel

	14-Jun	14-Jul	14-Ago	14-Sep	14-Oct	14-Nov	14-Dic	15-Ene	15-Feb	15-Mar	15-Abr	15-May
Ingreso proveniente de las Ventas												
Venta Mayorista	0	$24 478,85	$24 478,85	0	0	0	0	$24 478,85	$24 478,85	0	0	0
Segundos Pedidos	$1 037,38	$1 037,38	$1 037,38	$1 244,85	$1 244,85	$1 244,85	$1 244,85	$1 244,85	$1 244,85	$1 244,85	$1 244,85	$1 244,85
Venta Minorista	$1 766,02	$ 942,62	$1 942,62	$1 942,62	$1 942,62	$1 942,62	$1 942,62	$1 942,62	$1 942,62	$1 942,62	$1 942,62	$1 942,62
Ingresos Brutos	$2 803,40	$27 458,85	$27 458,85	$3 187,47	$3 187,47	$3 187,47	$3 187,47	$27 666,32	$27 666,32	$3 187,47	$3 187,47	$3 187,47
Costo Variable de Producción												
Costos de Producción	$11 368,62	0	0	0	$11 368,62	$11 368,62	$11 368,62	0	0	0	$13 663,94	$13 663,94
Costo Variable Total	$11 368,62	0	0	0	$11 368,62	$11 368,62	$11 368,62	0	0	0	$13 663,94	$13 663,94
Costo Fijo Directo												
Gastos de Desarrollo	$501,07	$501,07	0	0	$551,18	$551,18	$551,18	$551,18	0	0	$551,18	$551,18
Costos de Fotografía	0	0	$658,85	0	0	0	0	0	$724,73	0	0	0
Costos de Feria Comercial	0	0	0	$2 562,18	0	0	0	0	0	$2 562,18	0	0
Total de Costos Fijos	$501,07	$501,07	$658,85	$2 562,18	$551,18	$551,18	$551,18	$551,18	$724,73	$2 562,18	$551,18	$551,18
Ingreso proveniente de la producción	($9 066,29)	$26 957,78	$26 800,00	$625,29	($8 732,33)	($8 732,33)	($8 732,33)	$27 115,14	$26 941,59	$625,29	($11 027,65)	($11 027,65)
Costos Fijos Indirectos												
Administrativo	$149,46	$149,46	$149,46	$149,46	$149,46	$149,46	$149,46	$149,46	$149,46	$149,46	$149,46	$149,46
Amortización por Valor Extrínseco	$15,00	$15,00	$15,00	$15,00	$15,00	$15,00	$15,00	$15,00	$15,00	$15,00	$15,00	$15,00
Depreciación de Equipos	$12,08	$12,08	$12,08	$12,08	$12,08	$12,08	$12,08	$12,08	$12,08	$12,08	$12,08	$12,08
Marketing y Ventas	$197,65	$197,65	$197,65	$197,65	$197,65	$197,65	$197,65	$197,65	$197,65	$197,65	$197,65	$197,65
Trabajo Administrativo	$3 000,00	$3 000,00	$3 000,00	$3 000,00	$3 000,00	$3 000,00	$3 000,00	$3 000,00	$3 600,00	$3 600,00	$3 600,00	$3 600,00
Total de Costos Fijos	$3 374,19	$3 374,19	$3 374,19	$3 374,19	$3 374,19	$3 374,19	$3 374,19	$3 374,19	$3 974,19	$3 974,19	$3 974,19	$3 974,19
Beneficio Neto	($12 440,48)	$23 583,59	$23 425,81	($2 748,90)	($12 106,52)	($12 106,52)	($12 106,52)	$23 740,95	$22 967,40	($3 348,90)	($15 001,84)	($15 001,84)
Nota de Pago	0	0	0	0	0	0	0	0	0	0	0	0
Análisis de Rentabilidad	($93,22)	$23 490,37	$46 916,18	$44 167,28	$32 060,76	$19 954,24	$7 847,72	$31 588,67	$54 556,07	$51 207,17	$36 205,33	$21 203,49

A.C. Baker Apparel

Proyección Quinquenal del Balance

Esta proyección de ganancias y pérdidas asume un aumento del 10% por inflación y un crecimiento de la compañía del 20%. Debido a la naturaleza de esta industria, las ventas y los ingresos se reciben luego de un período de hasta nueve meses posteriores a la ocurrencia de los gastos iniciales.

Resumen

	2010	2011	2012	2013	2014
Activos Actuales					
Efectivo/Cuenta Bancaria	($213,97)	$17 586,93	$20 181,24	$22 340,07	$28 782,61
Activos Fijos	$2 175,00	$2 175.00	$2 175,00	$2 175.00	$2 175,00
Total de Activos	$1 961,03	$19 761,93	$22 356,24	$24 515,07	$30 957,61
Responsabilidades y Capital					
Responsabilidades					
Balance del Préstamo	0	0	0	0	0
Tarjetas de Crédito	0	0	0	0	0
Total de Responsabilidades	$0	$0	$0	$0	$0
Capital					
Capital Social	$8 070,45	$25 184,62	$30 876,65	$34 662,65	$43 064,13
Utilidades Netas	($21 148,86)	$17 800,90	$2 594,31	$2 158,83	$6 442,54
Capital Total	($13 078,41)	$42 985,52	$33.470.96	$36 821,48	$49 506,67
Total de Responsabilidades y Capital	($13 078,41)	$42 985,52	$33 470,96	$36 821,48	$49 506,67

A.C. Baker Apparel

Detalles

	10-Jun	10-Jul	10-Ago	10-Sep	10-Oct	10-Nov	10-Dic	11-Ene	11-Feb	11-Mar	11-Abr	11-May
Activos												
Efectivo/Cuenta Bancaria	$20 000,00	$19 065,11	$18 814,70	$18 564,29	$12 004,87	$5 895,45	($213,97)	$11 475,16	$23 045,75	$23 906,67	$16 062,07	$9 967,47
Activos Fijos	$2 175,00	$2 175,00	$2 175,00	$2 175,00	$2 175,00	$2 175,00	$2 175,00	$2 175,00	$2 175,00	$2 175,00	$2 175,00	$2 175,00
Total de Activos	$22 175,00	$21 240,11	$20 989,70	$20 739,29	$14 179,87	$8 070,45	$1 961,03	$13 650,16	$25 220,75	$26 081,67	$18 237,07	$12 142,47
Responsabilidades y Capital												
Responsabilidades												
Balance del Préstamo	0	0	0	0	0	0	0	0	0	0	0	0
Tarjetas de Crédito	0	0	0	0	0	0	0	0	0	0	0	0
Total de Responsabilidades	$0	$0	$0	$0	$0	$0	$0	$0	$0	$0	$0	$0
Capital												
Capital Social	$23 109,89	$22 175,00	$21 240,11	$20 989,70	$20 739,29	$14 179,87	$8 070,45	$1 961,03	$13 650,16	$25 220,75	$26 081,67	$18 237,07
Beneficio Neto	($934,89)	($934,89)	($250,41)	($250,41)	($6 559,42)	($6 109,42)	($6 109,42)	$11 689,13	$11 570,59	$860,92	($7 844,60)	($6 094,60)
Capital Total	$22 175,00	$21 240,11	$20 989,70	$20 739,29	$14 179,87	$8 070,45	$1 961,03	$13 650,16	$25 220,75	$26 081,67	$18 237,07	$12 142,47
Total de Responsabilidades y Capital	$22 175,00	$21 240,11	$20 989,70	$20 739,29	$14 179,87	$8 070,45	$1 961,03	$13 650,16	$25 220,75	$26 081,67	$18 237,07	$12 142,47

A.C. Baker Apparel

	11-Jun	11-Jul	11-Ago	11-Sep	11-Oct	11-Nov	11-Dic	12-Ene	12-Feb	12-Mar	12-Abr	12-May
Activos												
Efectivo/Cuenta Bancaria	$3 849,16	$19 089,11	$34 210,52	$33 855,00	$28 432,31	$23 009,62	$17 586,93	$30 928,17	$44 139,02	$41 803,37	$33 083,73	$24 364,09
Activos Fijos	$2 175,00	$2 175,00	$2 175,00	$2 175,00	$2 175,00	$2 175,00	$2 175,00	$2 175,00	$2 175,00	$2 175,00	$2 175,00	$2 175,00
Total de Activos	$6 024,16	$21 264,11	$36 385,52	$36 030,00	$30 607,31	$25 184,62	$19 761,93	$33 103,17	$46 314,02	$43 978,37	$35 258,73	$26 539,09
Responsabilidades y Capital												
Responsabilidades												
Balance del Préstamo	0	0	0	0	0	0	0	0	0	0	0	0
Tarjetas de Crédito	0	0	0	0	0	0	0	0	0	0	0	0
Total de Responsabilidades	$0	$0	$0	$0	$0	$0	$0	$0	$0	$0	$0	$0
Capital												
Capital Social	$12 142,47	$6 024,16	$21 264,11	$36 385,52	$36 030,00	$30 607,31	$25 184,62	$19 761,93	$33 103,17	$46 314,02	$43 978,37	$35 258,73
Beneficio Neto	($6 118,31)	$15 239,95	$15 121,41	($355,52)	($5 422,69)	($5 422,69)	($5 422,69)	$13 341,24	$13 210,85	($2 335,65)	($8 719,64)	($8 719,64)
Capital Total	$6 024,16	$21 264,11	$36 385,52	$36 030,00	$30 607,31	$25 184,62	$19 761,93	$33 103,17	$46 314,02	$43 978,37	$35 258,73	$26 539,09
Total de Responsabilidades y Capital	$6 024,16	$21 264,11	$36 385,52	$36 030,00	$30 607,31	$25 184,62	$19 761,93	$33 103,17	$46 314,02	$43 978,37	$35 258,73	$26 539,09

A.C. Baker Apparel

	12-Jun	12-Jul	12-Ago	12-Sep	12-Oct	12-Nov	12-Dic	13-Ene	13-Feb	13-Mar	13-Abr	13-May
Activos												
Efectivo/Cuenta Bancaria	$15 618,37	$31 889,37	$48 029,98	$45 742,47	$37 222,06	$28 701,65	$20 181,24	$35 173,68	$50 022,69	$47 441,15	$37 047,74	$26 654,33
Activos Fijos	$2 175,00	$2 175,00	$2 175,00	$2 175,00	$2 175,00	$2 175,00	$2 175,00	$2 175,00	$2 175,00	$2 175,00	$2 175,00	$2 175,00
Total de Activos	$17 793,37	$34 064,37	$50 204,98	$47 917,47	$39 397,06	$30 876,65	$22 356,24	$37 348,68	$52 197,69	$49 616,15	$39 222,74	$28 829,33
Responsabilidades y Capital												
Responsabilidades												
Balance del Préstamo	0	0	0	0	0	0	0	0	0	0	0	0
Tarjetas de Crédito	0	0	0	0	0	0	0	0	0	0	0	0
Total de Responsabilidades	$0	$0	$0	$0	$0	$0	$0	$0	$0	$0	$0	$0
Capital												
Capital Social	$26 539,09	$17 793,37	$34 064,37	$50 204,98	$47 917,47	$39 397,06	$30 876,65	$22 356,24	$37 348,68	$52 197,69	$49 616,15	$39 222,74
Beneficio Neto	($8 745,72)	$16 271,00	$16 140,61	($2 287,51)	($8 520,41)	($8 520,41)	($8 520,41)	$14 992,44	$14 849,01	($2 581,54)	($10 393,41)	($10 393,41)
Capital Total	$17 793,37	$34 064,37	$50 204,98	$47 917,47	$39 397,06	$30 876,65	$22 356,24	$37 348,68	$52 197,69	$49 616,15	$39 222,74	$28 829,33
Total de Responsabilidades y Capital	$17 793,37	$34 064,37	$50 204,98	$47 917,47	$39 397,06	$30 876,65	$22 356,24	$37 348,68	$52 197,69	$49 616,15	$39 222,74	$28 829,33

A.C. Baker Apparel

	13-Jun	13-Jul	13-Ago	13-Sep	13-Oct	13-Nov	13-Dic	14-Ene	14-Feb	14-Mar	14-Abr	14-May
Activos												
Efectivo/Cuenta Bancaria	$16 232,23	$35 830,19	$55 284,72	$52 782,81	$42 635,23	$32 487,65	$22 340,07	$41 712,55	$60 927,25	$58 072,51	$45 677,33	$33 282,15
Activos Fijos	$2 175,00	$2 175,00	$2 175,00	$2 175,00	$2 175,00	$2 175,00	$2 175,00	$2 175,00	$2 175,00	$2 175,00	$2 175,00	$2 175,00
Total de Activos	$18 407,23	$38 005,19	$57 459,72	$54 957,81	$44 810,23	$34 662,65	$24 515,07	$43 887,55	$63 102,25	$60 247,51	$47 852,33	$35 457,15
Responsabilidades y Capital												
Responsabilidades												
Balance del Préstamo	0	0	0	0	0	0	0	0	0	0	0	0
Tarjetas de Crédito	0	0	0	0	0	0	0	0	0	0	0	0
Total de Responsabilidades	$0	$0	$0	$0	$0	$0	$0	$0	$0	$0	$0	$0
Capital												
Capital Social	$28 829,33	$18 407,23	$38 005,19	$57 459,72	$54 957,81	$44 810,23	$34 662,65	$24 515,07	$43 887,55	$63 102,25	$60 247,51	$47 852,33
Beneficio Neto	($10 422,10)	$19 597,96	$19 454,53	($2 501,91)	($10 147,58)	($10 147,58)	($10 147,58)	$19 372,48	$19 214,70	($2 854,74)	($12 395,18)	($12 395,18)
Capital Total	$18 407,23	$38 005,19	$57 459,72	$54 957,81	$44 810,23	$34 662,65	$24 515,07	$43 887,55	$63 102,25	$60 247,51	$47 852,33	$35 457,15
Total de Responsabilidades y Capital	$18 407,23	$38 005,19	$57 459,72	$54 957,81	$44 810,23	$34 662,65	$24 515,07	$43 887,55	$63 102,25	$60 247,51	$47 852,33	$35 457,15

A.C. Baker Apparel

	14-Jun	14-Jul	14-Ago	14-Sep	14-Oct	14-Nov	14-Dic	15-Ene	15-Feb	15-Mar	15-Abr	15-May
Activos												
Efectivo/Cuenta Bancaria	$20 841,67	$44 425,26	$67 851,07	$65 102,17	$52 995,65	$40 889,13	$28 782,61	$52 523,56	$75 490,96	$72 142,06	$57 140,22	$42 138,38
Activos Fijos	$2 175,00	$2 175,00	$2 175,00	$2 175,00	$2 175,00	$2 175,00	$2 175,00	$2 175,00	$2 175,00	$2 175,00	$2 175,00	$2 175,00
Total de Activos	$23 016,67	$46 600,26	$70 026,07	$67 277,17	$55 170,65	$43 064,13	$30 957,61	$54 698,56	$77 665,96	$74 317,06	$59 315,22	$44 313,38
Responsabilidades y Capital												
Responsabilidades												
Balance del Préstamo	0	0	0	0	0	0	0	0	0	0	0	0
Tarjetas de Crédito	0	0	0	0	0	0	0	0	0	0	0	0
Total de Responsabilidades	$0	$0	$0	$0	$0	$0	$0	$0	$0	$0	$0	$0
Capital												
Capital Social	$35 457,15	$23 016,67	$46 600,26	$70 026,07	$67 277,17	$55 170,65	$43 064,13	$30 957,61	$54 698,56	$77 665,96	$74 317,06	$59 315,22
Beneficio Neto	($12 440,48)	$23 583,59	$23 425,81	($2 748,90)	($12 106,52)	($12 106,52)	($12 106,52)	$23 740,95	$22 967,40	($3 348,90)	($15 001,84)	($15 001,84)
Capital Total	$23 016,67	$46 600,26	$70 026,07	$67 277,17	$55 170,65	$43 064,13	$30 957,61	$54 698,56	$77 665,96	$74 317,06	$59 315,22	$44 313,38
Total de Responsabilidades y Capital	$23 016,67	$46 600,26	$70 026,07	$67 277,17	$55 170,65	$43 064,13	$30 957,61	$54 698,56	$77 665,96	$74 317,06	$59 315,22	$44 313,38